社会治理河南省协同创新中心智库丛书

河南社会治理发展报告
（2020）

ANNUAL REPORT ON SOCIAL GOVERNANCE
DEVELOPMENT OF HENAN (2020)

主　编／郑永扣
副主编／郑志龙　高卫星　樊红敏

社会科学文献出版社
SOCIAL SCIENCES ACADEMIC PRESS (CHINA)

社会治理河南省协同创新中心简介

社会治理河南省协同创新中心成立于2012年10月。牵头单位为郑州大学，协同单位包括河南大学、河南省社会治理综合治理委员会办公室、河南省人民政府研究室、民政部政策研究中心、河南省民政厅。中心主任郑永扣教授为河南省社会科学界联合会副主席，第十一届、十二届全国人大代表，郑州大学马克思主义理论一级学科、哲学学科学术带头人。中心常务副主任为郑州大学公共管理学科学术带头人郑志龙教授。中心自成立以来，致力于打造河南省社会治理智库，在数据库建设、社会服务、学术研究、人才培养等方面取得了丰硕成果，获得了较大的社会影响力。

建立资源共享、开放包容的河南省社会治理数据库。中心目前已经形成寒暑假常规调查及专项调查相结合的调查机制，为中心出版《河南社会治理发展报告》奠定了坚实基础。已启动且完成的社会调查主要有：2014年春夏"百村调查"；2014年冬"河南省城市居民幸福感"专项调查；2015年春夏"城乡社区综合调查"；2015年"河南省经济发展环境调查"；2016~2019年春夏"河南省城乡社会治理综合调查"；2016~2019年"河南省宜居城市调查"；等等。内容包括城乡社会治理综合调查、农民工意识形态调查、社区治理跟踪调查、返乡农民工跟踪调查以及党风廉政调查。

构建河南省社会服务高地，设立社会服务平台。中心精心组织编写了《决策参考》，涉及当前河南省社会发展的各个方面：新型城镇化建设、产业集聚区发展和社会管理创新、基层公共文化建设、新型农村社区建设、基层信访稳定治理等内容。每月定期报送省委、省政府相关部门，以及18个地市和直管县党政领导，促进了中心与政府、学术机构的沟通和联系，推动了科研成果的转化。参与政府的决策咨询，为河南省各级政府提供社会治理专家咨询服务，并与政府开展横向课题研究工作。

产出一系列有重大影响的研究成果。《河南社会治理发展报告》是中心系列成果之一，是中心对外交流、推动河南省社会治理创新、打造社会治理智库的平台，中心建立了蓝皮书平台，发布出版了2014~2019年各年度《河南社会治理发展报告》，面向河南省经济发展的重大需求，通过热点透视、形势分析和发展展望，着力于社会治理的价值导向性、前沿性和地方特色，回应人民群众重大关切，获得了社会各界的广泛关注，形成了有影响力的社会服务品牌。

探索建立协同机制，发挥学术研究部门、政府决策部门、基层实践部门协同创新平台功能。中心与省政府相关部室、地方政府、相关院校、企事业单位以及校内相关院系、部室建立了协同合作机制；与汝州市政府、孟州市政府、济源市政府等确立了战略合作关系；与省政府研究室、省综治办等建立了协同合作机制，在县、乡、村建立了城镇化、社会工作、公共服务等多层次、宽领域实验基地。以项目为支撑，以蓝皮书为平台，建立了跨学科、跨部门、跨学校的学术团队；充分发挥校内不同学科、校外各学术单位协同的优势，实现了协同发展。

主编简介

郑永扣 教授，博士生导师，社会治理河南省协同创新中心主任，郑州大学马克思主义哲学研究中心主任，河南省社会科学界联合会副主席，第十一届、十二届全国人大代表，郑州大学马克思主义理论一级学科、哲学学科学术带头人，河南省哲学学会会长。

长期从事马克思主义理论教学与研究工作，在马克思主义哲学、意识形态理论等方面，承担有国家社科基金项目、省部级重大项目十余项。在《中国社会科学》《哲学研究》等刊物发表学术论文40余篇；出版学术专著《共产党员理想信念论》等5部。

摘 要

本报告是由社会治理河南省协同创新中心研究人员在深入河南省基层开展调查研究的基础上撰写完成的。基于对社会治理内涵的理解，本报告的写作突出了四个特点：一是延续性和时效性，报告写作过程中运用的一手调查资料为中心2014～2019年春夏组织的社会调查和调研获得的数据；二是体现价值导向，体现社会治理的价值导向，如社会活力、社会参与、社会公平等；三是突出地方特色，面向河南省经济社会发展重大需求，反映河南省地方社会治理创新的实践探索；四是凸显实践创新，将社会治理与当前河南省社会发展面临的新形势、新问题、新任务结合起来，与各行动主体的创新性实践结合起来。

报告共分为五个部分：第一部分为总报告，即"2020年河南省社会治理形势分析与展望"，该报告从社会安全、矛盾化解、社会组织、公共服务、社会公平五个维度对河南省社会治理状况进行了系统分析。研究发现，河南省社会安全形势总体平稳，社会矛盾化解稳中向好，社会组织不断发展壮大，基本公共服务状况仍需改善，社会公平状况有待改善。第二部分为政府行为与社会治理篇，主要包括应急管理、创新管理能力、政府门户网站、公共服务、教育治理能力、乡村振兴、营商环境等议题。第三部分为社会变迁与社会治理篇，聚焦河南省人口老龄化、科技人才流动、妇女生育变动等议题。第四部分为社会治理评价篇，主要包括城市宜居度、居民幸福感、居民获得感、舆情应对状况、居民阅读状况、县域老年人生活状况以及绿色发展状况等的分析，从不同的角度对河南省社会治理进行了分析评价，提出具体的对策建议。第五部分是案例篇，主要介绍了开封市大数据治理、焦作市山阳区"党群360工作法"、鹤壁市浚县"户联网"工作法、济源市轵城镇"三治融合"等社会治理典型案例,这些实践探索反映了河南省各地在社会治理方面的努力和成果,为社会治理创新和能力提升提供了借鉴。

Abstract

This report is written by researchers of Social Governance Collaborative Innovation Center of Henan Province after their thorough investigation and study. Based on the connotation of social governance, this report reflects 4 characteristics: the first is timeliness, the date are latest, the first-hand survey data used in the report writing process is the data obtained from the social survey and research conducted by the Center in the spring and summer of 2014 – 2019 and the spring of 2019; the second is valuable guidance, this report gives prominence to the participation of social organization and citizens in governance and the change of social service mode, and shows the governance's value orientation such as social energy, participation and justice; the third is local features of Henan province, this report pays close attention to the current situation of social governance in Henan Province; the forth is practice and innovation, the report reflects innovations of local social governance practices, it combines the theory and the innovative practice of social governance well.

This report includes 5 parts: the first is general report—the analysis and prospect of situation of social governance in Henan Province in 2020. The general report analyzes and comprehensively evaluates the situation of the social governance in Henan province from 5 dimensions: social security, social contradiction resolving, social organizations, public services and social justice. It shows that the situation of public security is generally stable, the resolution of social contradiction is promoted steadily, the social organizations are growing, the basic public service situation still needs to be improved, and the social equity situation needs to be improved. The second part is "government behavior and social governance". It mainly introduces emergency management, innovation management ability, government portal website, public service, education governance ability, rural revitalization, business environment and other issues. The third part is "Social change and social governance", focusing on the issues of population aging, the flow of scientific and technological talents, the change of women's fertility and so on. The fourth part is the "social governance evaluation" part, which mainly includes the analysis of city livability, residents' well-being, residents' sense of access, public opinion response, residents' reading status, the living conditions of the elderly in the county, and Green development status, etc. It analyzes and evaluates the social governance of Henan Province from different perspectives, and puts forward specific countermeasures and suggestions. The fifth part is the subject of social governance cases, which mainly introduces the typical cases of social governance, such as the big data management in Kaifeng city, Shanyang District of Jiaozuo City "360 work method of the party and the masses", work method of "Household Networking" in Jun County of Hebi City, and "the integration of three governance" in Zhicheng town of Jiyuan City. These practical explorations reflect the efforts and achievements of social governance in Henan Province, and provide experience and reference for social governance innovation and capacity improvement.

目 录

Ⅰ 总报告

2020年河南省社会治理形势分析与展望 ………… 马 琳 陈 宁 / 001

Ⅱ 政府行为与社会治理篇

河南省政府应急管理状况调查分析
　　　　　　　　　　　……………… 樊红敏　张文玥　樊琳琳 / 031
河南省十八地市创新管理能力评价报告
　　　　　　　　　　　……………… 王淑英　卫朝蓉　寇晶晶 / 055
河南省辖市政府门户网站绩效评估报告 ………… 马 闯 陈安然 / 070
河南省乡镇政府公共服务供给状况调查分析
　　　　　　　　　　　……………… 樊红敏　樊琳琳　王鑫鑫 / 088
公共服务能够使我们生活得更加幸福吗？
　　——基于对河南省公众的调查分析 ………… 岳 磊 刘 乾 / 103
河南省教育指数评价分析与提升路径研究
　　　　　　　　　　　……………… 何 水　付家雨　高向波 / 119
河南省乡村振兴战略实施状况调查分析 …… 樊红敏 汪冰洁 王新星 / 135

河南省区域营商环境及其对企业跨地区并购的

  影响与优化 ………………………………………… 刘文楷　王新星 / 147

Ⅲ　社会变迁与社会治理篇

河南省人口老龄化态势及应对策略

  …………………………… 高卫星　陈　宁　马　静　王　轲 / 164

河南省科技人才流动状况调查分析 ……… 钱花花　杨　曦　韩　恒 / 181

河南省妇女生育变动状况及政策促进研究 ………………… 陈　宁 / 196

Ⅳ　社会治理评价篇

2019年河南省十八市宜居度综合评价 …………… 梁思源　蔺艳艳 / 214

河南省城市居民幸福感及影响因素分析 …………… 梁思源　蔡子瑜 / 234

河南省城市居民获得感调查分析 ……… 樊红敏　张文玥　刘东梅 / 250

2019年河南省突发事件舆情特点及应对建议 ………………… 张彦帆 / 263

河南省居民阅读状况调查分析 …… 刘海丽　肖先沛　曹龙盛　苏超萍 / 282

河南省县域老年人生活状况及服务需求调查报告

  …………………………………… 杨　曦　韩虹谷　马婧萱 / 295

河南省十八地市绿色发展质量指数评价研究

  …………………………………… 王淑英　寇晶晶　卫朝蓉 / 307

Ⅴ　案例篇

技术赋能下开封市大数据治理探索

  ……………………………………………… 于海利　王鑫鑫 / 320

焦作市山阳区"党群360工作法"社区治理新探索 ………… 李晓芳 / 331

鹤壁市浚县"户联网"工作法农村社会治理新探索
………………………… 樊红敏　汪冰洁　刘东梅 / 341
济源市轵城镇乡村振兴中"三治融合"实践探索
………………………………………… 付会洋　黄　蕾 / 349

CONTENTS

I General Report

Analysis and Prospect of Social Governance Situation in
Henan Province in 2020   *Ma Lin, Chen Ning* / 001

II Government Behavior and Social Governance

Investigation and Analysis on the Situation of Emergency
Management of Government in Henan Province
    Fan Hongmin, Zhang Wenyue and Fan Linlin / 031
Research on the Evaluation of Innovation Management Ability
of 18 Cities in Henan Province
    Wang Shuying, Wei Chaorong and Kou Jingjing / 055
Research on the Performance Evaluation of Henan Provincial
Government Portal Webisite   *Ma Chuang, Chen Anran* / 070
An Investigation and Analysis of the Public Service Supply of
the Township Government in Henan Province
    Fan Hongmin, Fan Linlin and Wang Xinxin / 088
Can Public Service Make our Life Happier?   *Yue Lei, Liu Qian* / 103

CONTENTS

The Evaluation and Analysis of Education Index
   in Henan Province   *He Shui, Fu Jiayu and Gao Xiangbo* / 119
Investigation and Analysis on the Implementation of the
   Strategy of Rural Revitalization in Henan Province
                   Fan Hongmin, Wang Bingjie and Wang Xinxing / 135
Regional Business Environment in Henan Province and Its
   Influence and Optimization on Cross Regional M & A
   of Enterprises   *Liu Wenkai, Wang Xinxing* / 147

III Social Change and Social Governance

The Trend of Population Aging in Henan Province and Its
   Countermeasures   *Gao Weixing, Chen Ning, Ma Jing and Wang Ke* / 164
Investigation and Analysis on the Flow of Scientific
   and Technological Talents in Henan Province
                          Qian Huahua, Yang Xi and Han Heng / 181
A Study on the Changes of Women's Fertility and the Promotion
   of Policies in Henan Province   *Chen Ning* / 196

IV Social Governance Evaluation

Investigation and Analysis of Urban Habitability of 18 Cities
   in Henan Province in 2019   *Liang Siyuan, Lin Yanyan* / 214
Analysis of Urban Residents' Happiness and Its Influencing
   Factors in Henan Province   *Liang Siyuan, Cai Ziyu* / 234
Investigation and Analysis of the Acquired Sense of
   Urban Residents   *Fan Hongmin, Zhang Wenyue and Liu Dongmei* / 250
The Characteristics of Public Opinion in Emergencies in Henan
   Province in 2019 and the Corresponding Suggestions   *Zhang Yanfan* / 263

Survey and Analysis of Reading Condition of Residents
　　in Henan Province
　　　　　　　　Liu Haili, Xiao Xianpei, Cao Longsheng and Su Chaoping / 282

A Survey Report on the Living Conditions and Service Demands
　　of the Elderly in Counties of Henan Province
　　　　　　　　Yang Xi, Han Honggu and Ma Jingxuan / 295

Research on the Evaluation of Green Development Quality
　　Index of 18 Cities in Henan Province
　　　　　　　　Wang Shuying, Kou Jingjing and Wei Chaorong / 307

Ⅴ　Cases

Technology Empowerment Kaifeng to Explore the Big Data
　　Governance　　　　　　　　*Yu Haili, Wang Xinxin* / 320
New Exploration on Community Governance of "360 Working
　　Method of the Party and the Masses" in Shanyang District,
　　Jiaozuo City　　　　　　　　*Li Xiaofang* / 331
A New Exploration of Rural Social Governance with the Method of
　　"Household Networking" in Junxian County, Hebi City
　　　　　　　　Fan Hongmin, Wang Bingjie and Liu Dongmei / 341
Practical Exploration of "Three Governance Integration"
　　in the Revitalization of Towns and Villages in Jiyuan City
　　　　　　　　Fu Huiyang, Huang Lei / 349

总报告
General Report

2020年河南省社会治理形势分析与展望

马琳 陈宁[*]

摘　要： 本报告以《中国统计年鉴》《河南统计年鉴》以及2019年社会治理河南省协同创新中心组织开展的城乡社会治理综合调查为数据来源，从社会安全、矛盾化解、社会组织、公共服务、社会公平五个维度对河南省社会治理状况进行了系统分析。研究发现，河南省社会安全形势总体平稳，社会矛盾化解稳中向好，社会组织不断发展壮大，基本公共服务状况仍需改善，社会公平状况有待改善。进一步推进河南省社会治理实践创新，需要从以下几个方面着手：完善统筹城乡的民生保障制度，提升公共服务整体供给水平；打造社区治理共

---

[*] 马琳，郑州大学政治与公共管理学院副教授，社会治理河南省协同创新中心研究员，研究方向为新型城镇化与社会发展；陈宁，郑州大学政治与公共管理学院讲师，社会治理河南省协同创新中心研究员，研究方向为人口与社会保障政策。

同体，提升社区服务能力和水平；加强社会心理服务体系建设，筑牢新时代社会治理心理保障；推动社会治理重心向基层下移，夯实基层社会治理基础；提高社会治理数字化水平，推动社会治理现代化。

关键词： 社会治理　社会安全　公共服务　社会公平　矛盾化解

党的十九届四中全会通过的《中共中央关于坚持和完善中国特色社会主义制度　推进国家治理体系和治理能力现代化若干重大问题的决定》，提出"坚持和完善共建共治共享的社会治理制度，保持社会稳定、维护国家安全"，这体现了我们党对社会主义制度现代化建设和社会转型治理规律的深刻认识，也对新时代中国特色社会治理提出了更高的要求。尤其是当下面对持续至今的新冠肺炎疫情，更凸显了提升社会治理能力的必要性和紧迫性。正如习近平总书记指出的，这次抗击新冠肺炎疫情，是对国家治理体系和治理能力的一次大考。要加强社会治理，妥善处理疫情防控中可能出现的各类问题。针对重大突发公共事件防控过程中暴露出来的社会治理困境和难题，需要搭建起能够常态化应对不确定性风险的社会治理体制机制，完善更加精细化、法治化、智能化、高效化的社会治理体系，不断提升社会治理效能，真正建设成人人有责、人人尽责、人人享有的社会治理共同体。

为了系统考察河南省社会治理实践的动态变迁过程，本报告沿用《河南社会治理发展报告》（2014~2019）中社会治理评估指标体系的总体框架，从社会安全、矛盾化解、社会组织、公共服务、社会公平五个方面评估河南省社会治理状况，并对其中的三级指标进行略微调整。具体指标如表1所示。

表1 河南省社会治理评估指标体系

一级指标	二级指标	三级指标
社会治理	社会安全	①安全生产 ②火灾事故 ③交通事故 ④社会治安 ⑤群众对社会安全满意度
	矛盾化解	①人民调解 ②劳动人事仲裁 ③法律援助 ④民商案件 ⑤公众对矛盾化解满意度
	社会组织	①社会组织数量 ②社会组织的增长速度 ③公众对社会组织满意度
	公共服务	①预算支出 ②人均水平 ③社会保障 ④公共服务满意度
	社会公平	①居民参与人大选举情况 ②城乡收入差距 ③城镇居民差距 ④农村居民差距 ⑤社会公平满意度 ⑥低保发放公平程度

为准确描述和客观评价河南省社会治理的整体状况，本书以国家及各省统计年鉴中相关数据为主，并以社会治理河南省协同创新中心开展的关于河南省居民的专项调查数据为补充，其主要包括以下三部分。

《中国统计年鉴2019》《河南统计年鉴2019》和民政部网站公布的社会服务统计数据。

2019年河南省城乡社会治理调查。调查涵盖河南省18个地市，调查对象为河南省城乡居民，调查时间为2019年7月10日至2019年8月20日，调查人员为经过系统培训的郑州大学政治与公共管理学院、商学院、法学院等学院研究生166名。为保证调查数据的真实性、可靠性，调查采用结构式访谈的方法，由调查员进行一对一的面访。调查共发放问卷2045份，回收有效问卷1920份。

2019年河南省宜居城市调查。调查涵盖河南省18个地市，调查对象为河南省城乡居民，调查时间为2019年12月4日至2019年12月11日，此次调查团队由82名郑州大学政治与公共管理学院的研究生、本科生组成，为能够与2018年调研数据进行比较分析，保障调查的科学性和代表性，本次调查基本沿用了2018年12月进行的宜居城市调查的采样点，即采取等距抽样方法，根据每个地市抽取2个街道、每个街道抽取4个居民委员会确定调研地点，并在抽取到的居民委员会范围之内开展偶遇调查。在问卷数量分布上，综合考虑人口、经济发展程度、城市面积等因素，郑州市和洛阳市单独发放问卷，分别回收有效问卷504份和300份；其余各地市两两一组，回收问卷都在200份左右。调查累计发放问卷4300份，有效问卷4065份，有效问卷回收率为94.53%。

在写作思路上，本报告不仅利用数据对各个指标进行了单变量描述，而且还对部分指标进行了年度趋势分析。为突出河南省社会治理的基本特征，本报告还选取了部分指标与中部地区其他省份以及全国的平均数据进行对比分析，并从社会安全、矛盾化解、社会组织、公共服务和社会公平等方面对河南省社会治理状况进行了评价，在此基础上结合社会环境变化对河南省社会治理形势进行了发展展望。

一 社会安全形势整体平稳

保障社会安全是经济社会稳定、健康发展的基本要求，也是社会治理的首要目标。以下主要从社会治安、生活安全和生产安全三个方面来分析河南省社会安全形势。

（一）社会治安形势整体平稳

良好的社会治安环境，对于维护社会政治稳定、保障经济社会正常运行意义重大。河南省近年来社会治安形势较为平稳。

1. 万人刑事案件率逐年降低,万人犯罪率有所提升

2018年河南省公安机关立案的刑事案件数目为414645件,较2017年降低了8.04%;万人刑事案件率为43.17件,较2017年降低了8.48%;法院审理刑事罪犯人数112927人,较2017年增加了19.79%;万人犯罪率为11.76人,较2017年增加了19.27%(见表2)。

表2 2015~2018年河南省社会治安情况比较

类 别	2015年	2016年	2017年	2018年
公安机关立案的刑事案件数目(件)	546891	527252	450876	414645
万人刑事案件率(件)	57.69	55.31	47.17	43.17
法院审理刑事罪犯人数(人)	71978	76144	94271	112927
万人犯罪率(人)	7.59	7.99	9.86	11.76

从全国平均情况来看,2018年河南省万人刑事案件率为43.17件,高于全国的36.33件;河南省万人犯罪率为11.76人,高于全国的10.24人。总体来看,河南省社会治安形势与全国平均水平差距不大。

2. 居民对社会治安情况的总体评价较高

在调查样本中,对于"当地社会治安情况的总体评价"问题,15.70%的被调查者认为"非常好",52.65%的被调查者认为"比较好",26.36%的被调查者认为"一般",4.84%的被调查者认为"不太好",仅有0.45%的被调查者认为"非常差"。总体来看,对周边的社会治安评价是"非常差"和"不太好"的被调查者合计仅占约5%,河南省居民对公共安全的整体评价较高。

过去3年的调查显示,居民对社会治安情况的评价整体变化不大。2019年认为"非常差"和"不太好"的被调查者占比由2017年的5.17%小幅上升至5.29%;而认为"比较好"和"非常好"的被调查者占比由2017年的64.80%上升至68.35%(见表3)。

表3　2017~2019年河南省居民对社会治安情况的评价对比

单位：%

时间	非常差	不太好	一般	比较好	非常好
2019年	0.45	4.84	26.36	52.65	15.70
2018年	0.27	2.91	22.89	49.23	24.70
2017年	0.37	4.80	30.03	52.62	12.18

（二）生活安全情况不断向好

1. 火灾发生数与死亡人数呈下降趋势

在社会生活中，火灾是威胁公共安全、危害人民生命财产的灾害之一，通常用火灾事故的发生率和死亡率来评价生活安全形势。从近5年河南省的相关数据来看，河南省的火灾发生数和造成的经济损失均不断下降，死亡人数也整体呈下降趋势。河南省火灾发生数量由2014年的22873起下降到2018年的10996起，下降了51.93%；火灾造成死亡人数由2014年的73人下降到2018年的31人，下降了57.53%；火灾造成的经济损失由2014年的20740万元下降到2018年的10266万元，下降了50.50%（见表4）。整体来看，2018年河南省火灾形势相较于2017年和2016年有不同程度的改善。因此，河南省居民的生活安全形势不断向好。

表4　2014~2018年河南省火灾形势比较

类别	2014年	2015年	2016年	2017年	2018年
发生(起)	22873	19925	16165	13010	10996
死亡(人)	73	117	52	45	31
损失折款(万元)	20740	19755	14348	10674	10266

从河南省18个省辖市的十万人火灾事故发生率来看，最低的是商丘市4.11起，第二是南阳市6.44起，第三是鹤壁市6.93起，随后依次为周口市7.14起、信阳市7.43起、驻马店市7.64起、安阳市8.90起、许昌市8.94起、洛阳市9.26起、开封市10.31起、三门峡市11.10起、漯河市

11.31起、济源市12.88起、平顶山市15.53起、焦作市15.60起、新乡市15.89起、濮阳市19.22起,郑州市最高,为26.91起。总体来看,河南省各市十万人火灾事故发生率差异较大,最多的郑州市是最少的商丘市的6倍多,各地的火灾发生情况差异较大(见图1)。

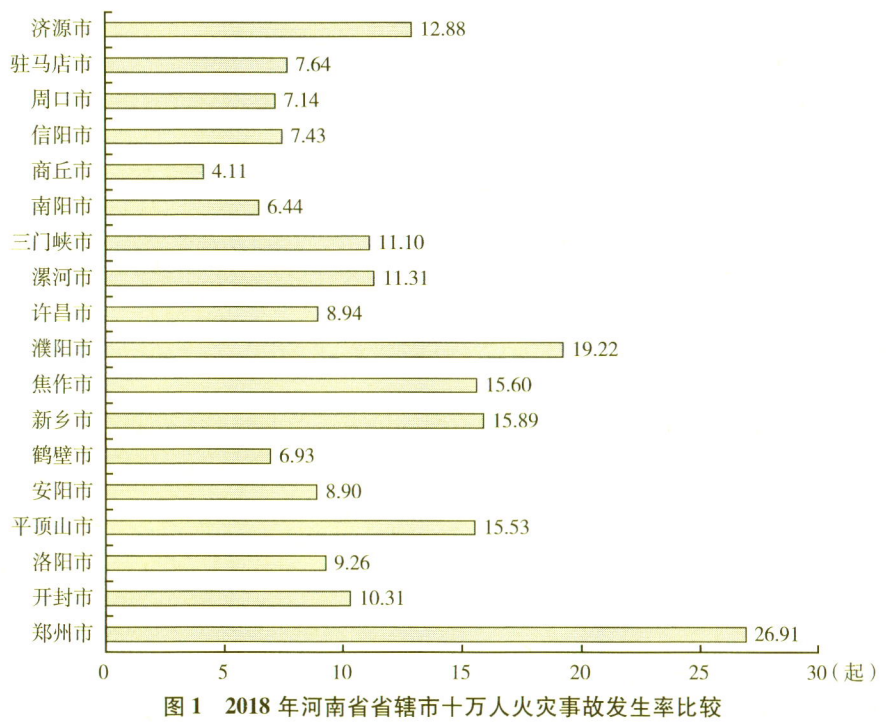

图1　2018年河南省省辖市十万人火灾事故发生率比较

2. 十万人交通事故死亡率低于全国平均水平

近年来,随着机动车数量的不断增长,交通事故频发,人员伤亡和财产损失严重,交通形势日益严峻。根据河南省2018年的相关数据,河南省共发生交通事故19059起,死亡人数2670人,较2017年显著增长。从十万人交通事故发生率和十万人交通事故死亡率指标来看,2018年河南省交通事故形势与全国平均水平相近。2018年,河南省十万人交通事故发生率为19.84起,略高于全国的17.55起,也高于湖南省、安徽省、江西省,低于湖北省和山西省;河南省十万人交通事故死亡率为2.78人,显著低于全国的4.53人,略高于湖南省,低于湖北省、山西省、安徽省和江西省(见图2)。

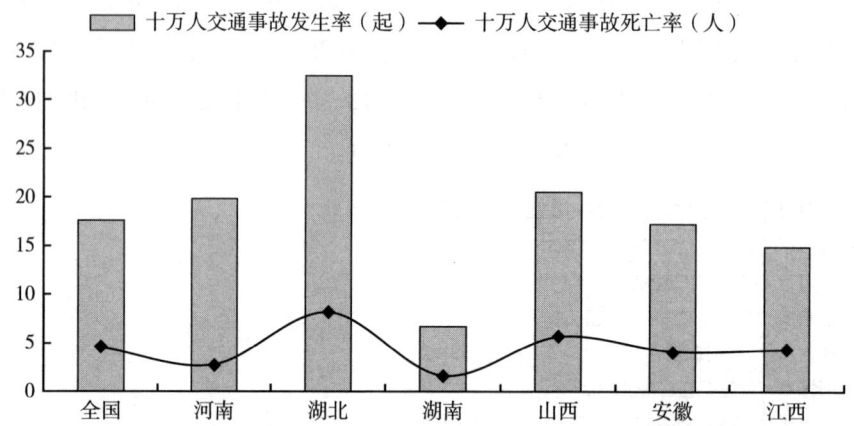

图 2　2018 年中部六省与全国交通事故发生率与死亡率比较

3. 群众对食品安全的评价有所上升

近年来，人们从关注"吃得饱"转向关注"吃得好"，更加关注食品安全。对于"当地食品安全状况的评价"问题，有 7.62% 的被调查者认为"非常好"，32.71% 的被调查者认为"比较好"，39.62% 的被调查者认为"一般"，16.79% 的被调查者认为"不太好"，3.27% 的被调查者认为"非常差"。因此，从调查结果看，有 20% 左右的被调查者认为当地食品安全状况"非常差"和"不太好"，群众整体对食品安全的评价适中。

过去 3 年的调查显示，居民对食品安全状况的评价有所上升。2019 年认为"非常差"和"不太好"的被调查者占比由 2017 年的 22.03% 下降至 20.06%；而认为"比较好"和"非常好"的被调查者占比由 2017 年的 38.71% 上升至 40.33%（见表 5）。

表 5　2017~2019 年河南省居民对食品安全状况的评价对比

单位：%

时间	非常差	不太好	一般	比较好	非常好
2019 年	3.27	16.79	39.62	32.71	7.62
2018 年	4.09	11.99	34.51	34.97	14.44
2017 年	4.00	18.03	39.26	31.26	7.45

4. 群众对生态环境的评价较低

对于"当地生态环境状况的评价"问题,仅7.66%的被调查者认为"非常好",33.57%的被调查者认为"比较好",38.34%的被调查者认为"一般",16.67%的被调查者认为"不太好",有3.76%的被调查者认为"非常差"。整体来看,群众对生态环境的评价较低。

过去2年的调查显示,居民对生态环境状况的评价整体变化不大。2019年认为"非常差"和"不太好"的被调查者占比由2018年的15.07%上升至20.43%;而认为"比较好"和"非常好"的被调查者占比由2018年的51.86%下降至41.23%(见表6)。

表6 2018~2019年河南省居民对生态环境状况的评价对比

单位:%

时间	非常差	不太好	一般	比较好	非常好
2019年	3.76	16.67	38.34	33.57	7.66
2018年	2.63	12.44	33.06	36.78	15.08

注:2018~2019年2年间调查人员、被调查者、调查问卷的数目等调查要素有所不同,但调查的地点都在河南省内,研究没有追求绝对的精确,只探讨模糊的正确。

(三)生产安全不断改善

安全生产是安全与生产的统一,保护劳动者的生命安全和职业健康是安全生产的核心内涵。表7显示了2018年河南省安全生产基本情况。

2018年,全省发生伤亡事故总计1077起,其中商贸制造业41起,占比3.81%;建筑业63起,占比5.85%;交通运输仓储业946起,占比87.84%。全省伤亡事故造成死亡总人数756人,其中商贸制造业69人,占比9.13%;建筑业81人,占比10.71%;交通运输仓储业572人,占比75.66%。一次死亡10人以上特大事故共1起,为商贸制造业领域。

表7　2018年河南省安全生产基本情况

类别	商贸制造业	建筑业	交通运输仓储业
发生伤亡事故总数(起)	41	63	946
造成死亡总人数(人)	69	81	572
一次死亡10人以上特大事故(起)	1	—	—

与前3年的数据对比可以发现，2018年河南省安全生产形势持续改善。发生伤亡事故总数从2015年的1438起减少到2018年的1077起，减少了25.10%；造成死亡总人数从2015年的753人略微增加到2018年的756人，增长了0.40%；煤矿百万吨死亡率从2015年的0.109人小幅减少到2018年的0.102人，减少了6.42%（见表8）。

表8　2015~2018年河南省安全生产形势比较

类别	2015年	2016年	2017年	2018年
发生伤亡事故总数(起)	1438	1405	1324	1077
造成死亡总人数(人)	753	932	891	756
煤矿百万吨死亡率(人)	0.109	0.092	0.179	0.102

二　社会矛盾化解稳中向好

和谐稳定的社会局面是发展的前提条件，良好稳固的发展态势是和谐的可靠基础。近年来，河南省坚持以习近平新时代中国特色社会主义思想为指导，健全社会矛盾纠纷多元预防调处化解综合机制，健全自治、法治、德治相结合的乡村治理体系，加强社会治安防控体系建设，取得了一定成效。下面主要从法律援助工作情况、人民法院民商案件情况和群众满意度几个方面来分析河南省社会矛盾化解的形势。

（一）人民调解委员会数量变化不大，调解民间纠纷数量减少

人民调解是在人民调解委员会的主持下，以国家法律、法规、规章、

政策和社会公德、规范为依据,对民间纠纷双方当事人进行调解、劝说,促使他们互相谅解、平等协商、自愿达成协议,消除纷争的一种群众自治活动。

从过去5年河南省人民调解基本情况的变化来看,人民调解委员会的数量变化不大,调解民间纠纷的案件数量2014~2017年显著增长,2018年回落至80.79万件(见表9)。

表9 2014~2018年河南省人民调解工作基本情况

类别	2014年	2015年	2016年	2017年	2018年
人民调解委员会(万个)	5.56	5.57	5.58	5.52	5.49
调解民间纠纷(万件)	90.76	101.8	100.71	101.75	80.79

(二)劳动人事仲裁委员会受理案件和集体争议数量稳中有增

劳动仲裁是指由劳动争议仲裁委员会对当事人申请仲裁的劳动争议居中公断与裁决。在我国,劳动仲裁是劳动争议当事人向人民法院提起诉讼的必经程序。

过去5年,河南省劳动人事仲裁委员会立案受理案件总数有所增长,从2014年的21437件增长到2018年的23055件,增长了7.55%;集体劳动(人事)争议数有所增长,从2014年的162起增长到2018年的170起,增长了4.94%;立案受理案件涉及劳动者人数有所增长,从2014年的26276人增加到2018年的28160人,增长了7.17%;集体劳动(人事)争议人数有所增长,从2014年的2552人增加到2018年的3009人,增长了17.91%(见表10)。

表10 2014~2018年河南省劳动人事仲裁委员会受理情况

类别	2014年	2015年	2016年	2017年	2018年
立案受理案件总数(件)	21437	23799	24273	23831	23055
集体劳动(人事)争议数(起)	162	209	168	200	170
立案受理案件涉及劳动者人数(人)	26276	28711	29706	29146	28160
集体劳动(人事)争议人数(人)	2552	2904	2941	4033	3009

（三）法律援助工作稳中有进

法律援助主要是通过向那些缺乏能力、经济困难的当事人提供法律帮助，使他们能够平等地站在法律面前，享受平等的法律保护，实现公平和正义，是衡量一个地区法制完善和社会文明程度的公认标准之一。

表11为2014~2018年河南省法律援助工作基本情况。法律援助机构数整体变化不大，实有人数基本稳定；诉讼案件总数由2014年的81540件增长至2018年的112041件，增长了37.41%；咨询（来访、来电）数大幅增长，由2014年的648100次增长至2018年的795174次，增长了22.69%。

表11 2014~2018年河南省法律援助工作基本情况

类别	2014年	2015年	2016年	2017年	2018年
机构数（个）	209	211	213	234	207
实有人数（人）	1023	1023	1061	998	1054
诉讼案件总数（件）	81540	88402	97390	105648	112041
咨询（来访、来电）数（次）	648100	688791	719332	785623	795174

（四）居民矛盾处理方式相对理性

调查结果显示，河南省居民处理矛盾的方式相对平稳。居民的正当利益受到侵害时，选择的解决方式前5位依次是"法律途径"（59.71%）、"自己协调解决"（44.84%）、"找政府解决"（35.34%）、"找居委会协调"（31.13%）和"忍了算了"（24.63%），而选择"直接正面冲突""曝光到网络""上访"的分别占3.00%、11.87%和15.77%。因此，河南省居民对矛盾化解形式的选择较为理性（见图3）。

三 社会组织不断发展壮大

社会组织以其较强的专业性在整合社会资源、提供公共服务、维护社会

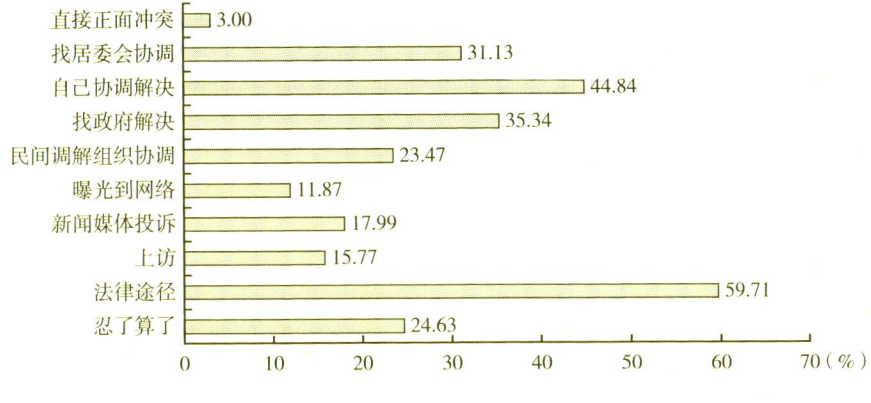

图3 居民利益受到侵害时的解决方式

稳定等方面发挥着独特的作用,是推进社会治理精细化的重要渠道和载体,更是打造共建共治共享社会治理格局不可或缺的中坚力量。从党的十八届三中全会以政府和社会关系角度强调"激发社会组织活力,推进社会组织明确权责、依法自治、发挥作用",到党的十九大从政府、社会和个人之间相互协调的视角提出"发挥社会组织作用,打造共建共治共享的社会治理格局",都充分表明社会组织是推进国家治理体系和治理能力现代化的重要主体。因此,在新时代下打造共建共治共享的社会治理格局,既为社会组织的发展带来了新机遇,也对社会组织的发展提出了新使命和新要求。

(一)河南省社会组织数量居中部六省首位

近年来,河南省始终聚焦并不断深化社会组织管理制度的改革创新,探索开展一系列创新性举措,如稳步推进登记体制改革、加快实施社会组织"三证合一"改革、推动行业协会商会与行政机构脱钩改革、实施省级社会组织网上年检、加强社会组织党建工作、推进慈善组织登记认定工作、探索开展社会组织第三方等级评估,有力地促进和保障了河南省社会组织快速、健康、有序发展。自2012年以来,河南省社会组织的数量呈逐年上升趋势。2012年河南省各类社会组织数量为20970个,2014年为27238个,2019年为43967个,居中部六省首位(见表12)。

表12　2019年中部六省社会组织数量

单位：个

排名	省份	社会团体	民办非企业单位	基金会	合计
1	河南省	12249	31569	149	43967
2	湖南省	15862	20660	354	36876
3	安徽省	14523	17626	171	32320
4	湖北省	12320	18488	176	30984
5	江西省	12153	13926	87	26166
6	山西省	7495	9154	113	16762

从近五年中部六省社会组织的数量来看，河南省社会组织的数量始终位居前列。在其中的4年中（2015年、2017年、2018年和2019年），河南省社会组织的数量均居中部六省首位；仅在2016年，河南省社会组织的数量略低于湖南省而居中部六省第二位。同时，在社会组织的数量方面，河南省不断拉开与其他省份之间的差距：2017年河南省社会组织数量仅比湖南省多60个，2018年比湖南省多4693个，2019年比湖南省多7091个（见表13）。由此表明，近年来河南省社会组织的发展态势良好。

表13　2015~2019年中部六省社会组织数量及排名

单位：个

排名	2015年	2016年	2017年	2018年	2019年
1	河南省（29207）	湖南省（29842）	河南省（33358）	河南省（40254）	河南省（43967）
2	湖南省（27682）	河南省（29293）	湖南省（33298）	湖南省（35561）	湖南省（36876）
3	湖北省（27371）	湖北省（28296）	湖北省（29356）	安徽省（30778）	安徽省（32320）
4	安徽省（24463）	安徽省（25708）	安徽省（28006）	湖北省（29750）	湖北省（30984）
5	江西省（15319）	江西省（16189）	江西省（18605）	江西省（24807）	江西省（26166）
6	山西省（12236）	山西省（13038）	山西省（13643）	山西省（15537）	山西省（16762）

（二）河南省社会组织增长速度略有放缓

首先，从河南省社会组织数量的增长速度来看。自2013年以来，河南省社会组织数量逐年上升,年平均增长速度为11.34%。整体来看,河南省社会组织数量的增长速度呈现较为波折的状态。在2013年和2014年的快速增长后,2015年和2016年增长速度有所降低;在2017年和2018年经历了高速增长之后,2019年的增长速度又略有放缓。相较于2018年,2019年河南省社会组织数量增长了9.22%(见表14)。

表14 2013~2019年河南省社会组织数量及增长速度

单位:个,%

时间	社会组织			合计	较上年增长
	社会团体	民办非企业单位	基金会		
2013年	10817	12068	98	22983	9.60
2014年	11158	15976	104	27238	18.51
2015年	11728	17365	114	29207	7.23
2016年	9576	19592	125	29293	0.29
2017年	10719	22504	135	33358	13.88
2018年	11839	28270	145	40254	20.67
2019年	12249	31569	149	43967	9.22

其次,从2019年全国社会组织数量的平均增长幅度来看。2019年河南省社会组织的增长速度为9.22%,高于全国平均增长速度(6.18%)。其中,河南省社会团体的增长速度(3.46%)和民办非企业单位的增长速度(11.67%)均高于全国平均增长速度(1.65%和9.90%);河南省基金会的增长速度为2.76%,低于全国基金会的平均增长速度(7.87%)(见表15)。

表15 2019年河南省社会组织数量及增长速度与全国比较

单位:个,%

类别	河南省		全国	
	数量	增长速度	数量	增长速度
社会团体	12249	3.46	371848	1.65
民办非企业单位	31569	11.67	486819	9.90
基金会	149	2.76	7580	7.87
合计	43967	9.22	866247	6.18

最后，从 2019 年中部六省社会组织数量的增长速度来看。除湖北省外，2019 年中部六省社会组织数量的增长速度相较上一年均有所下降，但河南省社会组织数量的总体增长速度居中部六省首位。具体来看，2019 年河南省社会组织数量的增长速度为 9.22%，比第二位山西省（7.88%）高 1.34 个百分点，比第三位江西省（5.48%）高 3.74 个百分点（见表 16）。同时，可以发现，相较于社会团体和民办非企业单位的增长速度，河南省基金会数量的增长速度则相对较为缓慢，仅仅较上一年增长了 2.76%。

表 16 2018~2019 年中部六省社会组织数量及增长情况

单位：个，%

省份	2018 年社会组织数量	2018 年增长速度	2019 年社会组织数量	2019 年增长速度
湖南省	35561	6.80	36876	3.70
山西省	15537	13.88	16762	7.88
江西省	24807	33.33	26166	5.48
安徽省	30778	9.90	32320	5.01
湖北省	29750	1.34	30984	4.15
河南省	40254	20.67	43967	9.22

（三）居民对社会组织的评价有所提升

社会组织已经成为社会公共服务的重要依托和基础力量之一，发挥社会组织在社会治理创新中的协同作用，就需要社会组织为公众提供大量社会化、多样性的公共服务。因此，公众对社会组织的满意度也是社会组织发展状况的重要衡量指标。

调查显示，对于"当地民间社会组织发展状况的满意度"问题，有 29.40% 的被调查者认为"比较满意"，3.12% 的被调查者认为"非常满意"，48.59% 的被调查者认为"一般"，16.75% 的被调查者认为"不满意"，2.14% 的被调查者认为"非常不满意"。整体来看，群众对社会组织发展状况的满意度评价适中。

过去3年的调查显示,居民对当地社会组织满意度的评价整体变化不大。2019年认为"非常不满意"和"不满意"的被调查者占比由2017年的22.10%下降至18.89%;而认为"比较满意"和"非常满意"的被调查者占比由2017年的29.00%上升至32.52%(见表17)。

表17 2017~2019年河南省居民对当地社会组织满意度的评价对比

单位:%

时间	非常不满意	不满意	一般	比较满意	非常满意
2019年	2.14	16.75	48.59	29.40	3.12
2018年	3.00	16.10	46.50	30.10	4.40
2017年	2.90	19.20	48.70	26.40	2.60

四 基本公共服务状况仍需改善

社会治理状况与公共服务的数量、质量和公平分配有着密切的关系。社会治理方式的创新与基本公共服务的均等化息息相关。下面从基本公共服务预算、人均基本公共服务支出及区域差异、教育投入占GDP比重、民众满意度几个方面来分析河南省基本公共服务状况。

(一)基本公共服务预算支出有所增长

表18显示了河南省2017年和2018年公共财政预算支出中公共服务类支出的情况。总体来看,河南省公共财政预算总支出2018年为9217.73亿元,较2017年增长了12.20%。从绝对量来看,社会保障和就业、科学技术、教育、医疗卫生的公共预算均实现不同程度的增长。从相对量来看,社会保障和就业支出占比略有减少,从2017年的14.12%减少到2018年的14.09%;科学技术支出占比基本持平;教育支出占比略有减少,从2017年的18.17%减少到2018年的18.06%;医疗卫生支出占比有所减少,从2017年的10.18%减少到2018年的10.08%。

表18　2017～2018年河南省公共财政预算支出及占比情况

单位：亿元，%

类别	2017年支出	2017年占比	2018年支出	2018年占比
公共财政预算总支出	8215.52	100	9217.73	100
社会保障和就业	1160.23	14.12	1298.45	14.09
科学技术	137.94	1.68	155.67	1.69
教育	1493.11	18.17	1664.67	18.06
医疗卫生	836.66	10.18	928.96	10.08

（二）人均基本公共服务支出区域差异依然显著

从统计数据来看，河南省各地市基本公共服务水平地域差异明显。从各地市分项水平来看，在教育方面，郑州市（2099.80元）、济源市（1839.73元）、三门峡市（1822.91元）位于前三名；在科学技术方面，郑州市（356.71元）、洛阳市（275.91元）、三门峡市（175.33元）位于前三名；在社会保障和就业方面，济源市（1201.37元）、驻马店市（1154.83元）、开封市（1137.28元）位于前三名；在医疗卫生方面，三门峡市（1099.12元）、周口市（1011.75元）、驻马店市（1009.80元）位于前三名（见表19）。

表19　2018年河南省各地市人均公共服务财政预算支出

单位：元

地域	教育	科学技术	社会保障和就业	医疗卫生
郑州市	2099.80	356.71	1136.00	965.48
开封市	1316.67	97.59	1137.28	929.61
洛阳市	1577.21	275.91	1006.39	881.57
平顶山市	1391.05	102.98	963.42	909.74
安阳市	1493.82	90.35	822.20	926.25
鹤壁市	1358.28	161.96	833.13	789.57
新乡市	1372.71	164.08	923.14	772.54
焦作市	1206.13	118.11	1051.53	917.83
濮阳市	1688.37	56.51	1036.01	967.87

续表

地域	教育	科学技术	社会保障和就业	医疗卫生
许昌市	1442.12	145.72	811.04	768.69
漯河市	1249.06	174.91	858.05	789.51
三门峡市	1822.91	175.33	954.63	1099.12
南阳市	1347.15	99.50	959.24	876.92
商丘市	1224.15	95.50	884.58	917.46
信阳市	1814.22	35.39	1068.32	975.73
周口市	1309.68	44.93	1011.52	1011.75
驻马店市	1468.75	87.07	1154.83	1009.80
济源市	1839.73	136.99	1201.37	760.27

（三）人均公共服务支出在中部六省排名靠后

表20显示了中部六省2018年人均公共服务财政支出的情况。总体来看，由于人口众多，河南省的人均公共服务支出水平在中部六省中排名靠后。其中，河南省教育人均财政支出为1733.13元，位居中部六省倒数第二，略高于湖南省；河南省科学技术人均财政支出为162.07元，位居中部六省倒数第二，略高于山西省；河南省社会保障和就业的人均财政支出为1351.85元，位居中部六省倒数第一；河南省医疗卫生人均财政支出为967.16元，在中部六省排名第四，高于湖南省和山西省。

表20　2018年中部六省人均公共服务财政支出比较

单位：元

省份	教育	科学技术	社会保障和就业	医疗卫生
河南省	1733.13	162.07	1351.85	967.16
湖北省	1800.98	453.76	1980.73	973.03
湖南省	1720.13	188.35	1588.01	908.97
山西省	1796.75	158.90	1806.48	965.55
安徽省	1760.37	466.18	1509.60	991.62
江西省	2268.52	316.46	1637.39	1259.62

（四）居民对基本公共服务满意度较高

1. 居民对公共服务总体评价较高

对于"基本公共服务的总体满意度"问题，有7.74%的被调查者认为"非常满意"，44.31%的被调查者认为"比较满意"，43.07%的被调查者认为"一般"，4.51%的被调查者认为"不满意"，0.38%的被调查者认为"非常不满意"。从调查结果看，仅有不到5%的被调查者对基本公共服务的总体满意度为"非常不满意"和"不满意"，因此，居民对于公共服务的总体满意度较高。

过去3年的调查显示，居民对基本公共服务评价整体变化不大，但从变化趋势看，满意度有所提升。2019年认为"非常不满意"和"不满意"的被调查者占比由2017年的11.63%下降至4.89%；而认为"比较满意"和"非常满意"的被调查者占比由2017年的45.85%上升至52.05%（见表21）。

表21 2017~2019年河南省居民对基本公共服务评价情况对比

单位：%

时间	非常不满意	不满意	一般	比较满意	非常满意
2019年	0.38	4.51	43.07	44.31	7.74
2018年	0.64	6.72	35.15	37.87	19.62
2017年	1.72	9.91	42.52	38.40	7.45

注：2017~2019年3年间调查人员、被调查者、调查问卷的数目等调查要素有所不同，但调查的地点都在河南省内，研究没有追求绝对的精确，只探讨模糊的正确。

2. 居民对教育、公共交通服务评价较高，对就业、养老服务评价较低

居民对于教育服务、就业服务、医疗服务、养老服务、公共交通服务的评价整体类似，但也有部分差异。被调查者对于教育服务的评价最高，认为"非常满意"和"比较满意"的比例达到56.33%；其次是公共交通服务，为55.28%；然后是医疗服务，为51.83%。而被调查者对于就业服务和养老服务的评价较低，认为满意（选择"非常满意"和"比较满意"）的占比分别为40.03%和43.45%。

五 社会公平状况有待改善

社会公平是一种价值判断，建立在权益平等的基础之上。衡量社会公平的指标主要有权利公平、规则公平、效率公平、分配公平和社会保障公平。下面主要从权利公平、规则公平、分配公平、社会保障公平和居民公平感五个方面对河南省社会公平形势进行分析。

（一）权利公平评价适中

居民对正当权益维护的评价适中。调查问及"您认为当地居民正当权益维护情况"时，认为"比较好"和"非常好"的分别占31.13%和2.48%，认为"一般"的占51.71%，认为"很差"和"比较差"的分别占1.46%和13.22%。因此，有15%左右的被调查者认为正当权益维护情况"很差"和"比较差"，还有超过半数的被调查者认为"一般"，被调查者对正当权益维护的评价适中。

权利公平状况需要改善。调查问及"您认为居民的利益诉求（如低保发放、集体利益分配等）是否有完备的表达渠道和方式"时，认为"比较完备"和"非常完备"的分别占29.14%和2.89%，认为"有一些"的占46.38%，认为"没有"和"比较缺乏"的分别占2.78%和18.81%。因此，仅有30%左右的被调查者认为利益诉求有"非常完备"和"比较完备"的表达渠道和方式，权利公平状况需要改善。

（二）规则公平情况不断向好

政府依法行政的评价较高。调查问及"您认为当地政府在处理社会纠纷时严格遵守法律的情况"时，认为"比较好"和"非常好"的分别占49.72%和6.61%，认为"一般"的占36.80%，认为"非常差"和"不太好"的分别占0.86%和6.01%。因此，仅有近7%的被调查者认为当地政府在处理社会纠纷时严格遵守法律的情况为"非常差"和"不太好"，居民对于政府在处理社会纠纷时严格遵守法律情况的评价较高。

社会治理公平评价不断向好。2019年度调查问及"您认为本地派出所在化解矛盾纠纷时的公正程度"时,认为"很不公正"和"不太公正"的分别占1.28%和7.02%,认为"一般"的占34.32%,认为"比较公正"和"非常公正"的分别占51.15%和6.23%。因此,仅有8%左右的居民认为本地派出所化解矛盾纠纷时"很不公正"和"不太公正",居民对于派出所权利公平维护状况的评价较高。

过去3年的调查显示,居民的社会治理公正评价不断向好。2019年认为"很不公正"和"不太公正"的被调查者占比由2017年的9.42%下降至8.30%;而认为"比较公正"和"非常公正"的被调查者占比由2017年的52.31%上升至57.38%。

司法公正评价较高。调查问及"据您了解,您或您周围的人在诉讼(打官司)时法院判决的公正程度"时,认为"很不公正"和"不太公正"的分别占0.64%和5.78%,认为"一般"的占29.10%,认为"比较公正"和"非常公正"的分别占54.90%和9.58%。仅有6%左右的居民认为法院判决时"很不公正"和"不太公正"。因此,居民对于法院权利公平维护状况的评价较高。

过去3年的调查显示,居民对法院判决公正状况的评价整体变化不大,但从变化趋势看,评价不断向好。2019年认为"很不公正"和"不太公正"的被调查者占比由2017年的7.02%下降至6.42%;而认为"比较公正"和"非常公正"的被调查者占比由2017年的59.38%上升至64.48%(见表22)。

表22 2017~2019年河南省居民对法院判决公正状况的评价对比

单位:%

时间	很不公正	不太公正	一般	比较公正	非常公正
2019年	0.64	5.78	29.10	54.90	9.58
2018年	0.54	3.54	29.16	56.22	10.54
2017年	0.62	6.40	33.60	52.00	7.38

（三）分配公平状况有待改善

1. 城乡居民收入差距显著，生活水平差异不显著

图 4 显示了河南省 7 年来城镇居民家庭人均可支配收入与农村居民家庭人均可支配收入的对比情况。无论是城镇居民还是农村居民，家庭人均可支配收入均稳步上涨，但是，城乡居民的家庭人均收入差距依然显著。

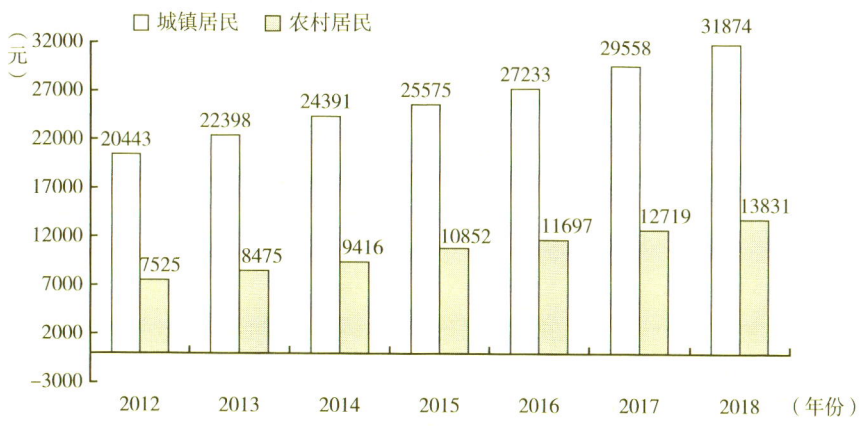

图 4　2012～2018 年河南省城镇、农村居民家庭人均可支配收入对比

表 23 为 2012～2018 年河南省城镇居民家庭人均收入与农村居民的比值。整体来看，比值从 2012 年的 2.72 逐年下降到 2018 年的 2.30，但 2015 年之后下降速度明显变慢。城乡居民收入差距依然较大。

表 23　2012～2018 年河南省城镇居民家庭人均收入与农村居民的比值

年度	2012	2013	2014	2015	2016	2017	2018
河南	2.72	2.64	2.59	2.36	2.33	2.32	2.30

恩格尔系数是食品支出总额占个人消费支出总额的比重。家庭生活越贫困，恩格尔系数就越大；反之，生活越富裕，恩格尔系数就越小。图 5 为河南省过去 6 年城镇、农村居民家庭恩格尔系数的对比情况，从城乡居民恩格尔系数的变化趋势来看，河南省城镇居民和农村居民的恩格尔系数均在缓慢

下降，反映了河南省人民整体的生活水平在上升。2018年，河南省城镇居民的恩格尔系数为25.73%，略低于农村居民的恩格尔系数（26.73%）。因此，从恩格尔系数来看，河南省城乡居民的生活水平差异不显著（见图5）。

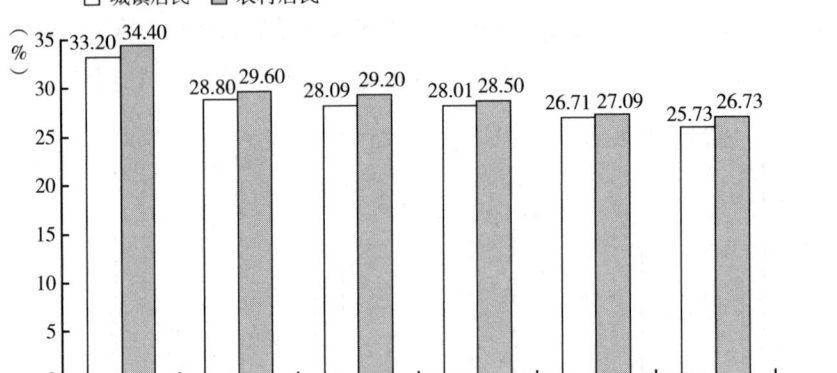

图5　2013~2018年河南省城镇、农村居民家庭恩格尔系数对比

2. 城镇居民收入支出状况差异较大

表24显示了2018年河南省按收入等级分城镇居民家庭生活情况。城镇居民家庭人均可支配收入均值为31874元，工资性收入占比56.6%，家庭人均总支出为27415元，消费性支出占比76.6%。收入方面，高收入户为低收入户的5.53倍；支出方面，高收入户为低收入户的3.47倍。因此，城镇居民中低收入户与高收入户不论是在家庭人均可支配收入还是在家庭人均总支出方面差距依然存在。

3. 农村居民收入支出状况差异较大

表25显示了2018年河南省按收入等级分农村居民家庭生活情况。农村居民家庭人均总收入均值为16845元，经营性收入占比44.2%，家庭人均总支出为15926元，消费性支出占比65.3%。收入方面，高收入户为低收入户的5.26倍；支出方面，高收入户为低收入户的2.46倍。因此，农村居民中低收入户与高收入户不论是在家庭人均总收入还是在家庭人均总支出方面差距依然存在。

表24 2018年河南省按收入等级分城镇居民家庭生活情况

单位：元，%

类别	家庭人均可支配收入	工资性收入占比	家庭人均总支出	消费性支出占比
城镇平均	31874	56.6	27415	76.6
低收入户	12744	68.5	14411	77.6
中低收入户	21371	63.9	19852	78.3
中等收入户	29279	58.8	26124	78.3
中高收入户	39952	55.9	36196	73.4
高收入户	70461	49.5	50006	76.5

表25 2018年河南省按收入等级分农村居民家庭生活情况

单位：元，%

类别	家庭人均总收入	经营性收入占比	家庭人均总支出	消费性支出占比
农村平均	16845	44.2	15926	65.3
低收入户	7046	46.1	11210	66.6
中低收入户	10955	40.5	12351	71.1
中等收入户	14454	35.4	13789	69.6
中高收入户	19263	37.9	17334	65.8
高收入户	37063	53.3	27534	58.0

（四）居民社会保障公平感有所下滑

过去3年的调查显示，居民的社会保障公平感持续下滑。2019年认为"比较公平"和"非常公平"的占比分别为46.15%和5.78%，合计占比由2017年的58.03%下降至2019年的51.93%；认为"非常不公平"和"不太公平"的被调查者占比由2017年的9.85%上升至2019年的15.06%（见表26）。

表26 2017~2019年河南省居民社会保障公平感对比

单位：%

时间	非常不公平	不太公平	一般	比较公平	非常公平
2019年	2.52	12.54	33.01	46.15	5.78
2018年	1.45	11.90	34.60	45.87	6.18
2017年	1.54	8.31	32.12	47.14	10.89

(五)居民的整体社会公平感较高

从居民对于"社会公平"的总体评价来看,有12.20%的被调查者认为"非常好",42.70%的被调查者认为"比较好",36.24%的被调查者认为"一般",8.19%的被调查者认为"不太好",0.68%的被调查者认为"非常差"。从调查结果看,仅有近9%的被调查者对社会公平的判断为"非常差"和"不太好"。因此,河南省居民的整体社会公平感较高。

六 2020年河南省社会治理发展展望

(一)完善统筹城乡的民生保障制度,提升公共服务整体供给水平

在全面建成小康社会的决胜之年,河南省应着力补齐公共服务供给短板,推进城乡一体化的公共服务体系建设,切实提升全体人民的获得感。第一,着力破解省内地区间公共服务供给水平差异问题,促进各地均等享受基本公共服务。加大对人口较多、财力较弱地区的转移支付力度,提高特定区域基本公共服务供给能力。第二,着力解决人民群众最关心、反响最强烈的养老、医疗、教育等基本公共服务方面的诉求。持续推进城乡社会保障制度衔接,缩小城乡社会保障待遇差距;持续加大对农村医疗服务和教育服务设施的投入力度,逐步实现城乡教育和医疗资源配置均等化;加快社区养老服务和社区0~3岁婴幼儿早教服务体系建设,切实解决老年人养老和婴幼儿照护问题。第三,加大财政投入力度,提高公共服务人均支出水平。省级政府应制定各地市基本公共服务支出的最低标准和支出范围,并建立动态调整机制。同时,逐步完善各级政府基本公共服务事权和支出责任,优化财政支出结构,加强基本公共服务的财政预算约束,不断提高公共财政预算用于基本公共服务支出的比例。第四,构建基本公共服务"需求-满足"评估机制,促进公共服务供给与公众需求的耦合,努力实现公共服务的供需匹配。通过评估反馈机制,实现公众参与公共服务供给决策,切实增强公共服务供

给的针对性和有效性。第五，创新公共服务供给方式，加大政府向社会力量购买服务的力度，提升公共服务供给水平。按照城乡统筹发展的要求，准确把握城乡社会公共服务的需求差异和重点领域，重点向农村公共服务薄弱环节进行倾斜性购买；完善并扩展政府购买公共服务指导性目录，明确政府年度购买服务的种类、性质，并根据地方社会经济发展情况以及公众需求实行动态调整。同时，充分发挥社会组织在基本公共服务需求表达、产品供给与监督评价等方面的积极作用，把适合由社会承担的基本公共服务事项，以购买服务、招标采购、合约出租等方式交由社会组织承担。

（二）打造社区治理共同体，提升社区服务能力和水平

实现人人有责、人人尽责、人人享有的社区治理共同体是将制度优势有效转化为治理效能的关键所在。首先，积极探索党建引领社区治理和服务的新机制和新方法，坚持政治引领，通过社区党建标准化，发挥党组织凝聚各类组织的核心作用，在社区治理中彰显党的组织力。在党组织领导下实现"五社联动"，即社区组织与社区居民、社会单位、社会组织、社会企业（特别是物业企业）互联互动。其次，完善公众参与的制度化渠道，健全各治理主体间的合作协商机制，打造多层次社区多元协商格局。构建村（居）民协商制度、社区多元协商制度和楼宇（小区、小组）协商制度等多层次协商制度，从制度上规范协商程序，探索推行民情恳谈会、民主自治议事会和重大事务听证会等"三会制度"，强化公众在公共服务和社区发展中的话语权。针对社区发展、涉及民生的相关事项决策充分听取公众意见，平衡各方权责利益，提升治理主体的积极性。再次，完善社区服务和功能。社区应具有社会组织与社会治理的双重功能，要真正将社区视为社会的基本组织单位和方式，而不只是个空间概念。一方面，社区要提倡"我为人人、人人为我"的理念，提升居民基本文化与行为素养，倡导团结互助、共济合作；要整合社区工作者、社区居民、社区志愿者，并在可能的情形下充分借助外部力量，链接专业社会工作者资源，培育社区服务专业人员与自组织。另一方面，社区服务要以需求为导向，发现需求的多样性，并增强瞄准性。同

时，不仅要解决社区服务资源不足的问题，更要正视社区服务资源配置不当导致的使用低效甚至无效问题。最后，建设科技支撑的智慧社区。通过实施"互联网+社区治理"模式，充分发挥技术在社区治理和服务过程中的支撑作用。发挥社区论坛、微博、微信等新媒体在社区居民日常交往和民主协商过程中的便捷作用，畅通民意表达渠道；通过政务服务下沉，依托社区服务中心实现多数基本公共服务需求"一号申请、一窗受理"，优化民众公共服务获取体验。

（三）加强社会心理服务体系建设，筑牢新时代社会治理心理保障

社会心理服务体系是促进个体心态平稳、实现人际关系和谐的关键措施。加强社会心理服务体系建设，培育自尊自信、理性平和、积极向上的社会心态是新时代社会治理的重要任务。良好的社会心态是社会稳定发展的保障，是创新社会治理的心理基础。首先，立足基层，搭建社区心理服务基础平台。基层社区是社会心理服务体系建设的基础力量。社区作为心理服务体系的前端载体，能够做到对社会事件的迅速反应，对大众心理需求的及时了解，对群体心态的全面掌握。应当支持社区配备专业可靠的力量，借助社区的信息优势，建立社会心理服务电子档案，开展社会心态预测预警和风险评估，提高社会心理的危机干预和疏导能力，针对不同类别的人员提供不同的社会心理服务。其次，改进社会心理的服务管理机制。明确基层社会心理服务机构的主管机构以及与相应政府机构、社会机构的关系，避免心理服务工作的"形式化"。促进社会心理咨询行业良性发展，将发展社会心理咨询服务业纳入专项规划，融入本地综合性经济社会发展规划之中，给予房屋租赁、税费减免等政策性支持。创新专业心理咨询服务机构的管理机制，严格制定准入条件、合理收费与职业水平等管理制度。再次，完善社会心理的志愿服务机制。充分利用社会资源，吸收来自学校、医疗机构、心理咨询机构的专业人才作为志愿者，充实到社区、学校和企事业单位的一线工作队伍。建立志愿者个人信息数据库，打造高效快捷的载体与平台，持续优化志愿者的进入、考核、奖惩与退出机制。大力借助新的技术手段，构建并运行互联

网咨询平台，提供免费的危机介入和群众心理救援服务。最后，加强心理服务人才队伍建设，建立健全心理服务网络。打造心理健康领域社会工作专业队伍，开发心理健康服务相关社会工作岗位。大力发展职业和研究生教育，培养大批实用型、复合型的高层次社会心理救助应用型人才。同时，依托精神卫生专业机构，整合区域内心理健康服务资源，建设面向社会大众的区域心理健康服务中心，开展心理健康知识普及，提供专业心理咨询服务。鼓励规模较大、职工较多的企事业单位、经济组织等依托本单位党团、工会、人力资源部门、卫生室，设立心理辅导室，建立心理健康服务团队。

（四）推动社会治理重心向基层下移，夯实基层社会治理基础

推进改革发展稳定的大量任务在基层，推动党和国家各项政策落地的责任主体在基层。因此，在基层治理体制机制创新、发挥社会治理多主体作用、加大对基层治理的保障力度等方面都需要做出进一步努力。首先，加强城乡基层党组织建设，发挥党建引领基层社会治理的核心作用。充分发挥党员作用和联系群众优势，充实社区党员力量，打造基层网络"微治理"平台，推动网格运行实体化，使党员成为网格区域治理的带头人和责任人，实现党建服务资源不断延伸到基层。其次，加快村居"去行政化"，着力提升村居自治能力和水平。一方面，发挥居民自治组织和其他城乡社区社会组织在社会治理中的重要作用。切实推进城乡社区自治组织去行政化，制定减轻村居行政负担的清单目录，让社区居委会和村民委员会沉下心来开展服务。另一方面，以社区党组织为核心，通过党建引领让人民群众参与社会治理，促进社区居民的"再组织化"。根据居民的实际需求，组建矛盾调解、设施维护、环境整治、文体活动等专业自治委员会，组织公众开展自我管理、自我教育和自我服务。最后，加强基层社会治理的相关配套与保障。加快建立个人信息管理系统，为基层社会治理提供信息保障；加快推进公共财政体制改革，整合各部门用于城乡社区发展的经费，做到财政"一个口子下"，作为社区治理公共资金，发挥资金的规模效应；加快基本管理单元界定，明晰基本管理单元的功能以及制定资源配置标准，确保基层社会治理资源有效下

沉；加强制度设计，促进村居"两委"队伍建设及经费保障；制定社区发展规划，将社区建设纳入国民经济和社会发展的总体规划之中，推动社区有序、健康、可持续发展。

（五）提高社会治理数字化水平，推动社会治理现代化

社会环境的发展影响社会治理形态，随着移动互联网、大数据、云计算、人工智能的迅速发展和广泛运用，社会治理模式正在从单向管理转为双向互动、从线下转为线下线上融合，数字化已经成为社会治理现代化的必然要求和关键抓手。首先，提升数字化服务水平，促进社会治理更加精细化。一方面，完善数据获取方式，从技术架构和数据源两个方面建立数据标准并以法律法规形式固化。通过数据的标准化建设，促进各个领域之间社会治理的数据贯通与集成，实现决策从关注宏观数据向关注微观数据转变，促进社会治理方式由简单粗放向科学精细转变。另一方面，不断完善"互联网+政务服务"平台，拓展线上政务服务种类和覆盖面，推动政务云、政务系统、政务大数据等一体化发展，进一步提高公共服务效率，精准有效破解区域间、城乡间公共服务供需不平衡难题。其次，推动"智慧城市"建设。智慧城市是城市化发展的进阶，智慧城市建设有利于提升城市综合承载力，提升社会治理和公共服务水平。一方面，加强"新型基础设施"建设，高标准建设5G、管网、数据中心等智能化基础设施，全面布局物联网、无线网等，建设城市"智慧大脑"使数据提取和移动交互更加便利，为推进社会治理数字化奠定硬件和软件基础；另一方面，依托云计算中心、大数据平台实现交通、警务、政务、城市管理等城市运行体征数据的交互融通，打造"城市大脑"，以数据的智能分析和精准判断执行，为各部门科学决策提供依据。最后，探索"互联网+社会治理"方式，充分利用数据溯源做好社会治理的预先感知和有效防范。数字化使信息资源汇聚成"数据湖"，通过全面深入挖掘"数据湖"海量的实时更新数据和沉淀储备数据，可以有效预测社会需求、分析公众行为、预判社会问题、增进社会共识，从而实现社会治理模式从被动响应治理向主动预见治理的转变。

政府行为与社会治理篇

Government Behavior and Social Governance

河南省政府应急管理状况调查分析

樊红敏 张文玥 樊琳琳*

摘 要： 本报告以社会治理河南省协同创新中心2020年"新冠肺炎疫情下公众满意度调查"的问卷数据，以及相关网站关于疫情防控的报道、政府公告、新闻公告等数据为依据，对河南省政府疫情防控应急管理状况进行评估。调查结果显示：全省疫情防控状况整体处于高水平，阶段防控积极有效；河南省18市疫情防控应急管理指数均处于较高水平，济源、郑州、焦作、三门峡市排名靠前；全省信息沟通指数最高，信息披露与信息传递透明及时；疫情控制状况整体处于"高"水平，社区（村庄）封闭管理评价最高；复工复产满意度较高。当前，疫情防控政府应急管理存在的问题包括：河南省

---

* 樊红敏，郑州大学政治与公共管理学院教授、博士生导师；张文玥，郑州大学政治与公共管理学院2018级硕士研究生；樊琳琳，郑州大学政治与公共管理学院2018级硕士研究生。

预防管理得分最低，须引起政府重视；社会动员指数相对较低，志愿参与得分最低；资源统筹措施存在短板，暴发初期防疫物资不足；"疫情再度反弹"和"公共场所不安全"是居民最担心的问题。建议从以下几方面着力：加强预防管理，增强危机预测和管控能力；强化社会动员，推进社会力量参与；为基层赋权赋能，加强社区应急管理能力建设；加速推进复工复产，降低危机负面影响。

关键词： 疫情防控　应急管理　河南省

新冠肺炎疫情是2020年发生的全球性重大公共卫生危机事件，中国政府抗击疫情的有力举措和积极成效举世瞩目，国家应急反应和应急能力也经受住了一场严峻的考验。截至2020年5月7日24时，全国现有确诊病例降至260例，为1月20日以来最低，是自2月28日以来首次无新增境外输入确诊病例报告[1]，疫情防控形势得到根本性扭转。河南省是人口大省，跟湖北接壤，防疫形势和任务都非常严峻。1月14日，河南省政府下发应急预案，并于1月25日正式启动一级响应，省政府采取的硬核防疫措施成效明显，表现出较强的疫情防控应对能力。基于疫情防控工作的复杂性、艰巨性和反复性，地方政府有效应对突发公共卫生事件，对于地方社会治理能力提升具有重要的现实意义。本报告基于社会治理河南省协同创新中心"新冠肺炎疫情下公众满意度调查"的问卷数据，以及相关网站关于疫情防控的报道、政府公告、新闻公告等数据，整体分析河南省政府防控工作取得的经验、成效以及存在的问题，并在此基础上，提出推进政府公共卫生应急管理的对策建议。

---

[1]《国家卫健委：自2月28日以来首次无新增境外输入确诊病例报告》，http://health.people.com.cn/n1/2020/0508/c14739-31701624.html，2020年5月8日。

一 疫情防控应急管理评价指标体系构建

关于公共危机处理的过程有三阶段、四阶段和五阶段说。伯奇（Brich）和古斯（Guth）将危机管理分成危机前（Precrisis）、危机（Crises）和危机后（Post-crisis）三个阶段[1][2]；芬克（Fink）将危机管理划分为征兆期（Prodromal）、发作期（Breakout or Acute）、延续期（Chronic）、痊愈期（Resolution）四个阶段[3]；皮塔克（Petak）将危机管理的过程划分为减缓（Mitigation）、准备（Preparedness）、响应（Response）与恢复（Recovery）四个阶段[4]；希斯（Heath）提出了"4R"危机管理模型，即缩减力（Reduction）、预备力（Readiness）、反应力（Response）、恢复力（Recovery）四个危机管理阶段[5]。米特罗夫（Mitroff）将危机管理分为信号侦测、准备、预防、损失控制和免疫五个阶段[6]。薛澜等将危机管理的生命周期划分为四个阶段，即前兆阶段、紧急阶段、持久阶段、解决阶段[7]。张成福认为"公共危机管理是一种有组织、有计划、持续动态的管理过程，政府针对潜在的或者当前的公共危机，在其发展的不同阶段采取一系列的控制行

---

[1] Guth, D. W., Organizational Crisis Experience and Public Relations Roles, *Public Relations Review*, 1995, 21 (2), 123 – 136.
[2] Birch, J., New Factors in Crisis Planning and Response, *Public Relations Quarterly*, 1995, 39 (1), 31 – 34.
[3] Fink Steven, *Crisis Management, Planning for the Inevitable*, New York: American Management Association, 1986.
[4] Petak W. J., Emergency Management: A Challenge for Public Administration, *Public Administration Review*, 1985, 45 (1) : 3 – 7.
[5] Heath R., *Crisis Management for Managers and Executives*, London: Financial Times Management, 1998.
[6] Mitroff, I. I., Crisis Management: Cutting through the Confusion, *Sloan Management Review*, 1988, 7 (1), 15 – 20.
[7] 薛澜、张强：《SARS 事件与中国危机管理体系建设》，《清华大学学报》（哲学社会科学版）2003 年第 4 期。

动,以期有效地预防、处理和消弭公共危机"。① 朱荣春强调了危机管理的三个流程,危机前管理、危机中控制与解决、危机后总结与改革;四项基本活动,危机决策、媒体沟通、网络建构、法案完善等。② 薛澜等将公共危机管理体系分为时间序列、组织行为、决策过程三个维度,其中组织行为包括危机中的政府效能、危机中的媒体作用、危机中的应对网络、危机中的法律原则。③ 王宏伟从主体、过程、客体三方面构建了重大突发事件应急机制的框架。④

本报告将地方政府疫情防控中的应急管理状况界定为地方政府通过有组织、有计划、持续动态的管理过程,对危机进行预防、回应、恢复以及评估总结以实现避免、减缓、消除危机危害和损失的行为过程。一般疫情防控中的危机管理被分为四个阶段,即预防期、暴发期、持续期、恢复期,本报告将四个阶段合并为三个阶段:预防期、暴发期、恢复期。预防阶段用预防管理指数来评价,暴发阶段用应急处置指数来评价,恢复阶段用应急恢复指数来评价。

疫情防控政府应急管理评价指标体系由过程评价和结果评价两部分构成,政府应对的过程包括政府危机管理的三个阶段,政府应对的过程评价由预防管理、信息沟通、疫情控制、社会动员、应急恢复五个二级指标构成;结果评价由工作满意度评价构成。以上六个二级指标分别选取相应的三级指标来测量,如预防管理由危机教育、动员机制两个三级指标构成。其他具体指标见表1。

---

① 张成福:《公共危机管理:全面整合的模式与中国的战略选择》,《中国行政管理》2003年第7期。
② 朱荣春:《西方政府管理创新的主题及趋势》,载《中国行政管理学会2005年年会暨"政府行政能力建设与构建和谐社会"研讨会论文集》,2005。
③ 薛澜、张强、钟开斌:《危机管理》,清华大学出版社,2003。
④ 王宏伟:《重大突发事件应急机制研究》,中国人民大学出版社,2010。

表1 疫情防控政府应急管理评价指标体系

阶段		二级指标	权重	三级指标	权重
过程评价 90%	预防阶段（预防管理）	预防管理	9%	危机教育	4.5%
				动员机制	4.5%
	暴发阶段（应急处置）	信息沟通	18%	信息传递	9%
				信息披露	9%
		疫情控制	36%	资源统筹	18%
				管制措施	18%
		社会动员	18%	志愿参与	6%
				社区参与	6%
				居民参与	6%
	恢复阶段（应急恢复）	应急恢复	9%	管制取消	4.5%
				复工复产	4.5%
结果评价 10%		工作满意度	10%	政府满意度	5%
				干部满意度	5%

二 数据选取与评价方法

（一）数据选取

本次调查采用网上问卷调查的方法在全国范围内实施，于2020年3月28日至4月5日在31个省、自治区、直辖市同时进行，回收问卷共计10845份，有效问卷10798份，其中河南省有效问卷6640份，其他省、自治区、直辖市有效问卷4158份，有效问卷回收率为99.6%。河南省调查样本中，男女比例分布较为均衡，分别占样本总量的46.2%和53.8%；在文化程度上，高中及以下、大/中专、本科及以上分别占样本总量的20%、8.2%、71.8%；在地区划分上，省会/地级市、县城、乡镇/村庄分别占样本总量的26.2%、27.3%、46.5%；在年龄分布上，30岁以下、30~50岁、51~65岁以及65岁以上分别占样本总量的73.1%、21.8%、4.9%和0.2%。

（二）评价方法

依据层次分析和模糊综合评价法，确定疫情防控政府应急管理评价指标体系中各级指标的权重。一级指标疫情防控政府应急管理指数包括过程评价和结果评价，权重分别为90%和10%；二级指标预防管理、信息沟通、疫情控制、社会动员、应急恢复、工作满意度的权重分别为9%、18%、36%、18%、9%和10%，具体见表1。本报告对河南全省及18个地市预防管理指数、信息沟通指数、疫情控制指数、社会动员指数、应急恢复指数（危机后处理工作）以及工作满意度指数按5级量表进行分类，划分为"非常不满意、比较不满意、一般、比较满意、非常满意"5个等级，按照5级量表的形式进行赋值，1分表示"非常不满意"，5分表示"非常满意"。通过加权计算依次得出全省及18个地市各级指标得分。将指数转换为百分制后，得到河南省疫情防控过程评价以及结果评价得分，最终得出疫情防控政府应急管理指数。疫情防控政府应急管理指数评定标准：20分及以下为"低"，20.01~40分为"比较低"，40.01~60分为"中"，60.01~80分为"比较高"，80分以上为"高"。

三 河南省疫情防控总体状况分析

（一）全省疫情防控状况整体处于高水平，阶段防控积极有效

疫情防控工作获得高度认可，满意度指数为"高"。调查表明，2020年全省疫情防控政府应急管理指数为77.7分，处于"比较高"水平。应急管理过程评价得分为76.7分，结果评价得分为86.7分。预防阶段预防管理指数为48.7分，暴发阶段应急处置指数为79.5分，恢复阶段应急恢复指数为81.7分（见表2）。从危机阶段来看，暴发阶段与恢复阶段的得分远高于预防阶段得分，说明危机处置能力好于预防管理能力。从过程评价和结果评价得分对比来看，居民主观满意度评价远高于过程评价得分，说明居

民对全省疫情防控工作整体状况高度认可。截至2020年2月23日河南省首次实现无新增新型冠状病毒肺炎确诊病例，防疫过程与效果得到广大群众的认可。

表2 河南省疫情防控政府应急管理指数得分

单位：分

评价结构	得分	阶段	得分	二级指标	得分	三级指标	得分
过程评价	76.7	预防阶段	48.7	预防管理	48.7	危机教育	50.6
						动员机制	46.7
		暴发阶段（应急处置）	79.5	信息沟通	84.0	信息传递	84.0
						信息披露	84.0
				疫情控制	82.2	资源统筹	80.5
						管制措施	84.0
				社会动员	69.7	志愿参与	42.8
						社区参与	83.1
						居民参与	83.1
		恢复阶段	81.7	应急恢复	81.7	管制取消	83.9
						复工复产	79.4
结果评价	86.7			工作满意度	86.7	政府满意度	88.0
						干部满意度	85.5
总体得分	77.7						

硬核防疫措施获网民高度认可。涉及"河南疫情防控"的舆论场核心词是"硬核防疫"，省内外网民普遍给予支持和积极评价。微博话题"河南硬核防疫""河南农村威胁式防疫宣传，不要串亲戚！亲戚来了打110带走""河南15辆婚庆车秒变宣传车：走进8个乡镇宣传疫情防控"，《人民日报》、凤凰财经、河南微博、《东方今报》等微博客户端99%为正面评价，"此次应对疫情，河南交了一份高质量答卷""宣传下沉到基层，给力""河南真的很硬核"。

省政府应急反应及时有效。疫情暴发之后，河南公安机关于2020年1月24日启动应急值守一级响应模式；1月25日河南省正式启动一级响应，暂停所有公共文化服务场馆；1月26日，河南省人民政府发布《关于加强新型冠状病毒感染的肺炎防控工作的通告》；3月19日，河南省解除一级响应。另外，河南全省18个地市中有17个地市治愈率达到94%以上，并且驻马店市、安阳市、开封市等7个地市治愈率达到100%，实现区域"零死亡，全治愈"（见表3）。

表3 河南省新型冠状肺炎病患数量（截至2020年4月29日12时1分）

单位：人，%

地区	累计确诊	死亡	治愈	治愈率
信阳市	274	2	272	99.27
郑州市	157	5	152	96.82
南阳市	156	3	153	98.08
驻马店市	139	0	139	100
商丘市	91	3	88	96.70
周口市	76	1	75	98.68
平顶山市	58	1	57	98.28
新乡市	57	3	54	94.74
安阳市	53	0	53	100
许昌市	39	1	38	97.44
漯河市	36	0	36	100
焦作市	32	1	31	96.88
洛阳市	31	1	30	96.77
开封市	26	0	26	100
鹤壁市	19	0	19	100
濮阳市	17	0	17	100
三门峡市	7	1	6	85.71
济源市	5	0	5	100

（二）河南省18市疫情防控应急管理指数均处于较高水平，济源、郑州、焦作、三门峡市排名靠前

从地市比较来看，河南省地市疫情防控工作均处于较高水平，得分均为70分以上。其中，济源市、郑州市、焦作市、三门峡市政府应急管理指数排名靠前，得分分别为83.7、80.9、79.2、79.1分。其中，济源市、郑州

市得分在 80 分以上，属于"高"水平。工作满意度是居民对疫情防控工作的总体评价，能够有效反映 18 市政府疫情防控工作的整体状况。从工作满意度评价来看，18 市得分都在 80 分以上，处于"高"水平，其中济源、郑州、许昌市满意度排在前列，得分分别为 90.0、88.8、88.0 分。相对而言，平顶山、周口、驻马店、信阳、鹤壁市满意度评价排名靠后，得分分别为 83.8、85.3、85.7、85.8、85.8 分（见表4）。从河南省疫情总体形势来看，信阳、郑州、南阳、驻马店市的确诊病例都在三位数以上，疫情防控的形势和任务非常严峻，但是郑州市疫情防控工作排名第二，说明郑州市疫情防控应急管理表现突出，打破了以往郑州作为特大城市治理形势复杂、居民期望值高、满意度评价得分往往偏低的局面。

表4　河南省各地市疫情防控政府应急管理指数

单位：分

序号	城市	疫情防控政府应急管理指数						
		预防管理	信息沟通	疫情控制	社会动员	应急恢复	工作满意度	总得分
1	济源市	60.9	88.0	86.6	80.4	86.1	90.0	83.7
2	郑州市	53.2	86.6	85.6	73.2	84.4	88.8	80.9
3	焦作市	51.2	85.1	83.6	71.7	82.7	87.9	79.2
4	三门峡市	49.8	85.8	83.0	72.1	83.8	87.7	79.1
5	漯河市	52.6	84.5	82.4	71.6	82.6	86.3	78.6
6	洛阳市	48.8	84.9	83.1	70.3	82.3	87.5	78.4
7	濮阳市	50.2	84.5	81.9	71.2	81.1	87.5	78.1
8	许昌市	47.4	85.8	82.4	69.6	82.0	88.0	78.1
9	开封市	49.1	84.3	82.5	70.7	82.3	86.0	77.9
10	新乡市	47.8	83.8	82.9	69.8	81.3	87.0	77.8
11	商丘市	47.4	84.4	81.9	68.2	82.0	87.0	77.4
12	信阳市	48.7	83.7	81.7	70.1	81.1	85.8	77.4
13	南阳市	47.1	83.5	81.6	68.5	81.2	86.4	76.9
14	安阳市	46.4	84.0	81.7	67.6	80.7	86.6	76.8
15	驻马店市	48.2	82.2	80.7	69.2	80.4	85.7	76.4
16	鹤壁市	48.3	82.3	80.7	68.0	79.4	85.8	76.2
17	平顶山	48.0	80.3	79.3	67.9	79.6	83.8	75.1
18	周口市	43.5	81.9	79.4	64.9	79.2	85.3	74.6
	全省平均	48.7	84.0	82.2	69.7	81.7	86.7	77.7

（三）全省信息沟通指数最高，信息披露与信息传递透明及时

1. 信息沟通指数得分最高，居民高度认可

信息沟通是危机管理的核心，及时收集、处理、传递与共享信息是现代社会危机管理的关键。从暴发阶段应急处置和恢复阶段应急恢复的四个二级指标得分来看，信息沟通指数得分最高，为84.0分，高于疫情控制、社会动员、应急恢复得分，其分别为82.2、69.7、81.7分。从民众对疫情的认知情况来看，有72%的受访者表示了解，不了解的仅占比7.1%。关于群众对政府信息发布及时度、透明度、真实度、详细度的评价结果显示，受访群众满意度普遍较高，均在80%以上。信息发布的及时度、真实度、透明度与详细度、满意度在80%以上，说明河南省在疫情信息沟通方面表现良好。通过良好的信息沟通，保证社会群众及时掌握真实、有效、详细的疫情数据，稳定了民心，统一了认识，确保了疫情防控工作稳步推进。

2. 信息披露透明及时，信息传递渠道多元

信息披露透明及时，疫情严重期每天召开一次新闻发布会。疫情防控期间，河南省政府坚持疫情信息及时公布与更新，为群众第一时间掌握居住地病患数量提供官方权威数据，稳定区域群众心理的同时，将政府工作进展呈现于群众面前。从2020年1月24日河南省政府举行首次新型冠状病毒肺炎新闻发布会到4月30日，共召开了55场新闻发布会沟通疫情防控工作相关情况。疫情严重期的3月2日至3月27日，共举办了26场专题新闻发布会，平均每天一次。

善用新媒体，信息沟通及时到位。河南省政府网站成为信息沟通的另一个阵地，在河南省政府网站的首页开设了疫情通报专题，疫情智能问答板块、政民互动板块网上疫情咨询等。特设了"坚决打赢疫情防控阻击战河南在行动""全力战疫""有序推进复工复产"等专题专栏，第一时间发布疫情信息以及政府疫情防控相关文件。疫情通报专题每日更新确诊病例数、疑似病例数、无症状感染者以及追踪的密切接触者人数。智能问答板块对防控措施、复工复产等常见问题进行快速解答。同时，河南省各地市在相关公

众号、政府门户网站设置疫情心理疏导专线，进行线上心理指导。

信息传递渠道多元化，中央和新媒体是首要途径。信息传递方面，除了新闻发布会以外，通过《河南日报》《大河报》等传统纸媒，"河南政府""精彩河南"等政务微博，以及"河南发布"等微信公众号，介绍新冠疫情发展态势和防疫举措，实现了信息有效传递。调查表明，疫情期间民众常用的信息媒介主要是中央官媒和新媒体。使用中央官方媒体获取疫情信息的占比为86.0%；使用微信、微博、抖音等新媒体的占比为77.3%；使用地方官媒获取信息的占比为55.3%；值得注意的是，有45.6%的受访者表示通过街道/乡镇、居委会/村委会的通知、广播、公告获取疫情相关信息（见表5）。说明疫情期间信息传递途径多元化，新媒体平台在疫情中对信息传递发挥了很大作用，传统的街居广播依然有效。

表5 居民获取疫情相关信息的渠道

单位：%

获取信息渠道	占比
中央官媒（中央电视台、《人民日报》等）	86.0
微信、微博、抖音等新媒体	77.3
地方官媒（地方电视台、报纸等）	55.3
商业媒体（网站、公众号、视频网站等）	46.6
街道/乡镇、居委会/村委会的通知、广播、公告	45.6
亲人及好友的口耳相传和分享	43.5
境外媒体（推特、脸书、多维等社交媒体或网站）	14.9

（四）疫情控制状况整体处于"高"水平，社区（村庄）封闭管理评价最高

1. 疫情控制状况整体处于"高"水平

疫情控制是应急处置的主要组成部分，包括资源统筹和管制措施两个层面。管制措施主要从社区管制、环境卫生、交通管制三个层面开展满意度调查。疫情控制指数为82.2分，处于"高"水平。三级指标资源统筹和管制

措施的得分分别为80.5分和84.0分,18个地市中除平顶山市、周口市以外,得分均在80分以上,处于"高"水平。

2. 河南社区、村庄封闭管理措施积极有效,助力硬核防疫

社区是疫情管控的重要卡点和服务平台,社区管制从社区(村庄)封闭管理、密切接触者和疫区返回人员管理、居民健康监测三个方面来评价。社区管制三项措施满意度均在80%以上,其中对社区(村庄)封闭管理措施满意度最高,达到了86.1%(见表6)。这和河南硬核防疫举措的效果一致。河南大多数城市在2020年2月5~7日实行了全封闭管理,开封市部分小区2月2日已实行封闭管理,郑州市于2月7日对所有小区实施封闭。河南省开封市、洛阳市、新乡市等地从1月26日开始陆续采取硬核封村措施,成为全国硬核防疫典范,河南各地市在初期的封村、社区封闭式管理上措施硬核有效。

表6 管制措施满意度

单位:%

措施	满意度	具体措施	满意度
社区管制	83.0	社区(村庄)封闭管理	86.1
		密切接触者和疫区返回人员管理	84.1
		居民健康监测	81.3
交通管制	83.8	设置防控检查点	85.6
		客运暂停经营	85.3
		人员信息采集	84.4
		交通工具及站点消毒	83.3
		分区分级取消管制	82.9
		开设"绿色通道"	81.5
环境卫生	69.1	公共场所消毒	79.6
		环卫人员防护	76.4
		居民生活垃圾巡回收集	75.5
		临时堆放点和卫生死角等积存垃圾清理	75.4
		公厕保洁消毒	70.6
		垃圾桶消毒	69.7
		重点场所(农贸市场,如集贸市场等)清洁消毒	47.2

3. 交通管制措施到位，环境卫生措施合理有效

适度有效的管制措施不仅能够有效防止疫情的扩大化，也能最大化地降低疫情危机带来的损失和风险。交通管制措施和环境卫生措施是疫情防控管制的两个重要领域。

河南省交通管制措施到位。河南省自2020年2月18日零时起，陆续开始上线"河南出入城人员健康登记系统"，交通运输部门在全省设置130个防控检查点，其中，高速公路收费站出入口设置87个防控检查点。数据表明，人员信息采集、设置防控检查点、交通工具及站点消毒、客运暂停经营以及开设"绿色通道"等具体措施满意度均在80%以上，设置防疫检查点、客运暂停经营两项措施满意度最高，达到85%以上。说明河南省居民高度认可交通管制措施，硬核防疫措施合理有效。

环境卫生措施合理有效。环境卫生措施包括环卫人员防护、居民生活垃圾巡回收集、临时堆放点和卫生死角等积存垃圾清理、公厕保洁消毒、垃圾桶消毒、重点场所（如农贸市场、集贸市场等）清洁消毒七个方面。环境卫生总体满意度为69.1%，远低于社区管制和交通管制。但除了重点场所（如农贸市场、集贸市场等）清洁消毒、垃圾桶消毒的满意度分别为47.2%、69.7%以外，其他方面的措施满意度均超过70%。说明政府疫情防控期间在确保公共场所卫生、提供安全卫生的居住环境方面措施得力有效，但需要注意的是，人群密集地如农贸市场、集贸市场等清洁消毒措施满意度稍低。

（五）复工复产服务满意度较高

应急恢复是公共危机管理的重要环节，是衡量整个危机管理成效的关键因素。自2020年2月25日零时起，河南取消所有高速收费站管制措施。自3月19日零时起，河南省重大突发公共卫生事件应急响应级别由一级调整为二级。同时，河南省采取了一系列措施推进有序"复工复产"。2月14日，河南省出台了《企业复工复产新冠肺炎疫情防控方案》，指导有序复工复产工作。2月26日又出台了《关于进一步加强复工复产工作的通知》，推

进跨省互认健康申报证明制度，就企业复工复产、重点项目开复工、重点产业链协同复工等，出台了"一揽子"优惠扶持政策。4月16日，河南省发展和改革委员会等9部门联合印发《关于促进消费市场扩容提质的若干意见》，提出鼓励发行消费券、促进假日消费、鼓励景区门票实行优惠等十项指导性政策措施，加快振兴消费市场，力求通过综合施策，抓紧抓实抓细促消费工作，满足人民群众消费需要。

数据表明，复工复产服务的居民满意度较高。应急恢复包括日常生活秩序和生产秩序的恢复，本报告分别用"管制取消"和"复工复产"两个指标来评价，应急恢复指数总体得分为81.7分，处于"高"水平。其中，管制取消指数为83.9分，相较于日常生活秩序的恢复，复工复产指数得分为79.4分，略低于管制取消指数，说明政府在疫情善后期间应急恢复措施及时到位，但疫情善后期居民复工复产期望值很高，有必要加大力度，加强复工复产服务。

四 疫情防控政府应急管理存在的问题

（一）河南省预防管理得分最低，须引起政府重视

危机预防是危机管理的基础和关键，有效的预防管理可以减少危机事件的发生或降低公共危机的影响。本报告通过危机教育、动员机制两个层面来评价预防管理。数据表明，河南省危机教育得分为50.6分，动员机制得分为46.7分，预防管理得分为48.7分，处于"中"水平。全国危机教育得分为52.6分，动员机制得分为51.1分，预防管理得分为51.8分。对比发现，河南省在预防管理方面低于全国水平，而在应急处置、应急恢复和工作满意度方面均高于全国水平。

危机安全教育有缺失。数据表明，20.7%的受访者表示从没接受过危机安全教育，说明全社会对危机预防和危机认知的重视不够。学校在危机安全教育方面发挥着重要作用，有47.1%的受访者接受过学校的危机安全教育，

远高于政府、非政府组织等，要充分重视新媒体、第三方专业组织等渠道和主体的作用，发挥预防管理综合施策的功能，防患于未然（见表7）。

表7 危机安全教育状况占比

单位：%

本次疫情之前是否接受过相关的危机安全教育	占比
从没有接受过	20.7
接受过学校的危机安全教育	47.1
接受过政府的危机安全教育	9.6
接受过非政府组织的危机安全教育	3.7
接受过其他途径的危机安全教育	18.9

应急动员机制不健全。调查表明，66.6%的居民不了解和认为没有疫情防控志愿者的官方渠道，仅有33.4%的居民认为有和了解疫情防控志愿者官方渠道，说明政府应急动员机制建设不完善，应急管理机制和应急响应准备不足。

（二）社会动员指数相对较低，志愿参与得分最低

社会动员指数相对较低。社会动员指数由志愿参与、社区参与、居民参与三项指标构成，河南社会动员指数为69.7分，除了预防管理以外，在疫情防控应急管理阶段，社会动员得分远低于信息沟通、疫情控制、应急恢复。在三级指标中，志愿参与得分为42.8分，社区参与得分为83.1分，居民参与得分为83.1分。

居民参与积极性不高。数据表明，疫情期间，提供过疫情线索或意见建议的仅占38.2%，超过六成（61.7%）的受访者从未提过意见或建议，说明居民参与积极性不高。

尽管志愿服务渠道不畅，但地方党组织发挥了组织动员作用。调查表明，疫情防控志愿者的主体主要是行政、事业单位人员，44.5%的调查对象选择通过辖区内党员积极分子动员成为志愿者，远高于村委会发布公告招募（25.2%）、辖区内企事业单位人员下沉（12.4%）。说明在疫情防控期间，

尽管志愿服务渠道不通畅,但是基层党组织积极组织、动员辖区内党员积极分子,较好地发挥了组织动员作用。

(三)资源统筹措施存在短板,暴发初期防疫物资不足

充足的生活物品和防疫物资是打赢防疫攻坚战的重要基础,也是衡量一个地区疫情管控能力的重要指标。资源统筹状况从医疗资源、日常生活资源以及防疫物资三个层面来考察,通过居民就医便捷度、日常生活用品便捷度、防疫物资便捷度三个指标来评价。数据表明,关于购买防疫物资如口罩、酒精、消毒液等的方便程度,仅26.5%的居民认为"非常方便"和"比较方便",36.9%的居民认为"非常困难"。其远低于购买日常生活用品如蔬菜、肉类、粮油、水果等(70.8%)以及保证患者就医(61.6%)的便利程度,防疫用品和防疫物资供应不足。

(四)"疫情再度反弹"和"公共场所不安全"是居民最担心的问题

不到两个月的时间,新冠肺炎疫情得到了有效控制,3月19日河南省重大突发公共卫生事件应急响应级别由一级调整为二级,目前应急响应级别已经调整为三级,进入应急恢复阶段。调查表明,当前居民最担心的问题是"疫情再度反弹"和"公共场所不安全",分别占比为88.6%、70.7%,其他依次为学生复课、口罩等防疫用品购买及居民收入等问题,具体见表8。

表8 当前居民最担心的问题

单位:%

当前居民最担心的问题	占比	当前居民最担心的问题	占比
疫情再度反弹	88.6	公共场所不安全	70.7
学生不复课,学习效果不好	46.9	口罩等防疫用品买不到	43.8
居民收入受影响	19.9	社区公共场所消毒防疫不到位	18.8
疫情蔓延,形成社会恐慌	17.7	没有明确的复工日期,企业经营受到影响	11.3
自己的就业岗位受到影响	6.7	孩子不复课,无人照看	5.8
医院卫生防疫不安全	5.2	其他	7.4

可见,政府仍要加强信息沟通,提高居民战胜疫情的信心。加强公共场所卫生监管,做好人员密集地、社区等重点场所消毒防疫工作。

五 河南省疫情防控中的影响因素分析

(一)党的领导是打好疫情防控阻击战的动力和保障

党的领导坚强有力是疫情防控的首要依靠力量。调查表明,居民认为疫情防控工作最主要的依靠力量是坚持党的领导,排在第一位,占比为88.4%;其次是各级政府尽职尽责和广大居民全面防控,占比也在80%以上,同为85.8%;社会组织有效参与、社区主阵地等相对作用较小,占比在20%以下,具体见表9。新冠肺炎疫情防控成效显著,党的领导发挥了凝聚力量、统一行动、组织动员等作用,为在较短时间内全面防控并取得阶段性胜利发挥了引领、凝聚以及整合的功能。

表9 疫情防控工作的依靠力量

单位:%

依靠力量	占比	依靠力量	占比
坚持党的领导	88.4	社会组织有效参与	12.4
各级政府尽职尽责	85.8	社区主阵地	8.3
广大居民全面防控	85.8	企事业单位同理协作	4.1

党组织发挥自身的政治优势、组织优势和密切联系群众优势,发挥了凝聚、引领及渗透作用。2月中旬,省委组织部出台文件,指导基层党组织开展疫情防控工作,从8个方面分解细化37条"实招硬招",列出"任务书"、挂出"作战图",要求基层党组织在统筹协调、示范带动、宣传引导方面发挥作用。一是织密组织网,在所有卡点成立临时党支部,发动群众、全面深入排查,把好社区联防联控第一线。二是发挥党员模范带头作用,如要求农村党组织要把疫情防控作为当前的重大政治任务,建立"党员突

击队",设置党员"先锋岗""示范岗""责任区",发挥"党员志愿者"的作用。2月28日,省委组织部出台了《关于对新冠肺炎疫情防控工作中表现突出的基层党组织进行表扬的通报》,首批通报表扬33个基层党组织,激励和肯定了党组织和党员在抗击疫情中的作用,统一了思想和认识。

(二)河南省政府应对措施的居民认可度高,提高了应急管理有效性

在疫情防控应急管理的不同阶段,河南省政府快速反应,应对得当,获得了居民的高度认可,在统一认识、统一行动以及决策实施方面,减少了集体行动的成本,增加了政府决策的有效性,可以从地方政府应对措施评价和疫情期间政府公共服务措施评价两个方面来印证。

地方政府应对措施满意度高,省内好于省外。调查发现,疫情期间地方政府和社区(村)居委会满意度均在80%以上,值得注意的是,省级政府满意度为90.3%,市级政府、县级政府满意度分别为88.6%、86.9%,说明85%以上的居民认可市级、县级政府工作。从省内外调查数据来看,省内满意度整体高于省外满意度(见表10)。

表10 各级组织疫情防控工作满意度评价占比

单位:%

疫情防控组织	省内占比	省外占比
省级政府	90.3	87.3
市级政府	88.6	86.4
县级政府	86.9	84.7
乡镇(街道)政府	85.6	83.2
社区(村)居委会	84.7	82.2

疫情期间政府公共服务措施得力,居民评价高。政府公共服务供给是其基本责任,也是疫情期间防控处置的重要举措。调查表明,疫情期间对政府公共服务措施"非常满意"和"比较满意"的占比都在70%以上;基础设

施服务如供电、供水和供气评价最高,占比分别为87.2%、86.6%和84.6%;环卫、医疗、交通、教育、复工复产靠后,占比在80%以下(见表11)。也就是说,七成以上居民认可政府公共服务工作。

表11 居民对当地政府公共服务"非常满意"和"比较满意"评价占比

单位:%

公共服务	满意度	公共服务	满意度
供电	87.2	供水	86.6
供气	84.6	环卫	78.8
医疗	76.8	交通	74.8
教育	73.6	复工复产	72.2

(三)疫情防控政策适配到位,为抗疫提供了政策保障

河南省政府面对疫情反应迅速,决策到位。面对突发疫情,河南省政府迅速成立了疫情防控指挥部,并于1月24日第一时间召开省新型冠状病毒感染的肺炎疫情防控指挥部现场调度会,安排部署河南省疫情防控工作,河南省公安厅、卫生健康委员会、财政厅、教育厅、市场监管局等部门,相继出台相关政策,落实疫情防控工作总体部署。出台应急方案实施全面应急管理,河南省抗疫重大决策具体见表12。

表12 河南省抗疫重大决策

时间	部门	政策措施
1月24日	河南省疫情防控指挥部	《关于暂停举办大型公众聚集性活动的通知》
	河南省公安厅	全面启动应急值守一级暨安保维稳情指联勤响应模式
1月25日	河南省人民政府	河南启动一级应急响应
1月26日	河南省人民政府	《关于加强新型冠状病毒感染的肺炎防控工作的通告》严格实施隔离措施、严格疫情报告制度、加强医疗机构管理、做好物资保障工作、加强舆论引导
1月27日	河南省市场监管局	《关于疫情防控期间相关商品市场价格行为提醒告诫书》
	河南省教育厅	全省学校推迟开学
1月28日	河南省卫生健康委员会	《关于调整扩大新型冠状病毒感染的肺炎定点医院的通知》河南新增17所医疗定点救治医院,全省定点医院增至147所

续表

时间	部门	政策措施
1月29日	河南省交通厅、公安厅	河南38个高速收费站因疫情防控实行交通管制
1月31日	河南省财政厅	河南累计安排财政资金25.8亿元用于疫情防控
2月14日	河南省人民政府	《河南省应对疫情影响支持中小微企业平稳健康发展的若干政策措施》
2月16日	河南省人民政府	《企业复工复产新冠肺炎疫情防控方案》
2月25日	河南省公安厅	取消所有高速公路收费站出入口的交通管制措施,恢复正常通行秩序
3月17日	河南省大数据局、卫生健康委员会	出台《河南省"健康码"使用管理办法》 河南省"健康码"上线运行,4月12日与全国实现了互认

(四)资源有效动员,为应急管理提供了物资保障

物资保障是疫情防控的重点环节,河南省政府有效发挥了资源动员功能,第一次疫情防控指挥部协调会就把"安排好防控物资生产供应"列为重点工作。面对疫情暴发初期防疫物资供应紧张的局面,从机制到生产供应以及物资调配,统筹协调、高效调动各方面的优势力量,满足了居民防疫物资的需求和工作需要。

建立物资供应保障动员协调和督察机制。省疫情防控指挥部物资保障组牵头,建立以省工信厅为指挥中心的疫情防控应急物资保障工作小组,截至2月13日,工作小组召开了9次全省疫情防控应急物资供应保障工作会议。公安厅成立9个专项督察组,确保防疫应急物资及人员运输通畅。2月11日,根据河南省新型冠状病毒感染肺炎疫情防控指挥部和省公安厅党委要求,河南省公安厅警务督察总队联合厅交警总队、省交通运输厅执法监督局成立9个专项督察组,对全省疫情防控应急物资及人员运输车辆通行秩序进行督察。

贴身服务,扩大产能确保防疫物资供应。一是提供贴身服务。河南省政府相关部门派出100多名协调员下沉到企业提供贴身服务,全要素协调解决用工、原材料和生产设备方面出现的难题。交通部门发放3000多张B类运

输证确保应急物资运输;金融部门将107家医用物品生产企业、重点药品企业、重点消杀用品生产企业纳入支持名单。二是加快全产业链发展,确保防疫物资供应。河南省全力保障防疫物资企业正常开工生产,扩大产能,短时间内全省重要医疗防控物资全部实现了产能连续翻番,创造了以最快速度完成最大增长的奇迹。截至2020年3月17日,全省医用防护服生产企业从最初的3家增加到13家,日产量从0.49万套增加到最高9.39万套。N95医用口罩日产量从0.56万只增加到最高10.1万只。普通医用口罩生产企业从最初的5家增加到66家,日产量从36万只增加到最高662.63万只。①

统筹管理,动态调剂,有序保障市场供应。在物资调配方面,全省范围内统筹管理,优化供给,有效保障了医疗救治、检验防疫、秩序维护、公共服务等重点部门防护用品基本需求。2月29日,省疫情防控指挥部出台了《河南省新冠肺炎疫情防控物资收储调配操作办法》,明确了河南省防控物资的使用范围和调配方案等,鼓励各地各部门广开渠道,解决好复工复产物资问题。该办法要求疫情防控物资(含普通医用口罩)优先保证国家指令性调拨,同时保证河南省疫情防控基本需要,满足居民基本需求。

六 对策建议

(一)加强预防管理,增强危机预测和管控能力

预防管理是危机管理的重要阶段和组成部分,对公共危机事件的产生、发展和处置都有着重要影响,要从体制机制、资源保障和安全意识三方面加强预防管理。一是加强应急管理体制机制建设。新冠肺炎疫情暴发初期,各地相应成立了疫情防控指挥部,建立了自上而下的应急指挥中心和指挥体系,在应急决策、应急处置、信息沟通、资源保障等方面发挥了重要的指挥

---

① 陈辉:《万众同心保供应——河南省疫情防控物资保障工作综述》,《河南日报》2020年3月20日,第01版。

协调作用,要以此次疫情防控体制机制建设为切入点,建立常态化应急管理体制机制,推进公共危机应急小组建设,完善应急管理协调网络。二是强化应急资源保障。物资保障是应急管理工作的前提和基础。要完善相应的应急储备制度,将应急管理资金和应急储备纳入公共财政预算;探索政府、市场和社会多元化的应急资源保障体系建设,培育和扶持与危机相关的企业和中介组织,建立完善科学合理的应急物资储备、配送和调运机制。三是强化公共危机教育,提升居民安全意识和素养。要出台政策将公共危机安全教育纳入义务教育体系中,从小、从早抓起,培养居民的安全意识。探索建立公共危机安全教育的多元化平台,利用电视、报纸、微博、微信、客户端等把危机教育融入日常生活之中,通过媒体传播、学校教育和应急培训等方式来培养民众安全意识和认知。四是探索公共危机教育中的多元参与,出台政策激励专业组织开展公共危机专业教育,提高居民危机应对的专业素养和认知。

(二)强化社会动员,推进社会力量参与

公共危机管理需要全社会共同参与及协同行动,企业、社会组织、社区、公众等社会力量在公共危机事件中发挥着重要作用,要实现政府职能与社会功能的优势互补。首先,构建多层次、多渠道的社会力量参与机制。建立政府与市场组织、社会组织、事业单位、居民等多层次的协同网络,在危机处置中快速激活应急响应网络,投入应急响应中。其次,建立与专业组织的常态化沟通合作机制。专业组织在应急管理中具有权威性、专业性,要通过政策鼓励、资金支持与技术指导,提高专业组织的组织化水平、应急参与能力和效率,并将其吸纳进现有应急体系中,发挥专业组织的作用,实现政府力量与非政府力量间的沟通与合作。最后,推进居民志愿参与。要加强应急管理志愿服务建设,完善专业志愿者培训、认证和招募制度,建立专业化的应急管理志愿者队伍;拓宽应急管理志愿服务渠道,完善应急管理志愿服务报名、注册和参与机制,建立常态化的志愿服务队伍,加强对居民志愿参与的培训和指导,形成全民参与的局面。

（三）为基层赋权赋能，加强社区应急管理能力建设

此次疫情防控中社区是应急管理的主阵地和关键节点，要从以下四个方面着力提升社区应急管理能力。一是加强社区基础能力建设和应急资源保障。社区是疫情管控的服务平台，要以社区为载体，出台政策加强人力配备和资源保障，将社区作为重要的危机管理单元，加强社区应急管理基础能力建设。要扩大社区管理权限整合社区功能，将日常工作与社区危机管理结合起来，打造有准备、有恢复能力的社区。二是完善社区动员机制，建立社区应急管理志愿服务队伍。社区积极分子、社区骨干、党员以及社区居民是应急管理中的重要力量和组成部分，要建立社区动员机制，如值守小组、巡逻小组、专业服务小组、应急处置小组等组织，形成社区党委—居民小区党支部—志愿服务小组应急管理组织体系。形成社区居民志愿参与激励机制，开展志愿服务专业化培训，引导形成一支稳定、有一定专业素养的社区志愿服务队伍。三是强化社区预防管理功能。社区在突发公共卫生事件的预防方面具有先天的优势，最贴近居民，能掌握最真实准确的风险隐患信息。要出台政策强化社区应急教育和宣传功能，编制社区应急预案，定期展开风险隐患排查，发挥社区在预防管理中的作用。四是构建社区信息共享网络，提高社区应急管理信息化水平。要出台政策，推动建立覆盖全社区的信息发布和预警平台，建立社区信息和应急信息基础数据库，加强辖区内单位、居民楼、公共场所的信息监测，通过数据挖掘，对可能发生的危机及时加以防范和控制，提升社区分析和评估风险的能力。

（四）加速推进复工复产，降低危机负面影响

灾后重建和恢复是危机管理的重要组成部分，此次疫情对河南服务业、旅游业、制造业等各个领域都造成了很大影响，要进一步出台政策，加快生产和生活秩序的恢复，做好危机后的重建和总结评估工作。

一是加强宣传沟通，消除公众的心理压力和不安全感。利用互联网、广播、电视、社区公告等不同媒介方式，提升居民防疫安全认知和防疫专业素

养，形成公众的理性应对心理；激励社会组织和专业人士开展心理咨询服务，向公众包括患者和医护人士提供心理援助、心理辅导，确保公众形成公共危机认知的理性成熟心态。二是运用宏观调控手段，促进消费回补和潜力释放。把复工复产与扩大内需结合起来，把被抑制、被冻结的消费潜力释放出来。推动互联网、大数据和消费深度融合，出台促进消费的相关政策，河南省已经制订了复工复产的实施方案，要进一步就旅游、服务业消费等完善支持和引导政策，加快服务业复苏进程。三是强化就业服务。要落实好就业优先政策，调整政策力度，减负、稳岗和扩就业并举，抓好社保缴纳阶段性减免、失业保险稳岗返还、就业补贴等政策落地工作。

河南省十八地市创新管理能力评价报告

王淑英　卫朝蓉　寇晶晶*

摘　要： 本报告基于2019年《河南统计年鉴》与各地市《国民经济和社会发展统计公报》的客观数据，从创新投入能力、创新扩散能力、创新支撑能力和创新协同能力四个维度对河南省十八地市创新管理能力进行综合测评。研究发现：河南省创新管理能力发展形势较为均衡，区域间在创新投入与创新扩散两方面差异明显；郑州、洛阳、新乡领跑区域创新管理能力，濮阳居于全省末位；全省创新支撑能力与创新协同能力优势突出，创新投入与创新扩散是其两大短板；人才培养与技术转化分别是创新投入与创新扩散的限制因素。建议从以下几个方面提升河南省创新管理能力：发挥郑洛新国家自主创新示范区的辐射带动作用，推动全省创新驱动发展战略部署；合理进行创新资源配置，加强区域间合作交流和公共科技服务，推动经济与科技的均衡发展；加快人才培养与引进，建设区域人才高地；充分发挥多元创新主体的协同作用，有效提升区域技术转化效率。

关键词： 城市创新能力　创新管理　河南省

---

* 王淑英，郑州大学管理工程学院教授，研究方向为区域创新与战略投资决策；卫朝蓉，郑州大学管理工程学院2018级硕士研究生；寇晶晶，郑州大学管理工程学院2018级硕士研究生。

区域创新是地区经济增长的核心动力。作为区域创新生态系统建设的主导者，各级政府因时因地制宜，制定了推动区域创新驱动发展的战略，不断完善科技创新政策，以推动地区科技创新水平提升。近年来，河南省大力实施创新驱动发展战略，把科技创新摆在经济社会发展全局的核心位置，加快构建现代创新体系，经济实力和创新能力迈上了新台阶。如何通过区域创新管理加快河南省科技创新，推进创新驱动发展战略，是一个具有重大理论意义与现实价值的研究课题。

一　河南省创新管理能力评价指标体系构建

区域创新系统的主体要素包括政府、企业、高校、科研机构以及中介机构等，而区域的创新管理能力是区域创新各个主体协同作用的结果。作为区域创新系统建设主导者，政府通过构建创新主体正式关系，提供制度保障与战略规划，促进知识与科学技术的转移、扩散，形成创新体系的协同创新与开放创新。创新管理能力的主要表征为在外部环境的支撑下，推动各创新主体的创新资源投入与创新成果扩散，促进创新主体间的协同关系，实现区域创新系统的有效管理。随着经济社会的发展与创新驱动发展战略的推进，创新管理能力也存在广义与狭义之分。广义的创新管理能力是指整个区域创新系统能够建立良好的创新主体协同关系，充分发挥政府的主导作用，统筹科技资源，且既有经济社会发展的外部驱动，又有科技本身发展的内在需求。狭义上的创新管理能力多指区域创新系统内，政府单纯地进行科技管理活动。基于此，本报告选取广义的创新管理能力进行分析，根据科学性、系统性、可操作性、现实性等原则，从创新投入能力、创新扩散能力、创新支撑能力、创新协同能力这四个维度对河南省十八地市的创新管理能力进行综合评价（见表1）。其中，创新投入是区域创新系统建设的基础和前提，创新投入能力选取人才培养和技术开发两个评价维度；区域创新体系的扩散能力主要表现为各创新主体创新成果的产出、转移与扩散程度，创新扩散能力选用知识产出和技术转化两个评价维度；创新环境的外部支撑是区域创新系统的主要外部推动力,为创新投入提供环境、经济和人才基础,创新支撑能力下设载体建设和经济发展两个评价指标;创新主体的协同作用是区域创新管理能力的核心力量,是创新主体有序进行创新活动的关键因素,创新协同能力采用政府支持和产学研合作两个指标解释。

表1 河南省创新管理能力评价指标体系

一级指标	权重	二级指标	权重	观测点
创新投入能力	0.25	人才培养	0.125	每十万人口高等教育在校生人数(人)
				每十万人口R&D活动人员(人)
				机构R&D活动人员硕士研究生占比(%)
				机构R&D活动人员博士研究生占比(%)
		技术开发	0.125	R&D经费内部支出来自政府资金比例(%)
				每十万人口拥有R&D项目数(个)
				科学技术公共预算支出占政府公共预算总支出比重(%)
				单位科研活动人员仪器设备费用(万元)
				每十万人口拥有R&D机构数量(个)
创新扩散能力	0.25	知识产出	0.125	每万名R&D人员发表科技论文(篇)
				每万名R&D人员出版科技著作(部)
				每万名R&D人员获得专利授权数(件)
				每万名R&D人员有效发明专利数(件)
		技术转化	0.125	每万名R&D人员新产品产值(万元)
				每万名R&D人员新产品销售收入(万元)
				每万名R&D人员专利所有权转让及许可数(件)
				每万名R&D人员专利所有权转让及许可收入(万元)
				每万名R&D人员技术市场成交合同数(份)
				每万名R&D人员技术市场成交合同额(万元)
创新支撑能力	0.25	载体建设	0.125	每十万人口高等院校数量(所)
				每十万人口拥有公共图书馆数量(个)
				每百人拥有公共图书馆藏书量(册)
				每十万人口国际互联网用户(万户)
		经济发展	0.125	人均GDP(元)
				人均GDP增长率(%)
				第三产业增加值占GDP比重(%)
				第三产业增长率(%)
				利用省外资金占GDP比重(%)
				外商和港澳台商直接投资金额占GDP比重(%)

续表

一级指标	权重	二级指标	权重	观测点
创新协同能力	0.25	政府支持	0.125	教育公共预算支出占政府公共预算总支出比重(%)
				规模工业企业R&D经费内部支出来自政府资金比例(%)
				科研和综合技术服务业新增固定资产占全社会固定资产投资比重(%)
				开展创新活动企业数占总企业数比重(%)
		产学研合作	0.125	R&D经费内部支出来自企业资金比例(%)
				规模以上工业企业对高校的经费支出占企业R&D经费支出比重(%)
				规模以上工业企业对研究机构的经费支出占企业R&D经费支出比重(%)
				每十万人口拥有企业(规模以上)办科技机构数(个)

本报告基于 2019 年的截面数据将各观测点指标表现最优的得分记为 100 分，其他地市按其指标值与该项最高值的比例计算得分，公式如下：

$$f_{ij} = X_i / X_{max} * 40 + 60 \qquad (1)$$

其中，i 代表各观测点，j 代表河南省十八地市。

为保证评价结果的客观性，本报告选取 2019 年《河南统计年鉴》和各地市《国民经济和社会发展统计公报》的数据作为相对值，根据各地市指标得分及权重计算其加权平均值，得到二级指标得分，以此类推计算一级指标得分，四个一级指标的加权得分即为创新管理能力的总得分。创新管理能力、创新投入能力、创新扩散能力、创新支撑能力与创新协同能力的评定标准：60~70分为"差"，70.01~80分为"一般"，80.01~100分为"优"。

二 河南省创新管理能力评价分析

（一）河南省创新管理能力"一般"，创新支撑与创新协同优势突出，创新投入与创新扩散是其两大短板

本报告从创新投入能力、创新支撑能力、创新协同能力、创新扩散能力

四个维度对河南省十八地市创新管理能力进行综合测算,得到如表2所示结果。从表2可知,十八地市的创新管理能力平均得分为77.44分,极差为14.27,整体上河南省创新管理能力评价等级为"一般",各区域发展形势较为均衡。其中,创新投入能力与创新扩散能力的平均得分分别为73.56和73.55分,而创新支撑能力和创新协同能力的平均得分分别为81.02和81.62分,高于创新投入能力与创新扩散能力,且除郑州、开封和安阳外,其他地市的创新支撑能力与创新协同能力均高于创新投入能力与创新扩散能力。由此可见,全省创新管理能力的优势在于创新支撑能力与创新协同能力,而创新投入能力与创新扩散能力是大部分地市创新管理能力的短板。政府可根据区域差异,在持续发挥创新管理优势部分的基础上,重点加强创新投入与创新扩散两方面的工作,挖掘其在这两方面的发展潜力,进一步提升区域创新管理能力。

根据十八地市创新管理能力各分项指标的排名,各地市在不同方面发展水平差距较大。在十八地市中,郑州、洛阳、新乡的综合得分分别为87.68、83.42、81.95分,创新管理能力评价等级均为"优",其他地市的得分在70.01~80分,评价等级均为"一般"。郑州、洛阳、新乡三市位居前三得益于河南省积极推行创新驱动发展战略与建设郑洛新国家自主创新示范区战略布局。具体来看,郑州的创新管理能力得分最高,其在创新投入能力、创新扩散能力以及创新支撑能力上均居首位,且四项一级指标的评价等

表2 河南省十八地市创新管理能力各项指标排名和得分

单位:分

地市	创新管理能力		创新投入能力		创新扩散能力		创新支撑能力		创新协同能力	
	得分	排名	得分	排名	得分	排名	得分	排名	得分	排名
郑州	87.68	1	89.61	1	90.65	1	87.36	1	83.11	9
洛阳	83.42	2	83.63	2	78.33	5	86.76	2	84.94	3
新乡	81.95	3	80.76	3	81.88	3	82.84	6	82.31	10
焦作	79.78	4	75.18	5	78.37	4	81.85	7	83.71	6
济源	79.38	5	72.67	8	73.96	6	85.43	4	85.45	1

续表

地市	创新管理能力		创新投入能力		创新扩散能力		创新支撑能力		创新协同能力	
	得分	排名	得分	排名	得分	排名	得分	排名	得分	排名
开封	78.41	6	78.44	4	82.07	2	78.92	12	74.20	18
鹤壁	77.24	7	70.03	12	70.19	13	83.35	5	85.42	2
平顶山	76.26	8	71.29	10	68.88	14	81.49	8	83.39	7
许昌	76.06	9	74.10	7	68.60	15	79.36	10	82.18	11
三门峡	76.00	10	72.45	9	64.52	18	86.47	3	80.55	13
安阳	75.96	11	75.03	6	73.06	8	80.94	9	74.83	17
商丘	75.86	12	69.77	13	70.80	11	78.93	11	83.91	5
信阳	75.29	13	68.66	14	73.42	7	78.17	15	80.93	12
驻马店	75.11	14	68.23	17	72.39	10	76.52	17	83.30	8
漯河	74.83	15	70.35	11	73.02	9	78.57	13	77.39	16
南阳	73.74	16	68.38	16	70.41	12	76.35	18	79.81	14
周口	73.53	17	67.15	18	66.27	17	76.63	16	84.05	4
濮阳	73.41	18	68.43	15	67.01	16	78.46	14	79.74	15
平均分	77.44		73.56		73.55		81.02		81.62	
极差	14.27		22.47		26.13		11.01		11.25	

级也均为"优",但创新协同能力排名第九,居于中游水平,说明创新协同能力是郑州市创新管理能力的短板,政府部门需着力打造良好的区域创新协同关系,同时可借鉴济源市在创新协同方面的经验措施以提高自身水平。洛阳的创新管理能力居全省前列,其创新投入能力和创新支撑能力较强,但创新协同能力落后于济源和鹤壁,创新扩散能力得分为78.33分,排名第五,评价等级为"一般",因此,洛阳增强自身创新管理能力的可行施力点是提升自身的创新扩散能力和创新协同能力。新乡市的创新管理能力得分位于全省第三,四项指标的评价等级均为"优",其创新投入能力和创新扩散能力相对较高,而创新支撑能力与创新协同能力排名分别为第六和第十,相对靠后,可见创新支撑与创新协同是新乡市创新管理能力的增长点。然而,濮阳

的创新管理能力得分最低，居于全省末端，其四项指标排名均比较靠后，创新投入能力与创新扩散能力的评价等级均为"差"，说明濮阳在加强创新管理各项工作的同时，应该加大创新投入，借鉴其他地市的成功经验提高创新扩散能力。

（二）创新投入能力中技术开发得分最高，人才培养有待加强

通过对全省创新投入能力指标进行加权计算，得到创新投入能力最终得分（见表3）。十八地市的创新投入能力平均分为73.56分，极差为22.47，评价等级为"一般"，区域间差异略大。其中，人才培养均分为72.74分，低于技术开发的均分，是多数地市创新投入能力的短板，各地政府应根据地区差异实施差异化政策，着重提升人才培养能力以减小区域间创新投入方面的差距。从表3中可知，郑州、洛阳、新乡的创新投入能力得分分别为89.61、83.63、80.76分，评价等级为"优"，9个地市创新投入能力评价等级为"一般"，6个地市评价等级为"差"，但郑州、洛阳、新乡三市之间的差距较为明显。郑州在人才培养方面的得分遥遥领先，洛阳和新乡的人才培养得分排在开封之后，说明开封的人才培养是提升创新投入能力的优势所在，当地政府应在充分发挥优势的基础之上增强其技术开发能力，以期提高开封市的创新投入水平；漯河的创新投入能力得分为70.35分，评价等级为"一般"，处于全省中游水平，而其人才培养排名最后，拉低漯河的整体水平，说明人才培养是漯河创新投入的限制因素；周口的创新投入能力居末尾，技术开发指标得分为66.20分，也居于末位，可见当地政府应积极借鉴郑州、开封等地的人才培养政策，提高技术开发能力，摆脱落后地位。

表3 河南省十八地市创新投入能力各项指标排名和得分

单位：分

地市	创新投入能力		人才培养		技术开发	
	得分	排名	得分	排名	得分	排名
郑州	89.61	1	89.38	1	89.85	1
洛阳	83.63	2	80.03	3	87.24	2

续表

地市	创新投入能力		人才培养		技术开发	
	得分	排名	得分	排名	得分	排名
新乡	80.76	3	79.03	4	82.48	3
开封	78.44	4	80.19	2	76.69	4
焦作	75.18	5	74.45	7	75.91	5
安阳	75.03	6	75.35	6	74.71	8
许昌	74.10	7	76.01	5	72.18	10
济源	72.67	8	70.00	10	75.34	7
三门峡	72.45	9	69.45	11	75.45	6
平顶山	71.29	10	70.74	8	71.84	12
漯河	70.35	11	66.27	18	74.42	9
鹤壁	70.03	12	68.17	13	71.88	11
商丘	69.77	13	70.44	9	69.11	14
信阳	68.66	14	68.96	12	68.35	17
濮阳	68.43	15	68.14	14	68.72	16
南阳	68.38	16	67.15	17	69.61	13
驻马店	68.23	17	67.38	16	69.09	15
周口	67.15	18	68.09	15	66.20	18
平均分	73.56		72.74		74.39	
极差	22.47		23.11		23.65	

（三）技术转化是制约创新扩散能力发展的主要因素

通过对全省创新扩散能力指标进行加权计算，得到创新扩散能力最终得分（见表4）。十八地市创新扩散能力的平均分为73.55分，极差为26.13，河南省整体的创新扩散能力评价等级为"一般"，地市间的差异较大，发展不均衡。其中技术转化的均分为69.37分，低于知识产出指标，说明技术转化是限制河南省提升创新扩散能力的重要因素，居于创新扩散能力末端的地市，其政府要因地制宜，采取差异化政策和手段，缩小地市间创新扩散方面的差异。具体来看，郑州的创新扩散能力得分为90.65分，评价等级为"优"，远超其他地市，其在知识产出、技术转化方面均居首位，知识产出水平较技术转化水平要更胜一筹，且技术转化能力比第二名高出10分有余。

除此之外，开封、新乡两个地市创新扩散能力评价等级为"优"，10个地市的创新扩散能力评价等级为"一般"，5个地市为"差"。开封、焦作的创新扩散能力排名在四个二级指标中最靠前，开封主要优势在于其知识产出水平较高，但技术转化能力相对薄弱；焦作的技术转化能力高于自身的知识产出能力。洛阳的创新扩散能力排名跌出前三，位于全省第五，知识产出和技术转化两方面均表现一般。三门峡的创新管理能力排名第十，而其创新扩散能力却居全省末端，知识产出与技术转化能力得分均为最低，说明三门峡市政府创新扩散能力的短板在于知识产出水平和技术转化水平。

表4 河南省十八地市创新扩散能力各项指标排名和得分

单位：分

地市	创新扩散能力		知识产出		技术转化	
	得分	排名	得分	排名	得分	排名
郑州	90.65	1	91.48	1	89.81	1
开封	82.07	2	90.58	2	73.57	6
新乡	81.88	3	89.49	3	74.27	5
焦作	78.37	4	77.48	9	79.27	3
洛阳	78.33	5	80.43	6	76.22	4
济源	73.96	6	68.58	17	79.33	2
信阳	73.42	7	83.11	4	63.74	13
安阳	73.06	8	78.75	7	67.37	8
漯河	73.02	9	80.92	5	65.12	11
驻马店	72.39	10	76.47	11	68.31	7
商丘	70.80	11	78.63	8	62.97	16
南阳	70.41	12	73.55	13	67.26	9
鹤壁	70.19	13	76.74	10	63.63	14
平顶山	68.88	14	73.75	12	64.00	12
许昌	68.60	15	70.56	15	66.64	10
濮阳	67.01	16	71.65	14	62.36	17
周口	66.27	17	69.06	16	63.49	15
三门峡	64.52	18	67.66	18	61.38	18
平均分	73.55		77.72		69.37	
极差	26.13		23.82		28.43	

（四）全省创新支撑能力均分较高，经济发展是创新支撑的优势因素

通过对全省创新支撑能力指标进行加权计算，得到创新支撑能力最终得分（见表5）。十八地市创新支撑能力的平均分为81.02分，评价等级为"优"。从河南省创新管理能力评价四个分项指标的横向视角来看，创新支撑能力的整体水平较高，经济发展是其优势因素，但其中载体建设这一指标的极差较大，说明各地市政府在这方面的工作水平差距较为明显。由表5可知，排名在第七位之后的地市，载体建设的得分整体低于经济发展这一项的得分。这些地市在发展区域经济的同时，更加需要加强在高等院校、公共图书馆以及互联网等创新活动载体方面的建设，提升自身的创新支撑能力。全省有9个地市的创新支撑能力评价等级为"优"，9个地市为"一般"。其中，郑州的创新支撑能力虽居第一，但其经济发展指标得分为85.50分，排名第七，应引起注意，而洛阳在经济发展方面表现最好，当地政府应提高载体建设水平；三门峡的创新支撑能力排名第三，是创新管理能力评价指标体系中排名最高的指标，说明三门峡政府在载体建设和经济发展方面的工作水平较高；新乡的创新支撑能力排名第六，其载体建设指标得分较低，应增强创新载体的建设能力；开封的创新支撑能力得分为78.92分，排名第十二，是四项二级指标中排名较低的一项，载体建设和经济发展是当地政府需关注的问题。

表5 河南省十八地市创新支撑能力各项指标排名和得分

单位：分

地市	创新支撑能力		载体建设		经济发展	
	得分	排名	得分	排名	得分	排名
郑州	87.36	1	89.21	1	85.50	7
洛阳	86.76	2	83.16	5	90.37	1
三门峡	86.47	3	86.08	2	86.86	2
济源	85.43	4	84.62	3	86.24	4
鹤壁	83.35	5	84.04	4	82.66	12
新乡	82.84	6	78.97	7	86.70	3
焦作	81.85	7	82.26	6	81.45	15

续表

地市	创新支撑能力		载体建设		经济发展	
	得分	排名	得分	排名	得分	排名
平顶山	81.49	8	77.20	9	85.79	5
安阳	80.94	9	76.53	10	85.35	8
许昌	79.36	10	75.69	12	83.02	11
商丘	78.93	11	72.13	15	85.74	6
开封	78.92	12	74.11	13	83.72	9
漯河	78.57	13	75.78	11	81.35	17
濮阳	78.46	14	77.30	8	79.62	18
信阳	78.17	15	73.77	14	82.57	13
周口	76.63	16	69.94	18	83.32	10
驻马店	76.52	17	71.04	17	82.01	14
南阳	76.35	18	71.25	16	81.45	16
平均分	81.02		77.95		84.10	
极差	11.01		19.27		10.75	

（五）河南省创新协同能力整体最高，政府支持在创新协同中作用发挥良好

通过对全省创新协同能力指标进行加权计算，得到创新协同能力最终得分（见表6）。十八地市创新协同能力平均得分为81.62分，评价等级为"优"，从河南省创新管理能力评价四个分项指标的横向视角来看，创新协同能力的整体水平最高，而政府支持和产学研合作这两方面的区域差异较大，发展不均衡。从表6中可知，全省13个地市的创新协同能力评价等级为"优"，5个地市评价等级为"一般"。其中，济源的创新协同能力居全省首位，产学研合作的得分高于政府支持的得分；鹤壁的创新协同能力得分为85.42分，排名第二，其政府支持的得分远高于产学研合作的得分，并且产学研合作排名处于全省末端，说明产学研合作是鹤壁创新协同能力的短板，应引起注意；焦作的产学研合作排名位列全省第一，但其政府支持得分为79.14分，排名第十四，反映出焦作政府在政府支持方面

的工作水平较低，应该加大政府支持力度来提升自身的协同创新能力；洛阳的创新协同能力屈居第三，郑州和新乡的排名分别为第九、第十，郑州在政府支持创新协同方面力度相对不大，而洛阳和新乡的产学研合作得分均低于政府支持得分，说明产学研合作是洛阳和新乡这两个地市创新协同能力的限制因素；安阳和开封的创新协同能力排名全省末端，两个地市的产学研合作得分均低于政府支持得分，各地市政府可重点关注产学研合作方面的工作。

表6 河南省十八地市创新协同能力各项指标排名和得分

单位：分

地市	创新协同能力		政府支持		产学研合作	
	得分	排名	得分	排名	得分	排名
济源	85.45	1	83.06	8	87.83	2
鹤壁	85.42	2	92.41	1	78.42	14
洛阳	84.94	3	90.70	2	79.18	13
周口	84.05	4	84.10	4	84.01	5
商丘	83.91	5	84.02	5	83.81	6
焦作	83.71	6	79.14	14	88.29	1
平顶山	83.39	7	83.51	6	83.28	7
驻马店	83.30	8	82.49	9	84.10	4
郑州	83.11	9	81.95	10	84.28	3
新乡	82.31	10	87.81	3	76.81	16
许昌	82.18	11	83.23	7	81.14	10
信阳	80.93	12	79.64	12	82.21	9
三门峡	80.55	13	78.22	15	82.88	8
南阳	79.81	14	79.65	11	79.96	11
濮阳	79.74	15	79.59	13	79.89	12
漯河	77.39	16	77.45	17	77.32	15
安阳	74.83	17	77.37	18	72.28	17
开封	74.20	18	78.21	16	70.18	18
平均分	81.62		82.36		80.88	
极差	11.25		15.04		18.11	

三　政策建议

河南省十八地市中郑州、洛阳、新乡三地市创新管理能力各项指标基本表现良好，整体创新管理能力发展形势较为均衡，区域间在创新投入与创新扩散两个方面差异较大，创新管理能力评价等级为"一般"，具有较大的发展空间。其中，河南省创新协同能力整体最强，创新投入能力与创新扩散能力是河南省创新管理能力的两个短板，而人才培养与技术转化又分别为创新投入与创新扩散的限制因素。本报告基于以上分析提出如下建议。

（一）发挥郑洛新国家自主创新示范区的辐射带动作用，推动全省创新驱动发展战略部署

经济新常态下，以高新技术开发区为依托设立国家自主创新示范区正是我国为增强自主创新能力、实现创新驱动发展而做出的重大战略选择。郑洛新国家自主创新示范区的建设是河南省对创新驱动发展战略的具体实践，也是其进一步融入国家创新发展战略主旋律的重要体现。为充分发挥自创区对全省创新驱动发展的引领、辐射、带动作用，释放先试先行的政策效应，省科技厅采取"辐射区＋辐射点"并行的方式在全省范围内确立了12个辐射区和108个辐射点，打造要素齐聚、资源互通、政策共享、富有活力的多元区域创新体系。河南省要实行动态管理机制，推动自创区与辐射区、辐射点形成良性互动，开创"核心引领、辐射带动、梯次发展、全面提升"的科技创新管理新局面。此外，河南省其他区域可将郑洛新自创区作为示范，根据自身发展特点形成当地的科技创新管理优势。信阳、安阳、南阳、平顶山以及焦作等辐射区在借鉴郑洛新自创区先行先试优惠政策时，既要明确本地区的经济发展阶段、创新水平、创新资源分布情况，又需关注相邻区域的发展战略，大力推动区际协作平台建设，充分利用相邻区域的资源要素，鼓励科技要素在区际的自由流动，提升区域创新体系的管理能力。

（二）合理进行创新资源配置，加强区域间合作交流和公共科技服务，推动经济与科技的均衡发展

首先，作为区域创新系统的主导者，政府应在宏观政策上加大向创新管理能力较弱区域的倾斜力度，注重经济社会发展的支撑引领和创新主体的成果扩散，积极推动与创新管理能力较强的地市间的成果对接和联动发展。着力提升创新管理能力较强区域的创新主体成果扩散能力和创新协同能力，实现经济社会与区域创新系统协同发展。其次，对于经济发展领先于科技发展的地市，应统筹协调科技创新资源，增加基础研究的投入强度，推动经济资源转化为科技资源，提高区域的科技创新水平。对于科技发展超前于经济发展的地市，要充分利用科技资源，引导好科技成果转化，形成配套的激励政策，增强科技在经济发展中的引擎作用。同时，刺激区域间在创新资源流动过程中产生创新效应，主动引进国内外高水平科技研究团队，积极落实人才引进配套政策，吸引创新型人才的流入，有效促进区域内科技人才的培养能力提升，利用创新金融工具、金融科技机构，提升区域创新系统的资源质量。最后，大力开展区域间的合作交流活动，推动产业向相对落后的地市转移，拓展产业链空间布局，形成技术与知识向科技创新能力相对弱的区域溢出，注重地市的原始创新和技术再创新，有效推动经济与科技的均衡发展与有机结合。

（三）加快人才培养与引进，建设区域人才高地

人才驱动是创新驱动的实质和第一要务，人才是经济增长的主要驱动因素。各地市政府要以人才为核心，优化人才的选拔、任用、监督以及激励等制度，改善企业发展与人才培养的对接机制。同时，要充分利用投资和人才红利增强科技创新发展的社会活力，需要制定吸引高层次、高水平人才的政策和科学技术奖励政策，鼓励大批技术高端人才参与创新创业活动，为区域创新活动注入新活力。另外，各区域政府需要依据本地企业的需求大力培养和引进实用型人才和高精尖人才，为此类人才解决教育、住房、交通等现实

问题。高校是人才培养的重要载体，政府应加大高等院校的建设力度，完善高校配套设施，广泛建立与周边部门的合作交流关系，为高校建设发展提供强有力的资源条件。同时，还应从人才教育出发，在日常的教育中融入科技创新知识，把启发创新性思维和提升创新技能作为教育的目标，使创新成为一种素质要求。

（四）充分发挥多元创新主体的协同作用，有效提升区域技术转化效率

发挥多元创新主体的协同作用，明确企业、高校、科研机构等主体在区域创新管理中的地位。优化配置多元创新主体在区域创新管理中的职权，持续增强创新管理体系的自适应性与开放性，完善创新决策参与、执行、监督的体制机制。在创新管理过程中，政府发挥统筹协调功能时也要充分利用各创新主体的治理作用。提升科研机构与高等院校的知识创新能力和研发能力，重点突破知识创新不足的瓶颈；提高中介机构的市场判断力与创新成果转移桥接能力，推动科技创新成果的应用与供需对接；增强企业的决策执行能力与知识扩散能力，为科技创新资源成果的转化扩散提供高效的运行机制。各地政府应给予政策支持，积极推动优质企业与科研机构、高校等主体形成网络化协同合作、以利益为前提的科技创新联盟，增强科研机构、金融机构、高校等承接省内企业研发项目的意愿，破除创新主体之间的创新要素流动壁垒。另外，各地政府可投入专项资金，推动构建技术转化平台，为产学研合作提供服务，进而加强创新成果转化；政府需要营造有利于产学研合作的市场竞争秩序和支撑环境，积极创新产学研合作的运行机制，完善法律法规，构建富有活力的区域协同创新体系，从而有效提高区域技术转化效率。

河南省辖市政府门户网站绩效评估报告*

马闯　陈安然**

摘　要： 基于2019年河南省18个省辖市政府门户网站网络数据和社会治理河南省协同创新中心开展的社会调查数据，本报告从信息公开透明度、在线服务实现度、网站设计友好度、公众参与满意度、网站安全防护度五个维度对18个省辖市政府门户网站年度运行情况进行评估。结果表明：河南省辖市政府门户网站整体呈现良性竞争势头，但是总体发展水平仍然不高；具体来说，网站设计友好度持续优化，信息公开透明度有待改善，在线服务实现度分化明显，公众参与满意度呈现下降趋势，网站安全防护度面临中等风险。以公众需求为导向，加强和改进各省辖市政府门户网站建设，提高地方政府互联网政务服务能力：一是优化政府网站搜索功能；二是推动政府数据开放试点；三是提供高黏度便捷的特色服务；四是推动政务新媒体与政府网站融合发展；五是重视政府网站安全管理与建设。

关键词： 省辖市　政府门户网站　绩效评估

---

* 本文为国家社科基金项目"新型城镇化进程中的地方政府治理能力建设研究"（16BZZ063）和教育厅人文社科一般项目"乡村振兴战略实施中县级政府治理能力建设研究"（2020-ZZJH-450）的阶段性成果。

** 马闯，郑州大学政治与公共管理学院硕士生导师，社会治理河南省协同创新中心研究员，研究方向为电子政务与政府治理；陈安然，郑州大学政治与公共管理学院2019级硕士研究生。

"互联网+政务服务"行动计划实施以来,各级政府积极发挥政府门户网站在国家管理和社会治理中的平台作用,更好地感知社会态势、畅通沟通渠道、提升服务质量、辅助决策施政。相比2018年,我国网民规模已突破9亿人,普及率从59.6%上升到64.5%,其中在线政务服务用户规模达到6.94亿人,较2018年底增长76.3%。疫情期间,国家及各地区一体化政务服务平台提供疫情信息服务,推行线上办理,协助推进精准防疫,应用成效越来越大,已经成为创新政府管理和优化政务服务的新渠道。[①] 2014年伊始,本报告连续对河南省辖市政府门户网站进行追踪评估,促进了省辖市政府门户网站的持续改进,有力推动了地方政府网络治理能力现代化,加快了地方数字政府"十四五"规划建设。

一 研究设计

(一)评价对象

本次评价选择的样本是河南省郑州市、开封市、平顶山市、洛阳市等18个省辖市政府,数据采集来源分为两个方面,客观数据源自各政府门户网站,主观数据源自网络问卷调查(有效问卷4064份)。

(二)评价指标体系

本报告立足"互联网+政务服务"和"放管服"改革的内在要求,依据工业和信息化部《政府网站发展评估核心指标体系(试行)》以及《河南省政府系统门户网站评估指标体系》要求,沿用2019年政府门户网站的评价指标体系,构建了包括5个一级指标、11个二级指标以及若干三级指标的评价指标体系(见表1),定量定性相结合地评价省辖市政府门户网站情况。经过多年的评估验证,该评价指标体系整体上已比较成熟,亦能充分反

---

① CNNIC发布第45次《中国互联网络发展状况统计报告》。

映地方电子政务发展状况,因此,本评价指标体系只是随着政策变化对三级指标做了一些细化微调。由于2019年《政府信息公开条例》修订和政务新媒体监管政策的变化,本次评价指标体系在信息公开透明度和公众参与满意度两方面强化了部分三级指标。

表1 政府门户网站评价指标体系

一级指标	二级指标	三级指标				
信息公开透明度	完整性	信息公开指南	信息公开制度	信息公开目录	依申请公开	信息公开年报
		法规规章	政府文件	政府机构	规划计划	统计信息
		行政许可	行政处罚	财政信息	行政收费	政府采购
		社会政策	应急管理	监督检查	招考录用	重大项目
		重点领域				
	规范性	内容准确	索引号	格式清晰	信息检索	
	及时性	公开数量	文件清理	政策解读		
在线服务实现度	实用性	服务事项	步骤指南	特色服务	注册用户	
	回应性	线上进度	办件量	公众满意		
网站设计友好度	简明性	首页设计	站内导航	国际化	栏目设置	域名规范
		无障碍阅读	网站标识	外部链接	网站徽标	
	适应性	用户体验	正常访问	友情链接	访问速度	
公众参与满意度	互动性	征集调查	在线访谈	市长邮箱	政务论坛	搜索服务
		智能问答	阳光信访	意见反馈	热点回应	
	便捷性	两微一端	统一平台	一键分享	主观感受	
网站安全防护度	安全性	是否存在安全漏洞、木马等				
	专业性	安全人员	检测频次	联系方式		

一级指标的设置涵盖了"网站设计友好度""信息公开透明度""在线服务实现度""公众参与满意度""网站安全防护度",加权权重按照德尔菲法确定。三级指标通过制定一些具体的方法,进行主观打分或客观指标呈现,得出量化分值,从而完成对二级指标的评价,最终完成整个体系的评价。

政府门户网站评价总分值满分为100分,网站设计友好度占20%,信息公开透明度占20%,在线服务实现度占20%,公众参与满意度占20%,

网站安全防护度占20%。根据以上实际得分,省辖市政府门户网站从高到低划分为五个评价等级(见图1)。

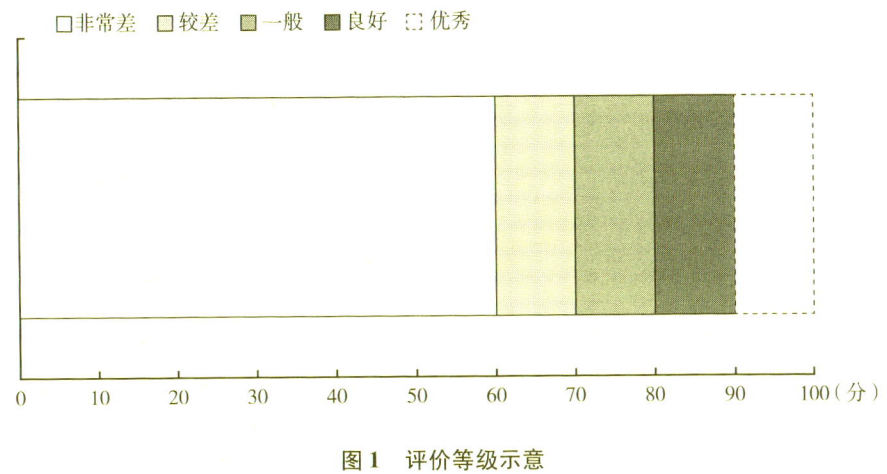

图1 评价等级示意

二 总体评价

(一)省辖市政府门户网站持续升级优化成为常态

政府门户网站是提升开放型政府首位度、强化服务型政府建设的重要渠道。五年来,我们持续观测河南省辖市政府门户网站的建设与发展,从多角度进行了深度评估,切实推动了地方政府门户网站的精细优化;排行榜上呈现你追我赶的良性竞争势头;伴随着"互联网+政务服务"的关注度和需求明显增长,公众对各省辖市政府门户网站建设与发展提出了更高的要求。五年来,政府门户网站持续改进比较突出的是许昌市、济源市、南阳市、三门峡市、平顶山市、焦作市等。

(二)省辖市政府门户网站总体水平一般

本次评价结果表明:18个省辖市政府门户网站的满分为100分,实际平均得分为67.22分，总体水平不高；在平均值以上的占50%，郑州市、许昌市、济源市排名靠前，得分分别为81.41分、77.34分、76.31分，安阳市、驻马店市、开封市、鹤壁市得分较低，均在60分以下（见图2）。

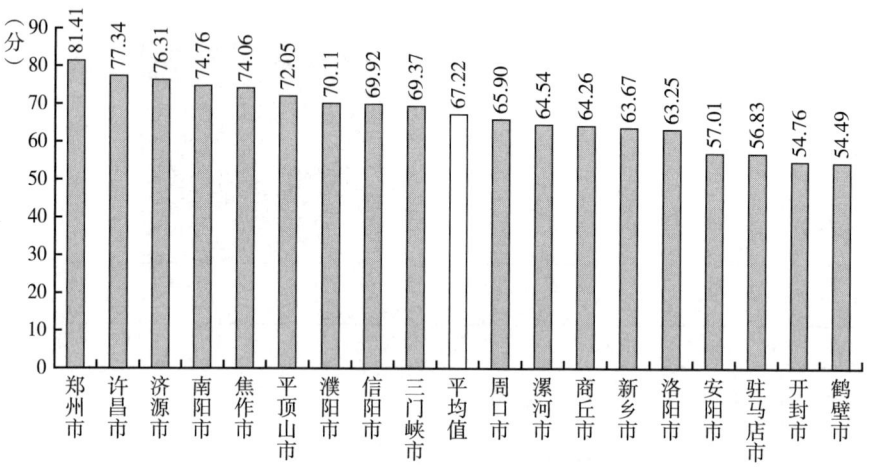

图2 河南省辖市政府门户网站绩效评价总体情况

（三）网站安全防护度得分较高，公众参与满意度得分较低

具体来说，网站设计友好度持续优化，信息公开透明度有待改善，在线服务实现度分化明显，公众参与满意度呈现下降趋势，网站安全防护度面临中等风险。

其中，网站设计友好度满分为20分，实际平均得分为15.05分，在平均值以上的占56%，南阳市得分最高（18.36分），周口市得分最低（11.72分）；信息公开透明度满分为20分，实际平均得分为11.91分，在平均值以上的占50%，郑州市得分最高（15.58分），新乡市得分最低（8.14分）；在线服务实现度满分为20分，实际平均得分为11.76分，在平均值以上的占72%，濮阳市得分最高（18.50分），鹤壁市和驻马店市得分最低（1.10分）；公众参与满意度满分为20分，实际平均得分为11.22分，在平均值以上的占50%，安阳市得分最高（14.57分），濮阳市得分最低

(8.61分);网站安全防护度满分为20分,实际平均得分为17.29分,在平均值以上的占44%,郑州市、开封市得分最高(19.84分),安阳市得分最低(12.50分)(见图3)。

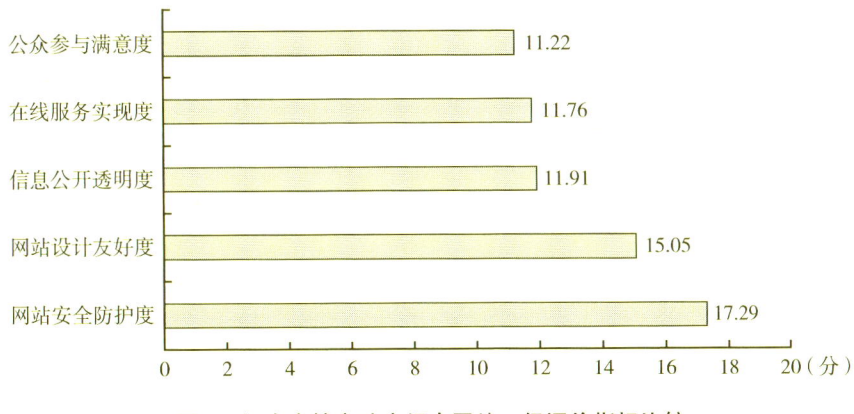

图3 河南省辖市政府门户网站一级评价指标比较

三 具体分析

(一)网站设计友好度持续改进

首因效应适用于政府门户网站设计友好度的提升,网站的整体布局和设计会影响用户对政府门户网站及本地区政府的第一印象。合理的布局和设计一般体现在网站首页设计、网站导航、网页图文比例、色彩选择、核心栏目等方面。除此之外,要避免过多的广告弹窗、内容眼花缭乱等。安阳市、濮阳市等政府网站的布局和设计需要根据一般性原则加以调整。

本地概况简介的栏目名称是政府网站形象CIS设计的前置部分,61%的政府网站简单采用"走进某地"的名称命名,如"全景郑州""走进开封""魅力洛阳""周口荟萃""走进安阳""走进鹰城""走进鹤壁""走进新乡""走进焦作""走进濮阳""走进许昌""走进漯河""走进三门峡"

"魅力南阳""走进商丘""信阳之窗""魅力驻马店""市情",应基于本地区特色着力创意策划令人眼前一亮的名称。

网站首页头部标识区要醒目展示网站名称,可根据实际情况展示中英文域名、徽标(Logo)以及多语言版、搜索等入口,有多个域名的显示主域名。周口市、商丘市、三门峡市、漯河市、濮阳市等在网站首页头部标识区展示的却是本地政府中英文名称,不是中英文域名,新乡市的英文域名少了"www"。

一般来说,县级以上地方各级人民政府网站应采用"www.行政区简称汉语全拼.gov.cn"结构的英文域名,网站名称应确定为"×××人民政府门户网站"。政府网站各栏目、频道、专题、业务系统等原则上使用同一级域名,其中政府门户网站的栏目等使用"www.□□□.gov.cn/…/…"和"△△△.政务/…/…"结构的域名。通过调查发现,33%的省辖市政府门户网站的网址与网站名称的规范性较差,具体包括安阳市、新乡市、信阳市、周口市、驻马店市、许昌市。上年规范性较差的开封市已经有所改善。

徽标(Logo)是打造政府网站品牌形象的重要视觉要素。各地区、各部门可根据区域特色或部门特点设计网站徽标,徽标应特点鲜明、容易辨认、造型优美,便于记忆和推广。周口市、鹤壁市设计了自己的特色徽标。94%的政府门户网站都以国徽为门户网站首页Logo。

河南在八大国家战略叠加效应的影响下,作为对外开放重要窗口的政府门户网站,其国际化势在必行,多语言版本重要性凸显。44%的省辖市政府门户网站可以使用繁简体,如郑州市、洛阳市、平顶山市、安阳市、濮阳市、周口市、漯河市、济源市。17%的政府网站可以使用繁简体和英文,如许昌市、南阳市、鹤壁市。39%的政府网站只可使用简体,如开封市、新乡市、信阳市、商丘市、焦作市、三门峡市、驻马店市;调查发现,开封市完全删除了上年无法使用的多语言版本设置。

无障碍阅读被认为是消除信息时代数字鸿沟的重要举措。28%的政府网站可使用无障碍阅读,如三门峡市、济源市、南阳市、鹤壁市、安阳市。但也有28%的政府网站未设置无障碍阅读,如开封市、焦作市、商丘市、周口市、驻马店市。此外，信阳市、漯河市、许昌市、濮阳市、新乡市、平顶山市、郑州市、洛阳市设置了无障碍浏览。

底部功能区至少要列明党政机关网站标识、"我为政府网站找错"监督举报平台入口、网站标识码、网站主办单位及联系方式、ICP备案编号、公安机关备案标识和站点地图等内容。完整列明网站主办单位及联系方式的政府网站比例从67%上升至94%。33%的政府网站没有设置站点地图，包括洛阳市、商丘市、漯河市、驻马店市、周口市、济源市。三门峡市、开封市、平顶山市已修正；许昌市在顶部位置，不符合要求。济源市政府网站全部缺失，问题最为严重，且互动交流栏目无法正常访问。

政府网站严禁刊登商业广告或链接商业广告页面。但是，开封市、郑州市、安阳市的链接有商业广告嫌疑。南阳市已修改，取消了两个影响视线的浮动窗口。信阳市和三门峡市已修正，增设了友情链接。在访问速度上，濮阳市、周口市的表现较差。

总体而言，在网站设计友好度上，18个省辖市的平均得分从14.95分上升为15.05分，其中，南阳市得分最高（18.36分），周口市得分最低（11.72分），有44%的政府网站在平均值以下，有待升级优化（见图4）。

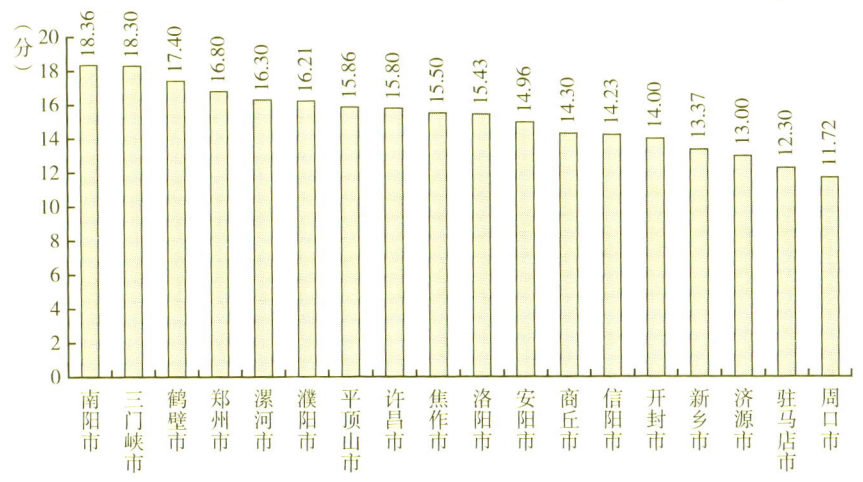

图4 网站设计友好度

（二）信息公开透明度有待改善

2019年5月15日，《中华人民共和国政府信息公开条例》迎来11年来首次修订，强调政府信息要"坚持以公开为常态，不公开为例外"。第二十四条规定，各级人民政府应当加强依托政府门户网站公开政府信息的工作，利用统一的政府信息公开平台集中发布主动公开的政府信息。由此可见，政府门户网站是政府信息公开的重要渠道。

从栏目名称上看，仅有44%的市政府网站与河南省政府网站保持一致，采用"政务公开"，包括濮阳市、焦作市、洛阳市、漯河市、南阳市、周口市、济源市、新乡市。28%的市政府网站确定为"政府信息公开"，包括郑州市、开封市、驻马店市、许昌市、平顶山市。28%的市政府网站设置为"信息公开"，包括三门峡市、商丘市、信阳市、鹤壁市、安阳市。

《中华人民共和国政府信息公开条例》第十二条规定，政府信息公开指南包括政府信息的分类、编排体系、获取方式和政府信息公开工作机构的名称、办公地址、办公时间、联系电话、传真号码、互联网联系方式等内容。相比上年，漯河市完善了指南；但是开封市、安阳市、平顶山市、新乡市、许昌市、三门峡市、周口市、鹤壁市、驻马店市、济源市等仍然有缺项，不合格率占56%。

本次调查发现，39%的政府网站的政府信息公开目录包括政府信息的索引、名称、内容概述、生成日期等内容。仅28%的政府网站的政府信息公开平台具备信息检索、查阅、下载等功能。总之，整体合格率较低，焦作市、周口市的表现最差。

《中华人民共和国政府信息公开条例》规定，政府信息应当主动公开的内容主要包括：行政法规、规章和规范性文件；机关职能、机构设置、办公地址、办公时间、联系方式、负责人姓名；国民经济和社会发展规划、专项规划、区域规划及相关政策；国民经济和社会发展统计信息；办理行政许可和其他对外管理服务事项的依据、条件、程序以及办理结果；实施行政处罚、行政强制的依据、条件、程序以及本行政机关认为具有一定社会影响的行政处罚决定；财政预算、决算信息；行政事业性收费项目及其依据、标准；政府集中采购项目的目录、标准及实施情况；重大建设项目的批准和实施情况；扶贫、教育、医疗、社会保障、促进就业等方面的政策、措施及其实施情况；突发公共事件的应急预案、预警信息及应对情况；环境保护、公共卫生、安全生产、食品药品、产品质量的监督检查情况；公务员招考的职位、名额、报考条件等事项以及录用结果；涉及市政建设、公共服务、公益事业、土地征收、房屋征收、治安管理、社会救助等方面的政府信息。简言之，政府信息公开栏目的二级菜单需设法规规章、政府文件、政府机构、规划计划、统计信息、行政许可、行政处罚、财政信息、行政收费、政府采购、重大项目、社会政策、应急管理、监督检查、招考录用、重点领域。调查发现，所有政府网站应当主动公开的政府信息内容都不完整。

《中华人民共和国政府信息公开条例》第五十条规定，政府信息公开工作年度报告应当包括五个方面内容：行政机关主动公开政府信息的情况；行政机关收到和处理政府信息公开申请的情况；因政府信息公开工作被申请行政复议、提起行政诉讼的情况；政府信息公开工作存在的主要问题及改进情况，还应当包括工作考核、社会评议和责任追究结果情况；其他需要报告的事项。其中，南阳市、信阳市、焦作市、新乡市的政府信息公开工作年度报告质量不高。

依据《河南省人民政府办公厅关于推进重点领域政府信息公开工作的通知》，政府信息公开重点领域共涉及十大项二十七小项，包括行政权力清单公开（行政审批信息、行政权力清单）、财政资金信息公开（财政预决算信息、"三公"经费信息、政府采购信息）、公共资源配置信息公开（保障性安居工程信息、房屋征收和补偿信息、土地供应信息）、重大建设项目信息公开、公共服务信息公开（社会保险信息、医疗卫生领域信息、社会救助信息、教育领域信息）、国有企业信息公开、环境保护信息公开（环境监测信息、环境执法信息、突发环境事件信息、核与辐射安全信息）、食品药品安全信息公开、社会组织和中介机构信息公开、其他领域信息公开（安全生产、就业、财政审计、科技管理和项目经费、价格和收费、信用等）。

50%的政府网站需要改善重点领域的信息公开工作。

《河南省2019年政务公开工作要点》指出,"要充分发挥各部门政策参与制定者和掌握相关政策、熟悉有关领域业务的专家学者的作用,围绕人民群众关注和社会关切,多角度、全方位、有序有效阐释政策,着力提升解读回应的权威性和针对性。适应网络传播特点,更多运用图片、图表、图解、视频等可视化方式,增强政策解读效果。对一些专业性较强的政策,进行形象化、通俗化解读,多举实例,多讲故事"。调查发现,仅39%的政府网站按照主题、地区、部门等维度对信息进行科学合理分类,详细介绍政策的背景依据、目的任务、主要内容以及解决的问题并通过可视化方式展现,对政策文件与解读材料进行相互关联,方便了公众获取和理解。其中,郑州市、许昌市、开封市、三门峡市、南阳市、商丘市、济源市的政策解读改进明显。但是,全部网站政策解读的整体信息量均值相比上年由70篇下降至55篇,其中商丘市和新乡市最少,数量为个位数。

随着数据开放的呼声渐起,政府网站应当提供便捷的数据查询功能,可按数据项、时间周期等进行检索,动态生成数据图表,并提供下载功能。值得一提的是,开封市、安阳市、南阳市等网站开始提供数据发布功能,这是一次有益的探索。

国务院办公厅出台的《关于进一步加强政府信息公开回应社会关切提升政府公信力的意见》,要求通过政府网站发布权威信息,对公众关注的社会热点问题,要积极予以回应,及时讲清事实真相等。本次调查以新冠肺炎疫情社会热点问题为切入点,发现自2020年1月24日起部分政府门户网站陆续开设新冠肺炎疫情情况专题专栏,集中回应社会关切,影响较好。其中,郑州市、三门峡市、信阳市、济源市、安阳市在首页醒目位置开设了专题专栏;濮阳市、焦作市、新乡市、开封市、平顶山市、鹤壁市、周口市虽然开设了专题专栏但是位置不醒目不好找;有33%的政府门户网站未开设新冠肺炎疫情情况专题专栏,包括洛阳市、许昌市、漯河市、南阳市、商丘市、驻马店市。

总体而言,在信息公开透明度上,18个省辖市的平均得分从13.20分下降到 11.91 分，其中，郑州市得分最高（15.58 分），新乡市得分最低（8.14 分），有 50%的政府门户网站得分在平均值以下，完整性和规范性上存在的问题比较突出（见图 5）。

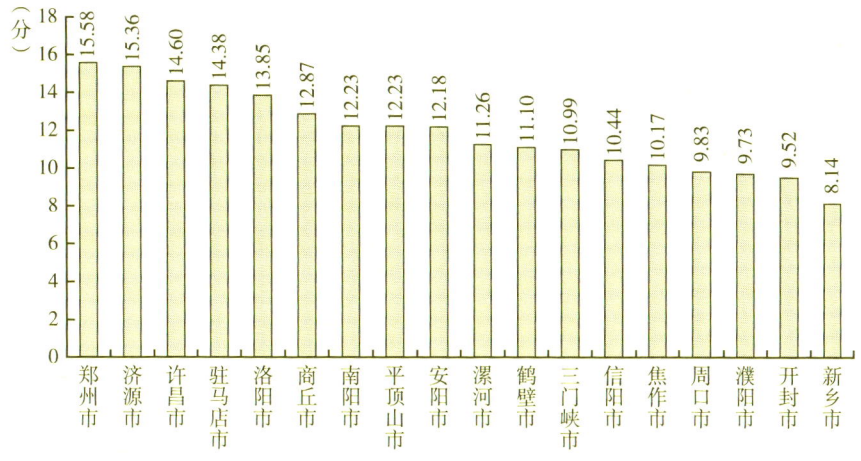

图 5　信息公开透明度

（三）在线服务实现度分化明显

《进一步深化"互联网+政务服务"推进政务服务"一网、一门、一次"改革实施方案》（以下简称《方案》），旨在进一步深化"互联网+政务服务"，充分运用信息化手段解决企业和群众反映强烈的办事难、办事慢、办事繁的问题。《方案》提出，要深化"放管服"改革，进一步推进"互联网+政务服务"，加快构建全国一体化网上政务服务体系，推进跨层级、跨地域、跨系统、跨部门、跨业务的协同管理和服务，推动企业和群众办事线上"一网通办"（一网），线下"只进一扇门"（一门），现场办理"最多跑一次"（一次），让企业和群众到政府办事像"网购"一样方便。尤其是疫情期间，更凸显了在线服务的重要性。

从在线服务栏目的名称来看，新乡市、焦作市、商丘市、济源市、南阳市、驻马店市、周口市、濮阳市、鹤壁市为"政务服务"，占 50%，郑州市、开封市、洛阳市、三门峡市、许昌市、漯河市为"公共服务",平顶山市为"在线服务",安阳市为"网上服务",信阳市为"办事服务"。

为了提高在线服务效率,各地政府门户网站已经设置统一的办事服务入口,即河南政务服务网,发布本地区、本部门政务服务事项目录;编制网站在线服务资源清单,按主题、对象等维度,对服务事项进行科学分类、统一命名、合理展现;标明每一服务事项网上可办理程度,能全程在线办理的要集中突出展现。但是,河南省政务服务网整体来说故障较多,用户体验差,公众满意度较低。

全程记录企业、群众在线办事过程,对查阅、预约、咨询、申请、受理、反馈等关键数据进行汇总分析,为业务部门简化优化服务流程、便捷企业群众办事提供参考。本次调查发现,28%的政府网站不能实现全程在线办理政务服务,包括驻马店市、开封市、洛阳市、安阳市、鹤壁市。72%的政府网站不能提供"搜索即服务"。

政府门户网站提供特色服务,可以增强用户黏性,如便民服务、"三农"服务、旅游资讯、投资服务。但是,这些服务大多使用了外部链接,部分链接有商业广告嫌疑,或是直接链接商业网站甚至诈骗网站。《国务院办公厅关于印发政府网站发展指引的通知》规定,"政府网站所使用的其他网站域名或资源地址,称为该网站的外部链接。使用外部链接应经本网站主办单位或承办单位负责人审核。原则上不得链接商业网站。"郑州市、开封市、安阳市、平顶山市、漯河市等政府网站的外部链接存在不同程度的问题,如郑州市的"娱"链接"郑州市天人文化旅游有限责公司"出现错漏字。

总体而言,在线服务实现度方面,18个省辖市的平均得分从10.51分上升到11.76分,其中,濮阳市得分最高(18.50分),鹤壁市和驻马店市得分最低(1.10分),有28%的省辖市政府门户网站得分在平均值以下,在线服务已经"开花结果",但还需"深耕细作"(见图6)。

(四)公众参与满意度呈现下降趋势

网络空间已经成为人们发表言论的重要场所,而政府门户网站逐渐成为

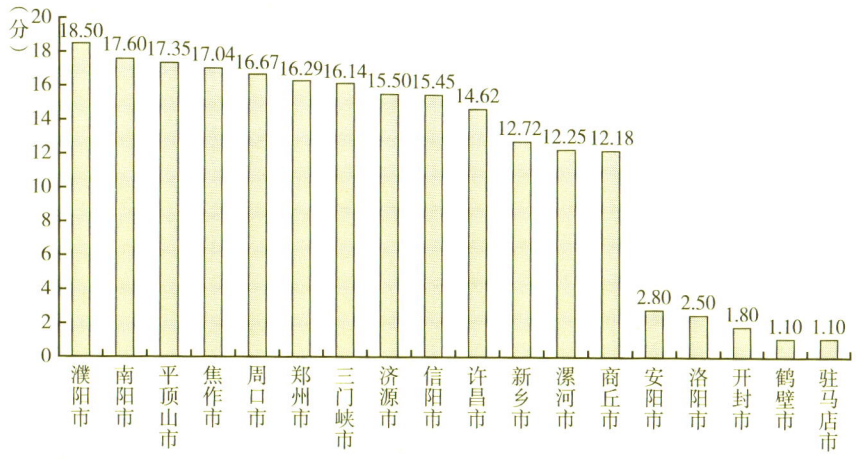

图 6　在线服务实现度

政府收集社情民意的情报站、领导密切联系群众的中继站、公众参政议政的加油站。

从栏目名称看，省辖市政府门户网站都专门开设了带有公众参与性质的栏目，开封市、平顶山市、安阳市、鹤壁市、许昌市、三门峡市、济源市政府网站以"互动交流"为栏目名称，而周口市、驻马店市、洛阳市、焦作市以"政民互动"为名称，信阳市、漯河市、濮阳市、郑州市以"交流互动"为名称，商丘市以"网络问政"为名称，新乡市以"公众参与"为名称，南阳市以"问政回应"为名称。

门户网站中的信息发布、解读回应和办事服务等栏目的互动功能应通过统一的互动交流平台提供，实现数据汇集、统一处理。调查发现，开封市、洛阳市、焦作市、濮阳市未形成统一平台；信阳市政府门户网站的独立用户访问量最低。

政府门户网站要搭建统一的互动交流平台，根据工作需要，实现留言评论、在线访谈、征集调查、咨询投诉和即时通信等功能，为听取民意、了解民愿、汇聚民智、回应民声提供平台支撑。其中，领导邮箱是留言评论的重要栏目，活跃度最高。

仅周口市和濮阳市没有开设在线访谈栏目，许昌市"做客政府网"是视频版的在线访谈。"阳光信访"是咨询投诉的重要栏目。三门峡市未设置"阳光信访"栏目，新乡市的该栏目不能正常使用。所有政府网站都开设了征集调查的栏目，但是没有对征集调查做公开的结果反馈。部分政府门户网站开设了政务论坛，如洛阳市"连线政府"、郑州市的"心通桥"、安阳市的"连线政府"等。

随着人工智能的发展，智能化趋势和效能日渐凸显，许昌市、信阳市和济源市通过智能答疑系统加强与公众的沟通交流。

"两微一端"新渠道的开发应用，有助于政府回应社会关切，不断提升地方政府治理能力。所有政府门户网站都开发关联了自身的政务新媒体，包括政务微信、政务微博或官方手机App，但是整体活跃度不高。

文章页需标明信息来源，具备转载分享功能。"一键分享"有利于增加政府网站的流量，有利于政府权威信息的传播。72%的政府门户网站实现了快速分享功能，但是不包括漯河市、许昌市、鹤壁市、商丘市、平顶山市；濮阳市和洛阳市2019年已改进。

总体而言，在公众参与满意度上，18个省辖市的平均得分从12.10分下降为11.22分，其中，安阳市得分最高（14.57分），濮阳市得分最低（8.61分），有50%的省辖市政府门户网站得分在平均值以下，整体表现不佳（见图7）。

（五）网站安全防护度面临中等风险

"网络安全和信息化是相辅相成的。安全是发展的前提，发展是安全的保障，安全和发展要同步推进。"① 因此，政府门户网站必须重视网络安全建设与专业维护。

本次网站安全检测结果显示，56%的政府门户网站安全防护度较低，存在不同程度的安全风险。其中，安阳市有链接诈骗网站；鹤壁市存在"网

---

① 《习近平在网络安全和信息化工作座谈会上的讲话》，2016年4月19日。

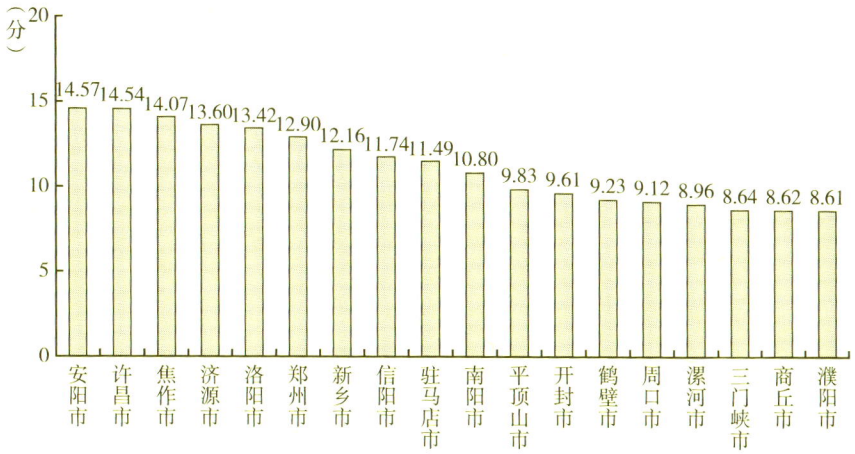

图7 公众参与满意度

站用户资料泄露"和"服务器配置信息泄露"等严重安全漏洞。总体而言，18个省辖市政府网站安全防护度的平均得分从18.39分下降为17.29分，其中，郑州市、开封市得分最高（19.84分），安阳市得分最低（12.50分），有56%的省辖市政府门户网站得分在平均值以下，整体网站安全防护度有待提升（见图8）。

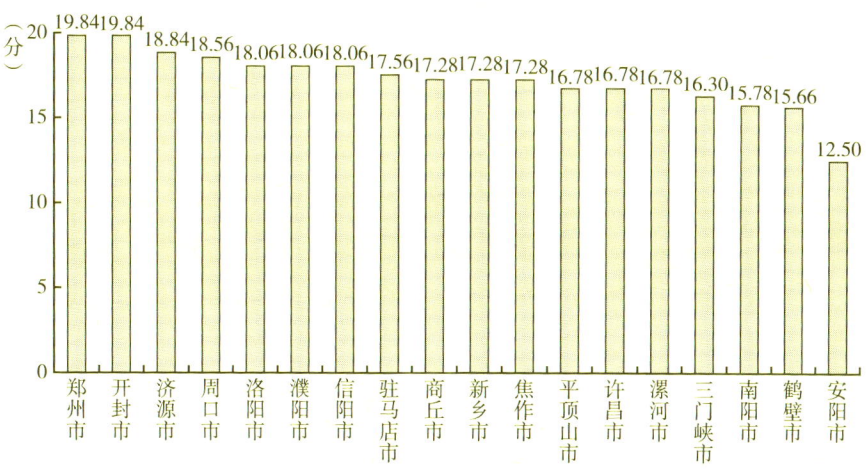

图8 网站安全防护度

四 对策建议

本次调查发现，18个省辖市政府门户网站总体发展水平不高，尚处于强身健体阶段，在内容准确性、资源关联性、服务实用性、页面易用性、网站安全性和用户交互性等方面还存在不足，"看不懂、不好找、不准确、不实用、不亲民"等现象还比较普遍。立足"互联网+政务服务"行动计划和"放管服"改革深化，加强和改进省辖市政府门户网站建设，提高地方政府网络治理能力，具体可从以下方面入手。

第一，优化政府网站搜索功能，提供错别字自动纠正、关键词推荐、拼音转化搜索和通俗语言搜索等功能。根据用户真实需求调整搜索结果排序，实现多维度分类展现，聚合相关信息和服务，实现"所得即所需""搜索即服务"。

第二，推动政府数据开放试点，率先在信用、交通、医疗、卫生、就业、社保、地理、文化、教育、科技、资源、农业、环境、安监、金融、质量、统计、气象、海洋、企业登记监管等重要领域实现公共数据资源合理适度向社会开放，释放数据能量，激发创新活力，创造公共价值。

第三，提供高黏度便捷的特色服务，向本辖区居民提供与公众日常生产生活密切相关的便民信息，如教育、医疗卫生、社会保障、公共交通、水电气公用事业、公共设施、天气预报、空气质量、法律援助、社区服务等，向外地人士提供旅游和投资资讯，如景点推荐、旅游攻略、旅行安全或招商引资规划、项目推介、投资程序、服务机构、优惠政策、商业活动等。

第四，推动政务新媒体与政府网站融合发展，实现政府网站"大稳全"和政务新媒体"短快灵"的优势互补，尤其是针对突发事件，做好权威发布和政民互动，听民意、聚民智、解民忧，防止谣言的产生和传播，调动正能量，打造立体化的数字政府。

第五，重视政府网站安全管理与建设，不论托管与否，都必须明确政府网站安全责任人，落实安全保护责任。定期查找网站安全隐患并及时整改，落实网站防攻击、防篡改、防挂马等关键技术防范措施，组织开展应急演练，强化网络安全培训，增强风险意识，提高防范水平。

河南省乡镇政府公共服务供给状况调查分析

樊红敏　樊琳琳　王鑫鑫*

摘　要： 本报告以社会治理河南省协同创新中心"河南省乡镇政府服务能力建设调查问卷"的数据及对河南省新密市A镇近两年来多次实地调查获取的资料为依据，对河南省的乡镇公共服务供给现状、困境进行整体分析评估。调查结果显示：乡镇政府公共服务职能近两年来明显加强，公共服务工作明显增加；发展经济、精准扶贫是当前乡镇政府在公共服务供给中投入精力最多的工作；公共服务多元主体中，县、乡党委政府发挥着村庄公共服务供给的主导作用，社会力量作用较弱；公共服务信息化已经起步，有较大提升空间。当前，河南省基层政府社会治理主要面临的困难与问题有：人才不足和财政收入不高是制约乡镇发展的主要因素；乡镇干部能力制约公共服务能力；乡镇政府财权与事权不匹配；村庄自我服务能力不足。为此，建议转变乡镇政府职能，提升公共服务组织能力；完善公共服务供给机制，健全农村公共财政体系；加强乡镇干部队伍建设，提高乡镇政府干部能力；推动社会力量参与，建立多元化的公共服务供给模式；加快乡镇公共服务信息化建设，提升乡镇社区服务能力。

关键词： 乡镇政府　公共服务供给　河南省

---

* 樊红敏，郑州大学政治与公共管理学院教授，博士生导师；樊琳琳，郑州大学政治与公共管理学院2018级硕士研究生；王鑫鑫，郑州大学政治与公共管理学院2019级硕士研究生。

乡镇政府是基本公共服务政策落实到"最后一公里"的重要执行者，其公共服务供给能力和水平直接影响居民获得感、幸福感和安全感。2017年，中共中央办公厅、国务院办公厅印发的《关于加强乡镇政府服务能力建设的意见》提出，要强化乡镇政府公共服务功能，促进乡镇政府职能转变，增强乡镇政府服务效能，提高服务意识，建立健全服务机制，进一步推进乡镇治理体系与治理能力现代化。本报告基于社会治理河南省协同创新中心"河南省乡镇政府服务能力建设调查问卷"的数据及对河南省新密市A镇近两年来多次实地调查获取的资料，对河南省的乡镇公共服务供给现状、困境进行整体分析，在此基础上，提出推进乡镇政府公共服务供给效能提升的政策建议。

一 河南省乡镇政府公共服务供给状况分析框架

乡镇政府公共服务供给是指乡镇政府为满足社会公共需要而提供的产品与服务的总称。《关于加强乡镇政府服务能力建设的意见》就乡镇政府公共服务能力建设强调了三个层次：一是乡镇政府公共服务职能，将乡镇政府公共服务的内容划分为基本公共教育服务能力、就业服务能力、社会保险服务能力、社会服务能力、基本医疗卫生服务能力、文化体育服务能力以及其他公共服务能力；二是乡镇基本公共服务资源配置，主要包括城乡基本公共服务规划一体化、乡镇基本公共服务投入机制和乡镇财政管理体制；三是乡镇公共服务供给方式，主要包括公共服务多元供给机制、政府购买服务、公共服务信息化和公共服务需求表达和反馈机制。借鉴以往的评估指标体系以及中办国办《关于加强乡镇政府服务能力建设的意见》的要求，本报告从公共服务职能、公共服务主体、公共服务资源、公共服务绩效四个维度建立分析框架。公共服务职能主要是指乡镇政府公共服务职能发挥状况；公共服务主体主要为县级政府、乡镇政府、村委会、社会组织、村民多个主体作用发挥的状况；公共服务资源主要包括财力资源、人力资源、信息资源三个方面的状况；公共服务绩效主要包括乡镇服务和村庄服务两个层面。河南省乡镇政府公共服务供给状况分析框架具体见图1。

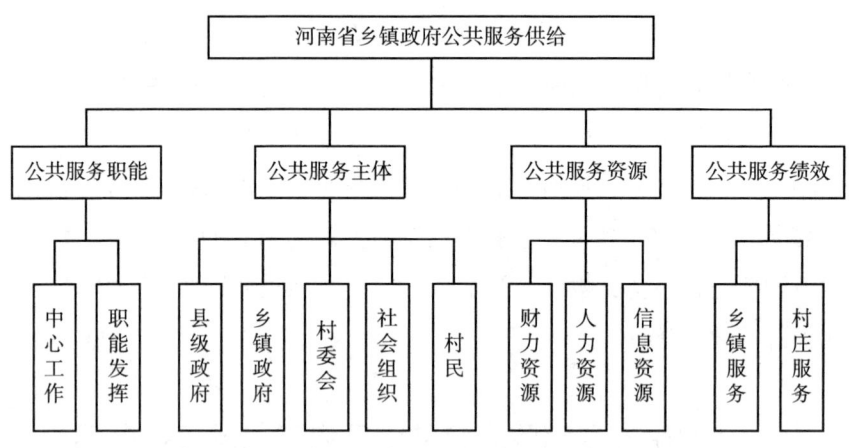

图1 河南省乡镇政府公共服务供给状况分析框架

二 数据来源和样本描述

本报告的数据来源，一是基于2019年"河南省乡镇政府服务能力建设调查问卷"。调查范围涵盖了河南省18个地市，涉及61个乡镇，每个乡镇一份问卷，由当地1名乡镇干部填写。调查样本中，男性34人、占55.7%，女性27人、占44.3%。在文化程度上，高中及以下4人，中专或大专23人，本科及以上34人，分别占样本总量的6.6%、37.7%、55.7%；在年龄阶段上，以中青年为主，30岁及以下11人，31~50岁40人，50岁以上10人，分别占样本总量的18.0%、65.6%、16.4%；在职别上，正科级干部5人，副科级7人，股级12人，一般干部37人，分别占样本总量的8.2%、11.5%、19.7%、60.7%。二是课题组主要对河南省新密市A镇进行实地跟踪调查，通过参与式观察、召开座谈会以及访谈等方式搜集相关资料。

三 河南省乡镇公共服务供给现状分析

(一)乡镇政府公共服务职能近两年来明显加强,但发展经济仍是其主要职能

乡镇政府职能和中心工作一直是关注的重点。调查表明,当前乡镇政府的主要职能是"发展地方经济",占比为52.5%;其次是"提供公共服务",占比为29.5%;"维护地方稳定"和"贯彻政策法规"占比不到10%。由此可见,发展经济一直是乡镇政府的主要工作。

尽管经济创收在乡镇政府职能发挥中占比很高,但公共服务工作明显增加。近两年内,乡镇政府主要在经济创收和医疗、教育、救助、养老等公共服务方面工作明显增加。调查表明,从乡镇开展的各项事务来看,在经济创收、提供各项公共服务方面工作量明显增加,排在环境整治、小城镇建设、乡镇执法等的前面,选择医疗、教育、救助、养老等公共服务工作量增加的占比为75.4%,和经济创收并列排在第一位(见表1)。由此可以发现,经济创收是乡镇政府工作的重心,同时不断改善各类公共服务供给,乡镇政府的公共服务职能不断强化。

表1 工作量增加的乡镇工作事务占比

单位:%

乡镇工作事项	占比
经济创收	75.4
医疗、教育、救助、养老等公共服务	75.4
发展本地经济	72.1
环境整治	68.9
小城镇建设	60.7
争取项目	52.5
乡镇执法	52.5
指导村民自治	50.8
协税护税	44.3
开展农技服务	44.3
拆迁拆违	42.6
信访稳定	39.3
迎接考核检查	32.8

（二）县、乡党委政府发挥着村庄公共服务供给主导作用，村庄自我服务有效补充农村公共服务不足

基层公共服务供给主体中乡镇党委政府、县级党委政府发挥着主导作用，社会力量作用较弱。乡镇政府是基本公共服务的具体实施者，承担了30项公共服务清单任务。问卷调查表明，乡镇、县级党委和政府在村庄治理中发挥的作用"非常大"和"比较大"，占比分别为77.0%、75.4%，其次是村支"两委"，占比为68.9%，而社会力量如宗族、民间组织、宗教组织发挥的作用远远小于县乡政府，占比分别仅为19.7%、13.1%、6.5%（见表2）。由此可见，村庄公共服务中乡镇党委政府和县级党委政府依然发挥着主导作用，社会力量的作用较弱。

表2 乡镇公共服务供给主体作用占比

单位：%

供给主体	"非常大"和"比较大"占比
乡镇党委和政府	77.0
县级党委和政府	75.4
村支"两委"	68.9
乡镇领导及干部	52.5
乡贤能人（经济能人）	31.1
普通村民	24.6
宗族	19.7
民间组织（如合作社、红白理事会等）	13.1
宗教组织	6.5

县级政府是出资购买服务最主要的资金来源。调查表明，有55.7%的被调查者认为出资购买服务的主体为县级政府部门，认为乡镇政府出资购买服务的占比为26.1%，认为地市级、省部级政府出资购买的在15%以下。从当前乡镇购买公共服务实施效果来看，有52.4%的被调查者认为"不太好"及"一般"，占比最高；认为"比较好"的被调查者占比为45.9%，认为"非常好"的被调查者占比仅为1.6%。

村庄自我服务有效补充农村公共服务不足。从各地情况来看，村庄自我服务能力差异很大，村庄经济水平、社区组织力以及社区社会资本等对村庄服务能力有很大影响，条件好和条件差的村庄所能提供的社区公共服务有很大的差别，一些村庄几乎为零。A镇属于经济发达镇，村庄自我提供公共服务的能力相对较强：一是村级组织主导开展文体服务，A镇Z村成立文艺苑舞蹈队、梨园戏曲队、盘鼓队、读书社、健步走队等；二是村庄能人以捐赠方式提供公共服务，如Z村企业家捐助村道路面改造、村民福利物资、老年人健康补助及老党员补贴等。

（三）县级政府是乡镇公共服务供给资金投入的主要来源，基础设施建设在公共服务投入中占比最高

从乡镇公共服务资金投入来源来看，县级、省市、乡镇政府是资金的主要来源，其中县级政府投入最大，占比为28.7%；乡镇政府的直接财政支持占比紧随其后，为19.1%，和省市政府的财政支持持平；有10.2%的乡镇政府资金来源于村委会自筹；本地企业或商业组织支持和非政府组织的参与支持则低于10%（见表3）。表明地方政府是乡镇政府公共服务供给的主要资金来源，社会力量在公共服务投入方面比较薄弱。

表3 政府公共服务供给的资金来源

单位：%

政府公共服务供给的资金来源	占比	政府公共服务供给的资金来源	占比
县级政府的财政支持	28.7	村委会自筹	10.2
省市政府的财政支持	19.1	本地企业或商业组织支持	7.0
乡镇政府的直接财政支持	19.1	非政府组织的参与支持	2.5
中央政府的财政支持	13.4		

在乡镇财政支出中，基础设施建设费用占比最高，公共服务支出、经济发展费用紧随其后。在基础设施建设费用、公共服务支出、经济发展费用、村镇建设等项目中，基础设施建设费用最多，排第一位，占比为22.3%；

其次为公共服务支出，占比为19.3%；经济发展费用紧随其后，占比为18.7%（见表4）。

表4 乡镇财政支出最多的项目占比

单位：%

财政支出项目	占比	财政支出项目	占比
基础设施建设费用	22.3	日常行政费用	10.8
公共服务支出	19.3	执行上级政策费用	10.8
经济发展费用	18.7	信访稳定费用	1.2
村镇建设	16.9		

乡镇政府是基本公共服务的直接供给者，医疗服务、养老服务等需进一步改善。调研表明，有52.5%的乡镇认为医疗服务是最需要进一步改善的；其次是养老服务，比例为47.5%；就业服务、教育服务、社区服务如垃圾处理等、公共交通服务、文化和体育服务、社会保障如新农合等排名靠后，占比均在40%以下；有13.1%的乡镇认为社会救助服务是有待进一步改善的公共服务事项。可以看出，医疗服务、养老服务是最需要进一步改善的方面（见表5）。

表5 公共服务供给有待改善的项目占比

单位：%

改善方面	占比	改善方面	占比
医疗服务	52.5	公共交通服务	19.7
养老服务	47.5	文化和体育服务	16.4
就业服务	39.3	社会保障如新农合等	14.8
教育服务	37.7	社会救助服务	13.1
社区服务如垃圾处理等	27.9		

（四）公共服务信息化已经普及，但仍有较大提升空间

"互联网+政务服务"是当前政府服务能力提升的重要途径和指标，公

共服务信息化是服务方式创新的重要载体。调查表明，35.7%的乡镇可以实现网上业务办理，同时33%的乡镇认为"互联网+政务服务"只能网上受理业务，而公共服务可以实现跨部门数据共享和信息化基础设施基本覆盖的占比较少，仅为15.7%，与居民需求尚有很大的差距。反映出各地乡镇政府公共服务信息化工作已经启动，但仍有很大的提升空间。

乡镇政府在涉及公共服务供给的部分事项方面会征求村民意见，但仍有很大改进空间。调查表明，仅有1.6%的乡镇政府会就公共服务的所有事项进行意见征集，42.6%的政府会就小部分事项征求村民意见。说明当前乡镇政府在公共服务需求识别和社会动员方面仍有很多工这些内容作要做。

（五）乡镇公共服务供给仍以行政化方式为主

乡镇公共服务供给以行政化方式为主，较少采用市场化方式。调查表明，关于乡镇政府公共服务的供给方式，有28.7%的乡镇表示由基层政府直接承担，有26.1%的乡镇表示政府购买是乡镇政府公共服务的供给方式，23.5%的乡镇认为政府委派给居委会承担是乡镇政府公共服务的供给方式，认为供给方式为政府补贴（委托市场组织承担）、志愿服务的占比在16%以下。

四 乡镇政府公共服务供给存在的问题及根源

（一）存在的问题

1. 乡镇政府公共服务职能履行"软化""悬浮化"现象突出

在当前乡镇政府各项职能履行中，招商引资、信访稳定等作为硬性的考核指标，精准扶贫、环境整治等作为乡镇的阶段性中心工作，使乡镇政府不得不倾注更大的精力，不得不将公共服务和民生改善靠后安排。另外，教育、养老、卫生、医疗等部门实行垂直管理，人财事权都由上级部门管理，乡镇政府发挥公共服务职能的空间有限。各级政府部门职能交叉、重叠，职权划分不清，在公共服务供给上缺乏明确的职责范围和权力清单，监督反馈机制匮乏。

2. 乡镇公共服务财政能力不足

当前乡镇政府普遍财政能力不足，主要表现在很多乡镇依然是"吃饭财政"，对于改善农村公共服务心有余而力不足。调查走访发现，即使是比较富裕的乡镇也表示财政能力有限，很难在公共服务方面有所作为，主要还是通过跑项目来改善公共服务状况。实地走访中，多个乡镇领导谈到乡镇财政资金缺口很大，尤其是项目的配套资金匹配难度很大，很多项目因为无法匹配项目资金被放弃。

另外，乡财县管的财政体制使乡镇决策的空间有限，公共服务项目受制于上级政府的政策安排，越到基层财力越弱。调查结果表明，在调查的61个乡镇中，有68.3%的乡镇认为当前财政情况处于赤字状态，31.7%的乡镇认为略有盈余。从问卷调查来看，"乡镇基层政府权限太少、行政程序烦琐等"问题占比最高，为27.4%；"公共服务财政经费不足"排名第二，占比为22.6%；其他依次为"农民缺乏表达公共需求的渠道"（19.9%）、"经济发展水平落后"（19.9%）、"政府公务员的素质不高"（10.3%）等。另外，乡镇财政普遍出现收不抵支现象，且赤字范围较广。由此可见，乡镇政府可供支配的财力有限，乡镇政府面临严峻的财政考验。

3. 乡镇公共服务供给方式单一

公共服务专业化是指由政府委托专业组织具体承接公共服务实施和执行的一种服务方式，公共服务专业化有利于提高公共服务的效率和针对性。政府购买服务被看作解决公共服务供给严重不足、服务水平和效率低下等问题的重要举措。从当前乡镇公共服务实施情况来看，政府购买服务的占比很小，并且服务购买与理想目标存在明显差距，购买服务的成效有限。实地走访发现，A镇乡镇政府购买的公共服务项目几乎为零，没有专业组织进入乡镇公共服务领域。政府购买服务主要用于向村庄提供社区工作者指标，所占资金和比例也很少。调查表明，在过去2年内，64.9%的乡镇购买公共服务项目数量为3项及以下，购买4~6项的占比为24.6%，而购买公共服务项目数量超过6项的乡镇比例仅约10%。由此可见，乡镇政府购买公共服务的数量不足，相应的公共服务未能有效供给。

4. 公共服务信息化程度高，但使用滞后

当前，在乡镇公共服务的推进与执行中，公共服务水平与农村居民对公共服务的需求相比还存在一定差距，网上办理服务事项的数量占办理事项总数的比例相对较低。调查表明，95%以上的乡镇设立了党群服务中心或者办事大厅，大部分事项实现了网上办理，但实地调查发现采用网上办理方式的居民较少，绝大多数居民仍以传统方式为主。在传统的需求表达方式中，"居民问卷调查"占比最高，为28.3%；"政府工作人员访谈"排名第二，占比27.5%；其他依次为"召开居民公共服务座谈会"（20.1%）、"居民向政府受理机构反映"（20.0%）、"不会刻意去了解"（4.2%）等（见表6）。说明乡镇政府在公共服务需求网络平台搭建方面的工作相对不足，信息化服务能力有待进一步提升。同时，缺乏对居民使用电子化服务平台的有效引导，居民对网上办理方式的知晓度较低，宣传力度和普及程度不够，致使这些非制度化需求表达渠道发挥的作用较少。

表6　政府关于居民公共服务需求的了解渠道

单位：%

公共服务需求了解渠道	占比	公共服务需求了解渠道	占比
居民问卷调查	28.3	居民向政府受理机构反映	20.0
政府工作人员访谈	27.5	不会刻意去了解	4.2
召开居民公共服务座谈会	20.1		

（二）乡镇政府公共服务供给的影响因素

1. 乡镇政府压力型体制困境

乡镇政府在国家政权体系中居于末梢地位和公共服务供给链条的终端，以目标管理责任制为基础，上级下达的重点工作和政治任务最终都落脚到乡镇这一层级，成为"上面千条线，下面一根针"。问卷数据表明，当前河南省乡镇政府投入精力最多的工作是"发展经济",占比为22.4%;其次是"精准扶贫",占比为17.8%;其他依次为"镇村公共服务""财政收入""环境整治""包村工作""村镇建设""信访稳定""农、林、水工作""安全生产",占比均在15%以下(见表7)。说明这种压力型体制促使乡镇工作必须以目标考核中的硬性指标和中心工作为重点,许多乡镇政府不仅要支持地方经济发展,还要承担大量的公共服务职能。实地调查发现,A镇与市委、市政府签订的目标责任书中涉及的目标责任达到39项,还有一项临时性工作,共计40项,这种压力型体制促使乡镇工作必须以目标考核中的硬性指标和中心工作为重点,公共服务职能因指标相对"软化"往往被压后考虑。

表7 乡镇政府各项工作投入精力占比

单位:%

乡镇政府工作	投入精力比重	乡镇政府工作	投入精力比重
发展经济	22.4	包村工作	8.6
精准扶贫	17.8	村镇建设	7.5
镇村公共服务	12.1	信访稳定	5.2
财政收入	10.9	农、林、水工作	3.4
环境整治	9.2	安全生产	2.9

2. 乡镇干部能力制约公共服务能力

人才、资金和制度支撑是影响乡镇公共服务供给的重要因素。调查发现,当前乡镇干部主要有两类人群。一类是年轻、学历高的新进工作人员,他们归属感不强,容易把乡镇工作看作跳板,积极谋求向上通道,用当地干部的话来说这种现象是"成熟一个,考走一个"。另一类是没有晋升和流动机会的年龄大、资历深的乡镇政府工作人员。这部分人待遇不高,晋升机会很小,工作积极性不强。调查发现,在乡镇实有人员中,正式人员包括行政和事业编制人员不到一半,占比为47%;聘用人员即非正式人员,包括以合同形式雇用的不行使行政权力的非在编人员,占比为53%。乡镇干部队伍结构、人员数量和质量都和乡镇发展需求不匹配。

从问卷调查来看,"人才不足"被认为是制约乡镇发展的最主要因素,占比为 60.7%,排在第一位(见表 8)。乡镇干部收入较低、晋升机会少是影响其工作积极性的主要原因,占比分别为 70.5%、55.7%,排在县乡工作任务繁重、县乡生活环境差之前。乡镇干部前途迷茫、晋升难也是制约其能力的因素之一,49.2%的乡镇干部对于继续提升自己的职位抱有较大的希望,表示愿意留在当前单位继续工作,也有 42.7%的乡镇干部表示不愿意留在当前单位继续工作,其中,近期有离开打算的占 14.8%,表示没有离开途径的占 27.9%,侧面反映了乡镇干部职务升迁的现状,这也是他们对职位升迁有心理压力的表现。

表 8 制约乡镇发展的主要因素占比

单位:%

影响因素	占比	影响因素	占比
人才不足	60.7	区位条件限制	29.5
乡镇财政困难	52.5	交通等基础设施建设落后	19.7
考核激励机制不科学	36.1	公共服务能力差	16.4
条块关系不顺	34.4	权责不对等	16.4

3. 乡镇政府财权与事权不匹配

乡镇公共服务不断扩大的事权与不断收紧的财权矛盾日益凸显。目前推行的"乡财县管乡用",严重削弱了市场机制在乡镇财政体制中的资源配置和优化作用。同时由于"条块分割"、上级直属部门任务分派太多,乡镇权力与责任不对等,明显削弱了乡镇政府的公共服务能力。调查显示,当前乡镇政府工作开展困难的主要因素是"缺乏资金""村民参与度不高""上级派得任务太多",占比分别为 72.1%、70.5%和 67.2%;其他依次为"干部人心不齐""干部素质能力不够""工作人员欠缺""上级干预太多",占比均在 65%以下(见表 9)。由此可见,乡镇政府在财权、事权配置上存在财政力量薄弱、上级事权庞杂等问题,导致乡镇承担了过多过重的事权责任。

表9　乡镇工作开展困难的因素占比

单位：%

难点	占比	难点	占比
缺乏资金	72.1	干部素质能力不够	63.0
村民参与度不高	70.5	工作人员欠缺	60.7
上级派得任务太多	67.2	上级干预太多	44.3
干部人心不齐	63.9		

4.村庄自我服务能力不足

受经济水平、村民观念、动员能力、政治参与影响，各村庄的自我服务能力存在较大差异，大多数村庄缺乏自我发展的能力。调查表明，河南省52.5%的乡镇认为村庄自我服务与建设能力"一般"，占比最高；认为"比较好"和"非常好"的占比为34.4%；认为"比较不好"和"非常不好"的比例仅为13.1%。实地走访发现，对于大部分自我服务能力不足的村庄而言，集体经济薄弱引发村内可提供的公共服务、公共产品相当有限，农业生产的基础设施、村民生活与文化娱乐设施建设无力等问题，又进一步造成了村民文化生活匮乏、精神空虚等问题的出现。

五　完善乡镇政府公共服务供给的对策建议

（一）推进乡镇政府机构改革，加强公共服务职能履行

一是强化政府公共服务职能，合理定位乡镇政府公共服务职责范围。着力强化公共服务职能，尽力提供基本公共服务，把乡镇政府的工作重点和工作精力逐步转移到为农村经济发展创造良好环境、为农民提供更多的公共服务上。二是推进乡镇政府机构改革，形成科学合理的政府结构。合理配置政府的政治管理、经济管理、社会管理和公共服务职能，推进政府事务综合管理。通过撤并机构，分流冗员，因地制宜建立精干高效的乡镇政府，实现机构设置专业化，改变以往事权繁杂、职能交叉等现象。

（二）完善公共服务供给机制，健全农村公共财政体系

要在"财权匹配事权"的原则下完善公共服务供给机制，并积极破除政府单一供给的公共服务模式，建立科学合理的农村公共财政体系。一是乡镇政府充分发挥自身优势力量，开拓新的公共服务建设资金来源，探索政府购买服务、公益创投、社区发展基金等多元资金投入方式，建立多元化的资金筹措渠道。二是改革财政转移支付制度，加大一般性转移支付的资金投入力度，加强对专项转移支付的管理，提高资金的使用效率，促进各级政府事权、财权基本统一以及地区间经济均衡协调发展。三是完善财政管理体制，根据国家基本公共服务的标准，在医疗保障、义务教育等方面规范乡镇财政的支出项目和范围，并配以相应的财政资源，以保障乡镇政府公共服务供给的基本财政能力。

（三）加强乡镇干部队伍建设，提高乡镇政府干部能力

乡镇干部队伍建设方面需要建立健全符合乡镇工作特点的干部管理制度，形成引得进、留得住、用得好的良性机制。要推动建立乡镇干部岗位聘用、职级晋升和职称评定等激励和考评机制，加强对乡镇干部、乡镇挂职干部、优秀村干部、大学生村官的提拔任用；建立健全有利于各类人才向乡镇及农村社区流动的政策支持体系，吸引各类人才留在农村，改变基层人才、资本、技术等单方面流出的局面。同时，要完善基层和社区干部培训体系，提升基层和社区干部的公共服务素质。

（四）推动社会力量参与，建立多元化的公共服务供给模式

要激发多元供给主体的活力，改变政府单一供给公共服务的局面，探索建立多元化的公共服务供给模式。一是加大公共服务供给侧改革力度。完善供给侧改革的导向、准则、规划及重大决策等制度体系建设，给非公立机构和民间资本提供合理空间，鼓励社会资本参与民办学校、医疗机构、养老服务机构、体育场馆等农村公共设施的建设和运营管理。二是引导和培育社会

组织参与农村公共服务供给。一方面,建立完善激励机制,为愿意参与农村公共服务供给的社会组织提供支持,如提供免费的办公场地、资金补助、人才培训、发展规划等服务;完善对社会组织运营的税收优惠等政策,创新有偿服务模式,实行成本收费和减免收费,建立合理的收费体系。另一方面,加大对参与农村公共服务供给的社会组织财政资金扶持力度,出台金融政策鼓励金融机构对符合条件的社会组织给予信贷或贴息支持。出台税收优惠等相关政策促进企业和能人等社会力量捐赠、支持农村公共服务,完善荣誉评价机制,形成社会力量参与的积极导向和氛围。

(五)加快乡镇公共服务信息化建设,提升乡镇政府服务能力

农村公共服务信息化需要设施、制度、人才等一系列外部条件作为支撑。要以信息化为载体,以农民办事不出村为目标,打造社区服务信息化平台。一是完善农村社区信息化建设指导标准,实现基础数据一次采集、各方数据有效共享、业务数据相互交换,优化居民办事服务程序和业务流程。二是推动建立信息网络平台,如网站留言板、微信群、公众号等,及时了解公共服务需求,动态掌握实施效果,强化公众服务需求导向,实现农民服务需求与公共服务供给的有效对接。

公共服务能够使我们生活得更加幸福吗？

——基于对河南省公众的调查分析

岳磊 刘乾[*]

摘　要： 幸福感作为全面深化改革成效的评价标准之一，已经成为提高社会治理能力、创新社会治理体制的重要目标。提升公众幸福感不仅是创新社会治理的不懈追求，更是创造美好生活的重要体现。本报告通过对河南省居民的调查分析发现，相较于学者普遍认可的经济绩效的影响，公共服务对提升公众幸福感发挥着更为显著的促进作用。具体而言，提高公共服务能力、改善公共服务效果能够有效提升公众幸福感；与此同时，公共服务在收入—幸福感关系中发挥着正向调节作用。本文进而讨论这一发现的政策意义。

关键词： 公共服务　幸福感　调节效应　河南省

2017年，党的十九大报告提出，"使人民获得感、幸福感、安全感更加充实、更有保障、更可持续"。"获得感、幸福感、安全感"的提出，既是对新时代社会主要矛盾转化的有效呼应，也是顺应人民群众对美好生活的向

---

[*] 岳磊，郑州大学政治与公共管理学院副教授，硕士生导师；刘乾，郑州大学政治与公共管理学院硕士研究生。

往而注重精神层面诉求的真切回应。提高人民群众的幸福感不仅是创新社会治理的不懈追求，更是创造美好生活的重要体现。关于公众幸福感来源问题的探讨，国内外学者们已经展开了诸多丰富的实证研究。然而，大多数研究侧重于从经济绩效的角度探讨物质生活的改善对于个体幸福感的提升作用。布鲁诺·弗雷（Bruno Frey）和阿洛伊斯·斯塔策（Alois Stutzer）发现，从个体层面来看，个人的收入水平能够显著地提升其主观幸福感；从群体层面来看，较高收入水平群体的主观幸福感相较于低收入水平群体而言则更高。不仅是客观上的收入水平会影响公众的幸福感，主观上的收入满意度也呈现相同的效应。[1] 希尔克·布罗克曼（Hilke Brockmann）等学者通过对我国民众幸福感的长期考察后发现，尽管公众的生活日益富裕，但因相对剥夺感导致的收入满意度不断降低已经成为公众幸福感下降的重要原因。[2] 学者们普遍认为，个人的经济状况与其幸福感紧密相连。按照这一逻辑，高收入水平、高收入满意度就会带来较高的主观幸福感。然而，持续提升的收入水平能否始终稳定地提升公众幸福感？这一问题的回答对于探寻公众幸福感的提升路径具有重要意义。

从实践层面来看，近年来我国人均 GDP 不断上涨，2019 年更是突破 1 万美元。但是，随着物质生活的不断丰裕，"人们常常并没有同步体会到幸福感的增长"。[3] 这意味着，收入与主观幸福感之间存在着一个临界点，[4] 当收入尚未达到临界水平，收入的增加可以带来幸福感的明显提升；一旦收入达到或超过临界水平，收入对幸福感的提升作用就开始减弱，甚至不会对幸福感产生显著的影响。那么，是什么原因导致了这一"幸福悖论"[5] 现象

---

[1] Bruno Frey, Alois Stutzer, Happiness, Economy and Institutions, *Economic Journal*, 2000, Vol. 110, No. 10, pp. 918 – 938.

[2] Hilke Brockmann, Jan Delhey, Christian Welzel, et al., The China Puzzle: Falling Happiness in a Rising Economy, *Journal of Happiness Studies*, 2009, No. 10, pp. 390 – 397.

[3] 周晓红：《幸福感从哪里来》，《人民日报》2014 年 12 月 25 日。

[4] 田国强、杨立岩：《对"幸福-收入之谜"的一个解答》，《经济研究》2006 年第 11 期。

[5] "幸福悖论"又被称作"幸福-收入之谜"，由美国经济学家理查德·伊斯特林提出，指的是当国家变得更富裕时，平均幸福水平并未相应提高。

的产生？在诸多的相关研究中，学者们普遍发现，公共服务效能在其中发挥着重要的作用。因为从幸福感的内涵来看，幸福感不仅体现为物质生活的需要和满足，而且也体现为精神生活的追求和实现。在这一意义上，高质量的公共服务能够满足公众对美好生活的需要。因此，提供高质量的公共服务不仅是提高公众幸福感的直接途径，也是提升公众幸福感的重要保障。

一 河南省公众幸福感与公共服务效能分析

（一）分析框架

公共服务效能以公民需求为导向，政府部门通过综合运用其能力履行职责，是其所提供的公共物品和服务效果与效益的综合体现。[①] 它强调的是能力与效果的有机统一，能力是实现服务目标与功能的前提条件，效果反映了公共服务所带来的实际功能成果。正如前文所述，在诸多有关公众幸福感来源的实证研究中，公共服务效能作用于幸福感的效应已得到学者们的普遍认可，甚至超过经济绩效对幸福感的直接效应。基于此，本报告利用由社会治理河南省协同创新中心开展的"2019年河南省宜居城市调查"，从公共服务能力评价与公共服务效果评价两个维度综合考察公共服务效能。

为了使研究更为细致深入，我们结合实际调查对公共服务能力评价与公共服务效果评价分别进行细化（见表1）。

（二）评价指标

在众多有关公众幸福感的调查中，如世界价值观调查、中国综合社会调查等大型调查大多采用直接询问的方法以了解调查对象的幸福感知，采用这

---

① 翟桔红：《推进社会工作职业化，提升政府公共服务效能》，《社会主义研究》2007年第6期。

表1 公共服务效能

类别	指标	设问方式
公共服务能力评价	公共服务诉求回应	您对当地政府有效回应居民公共服务诉求的满意度如何?
	公共服务质量水平	您对当地政府为居民提供公共服务的质量满意度如何?
公共服务效果评价	公共服务全面化	您对当地政府为居民提供公共服务覆盖全面且均等的满意度如何?
	公共服务个性化	您对当地政府根据居民需要提供个性化、多样化公共服务的满意度如何?
	公共服务总体满意度	您对本地总体公共服务的满意度如何?

种方法可以基本保证绝大多数调查对象能够正确理解问题,从而更为直观便利地获取研究所需信息。因此,对于公众幸福感的考察,在调查中直接询问调查对象"您感觉自己幸福吗",答案设置为五个选项"非常不幸福、不太幸福、一般、比较幸福、非常幸福",并分别赋值为1~5;对于公众对公共服务效能的评价,本次调查也采用直接询问的方式,具体方式如表2所示。

表2 公共服务效能的评价指标

指标	问题	非常不满意	不太满意	一般	比较满意	非常满意
公共服务能力评价						
公共服务诉求回应	您对当地政府有效回应居民公共服务诉求的满意度如何?	1	2	3	4	5
公共服务质量水平	您对当地政府为居民提供公共服务的质量满意度如何?	1	2	3	4	5
公共服务效果评价						
公共服务全面化	您对当地政府为居民提供公共服务覆盖全面且均等的满意度如何?	1	2	3	4	5
公共服务个性化	您对当地政府根据居民需要提供个性化、多样化公共服务的满意度如何?	1	2	3	4	5
公共服务总体满意度	您对本地总体公共服务的满意度如何?	1	2	3	4	5

(三) 公众幸福感与公共服务效能评价

1. 公众幸福感普遍较高

调查结果显示,选择"非常不幸福""不太幸福"的分别占1.1%、3.9%,二者合计占5.0%;选择"比较幸福"和"非常幸福"的分别占46.9%和27.2%,两者共计74.1%;选择"一般"的占20.9%。总体来看,绝大多数公众认为自己的生活是幸福的,在日常生活中的幸福体验感较为强烈,并且对未来生活有较为乐观的预期。这也从侧面反映出地方政府以往的工作秉持"以人为本"的发展理念,一大批惠民措施切实有效,改善民生工作稳中向好。

2. 公共服务能力评价总体不高

(1) 公共服务诉求回应有待改善

对于公共服务诉求回应的评价,只有2.2%的公众认为"非常不满意",有10.3%的公众认为"不太满意",二者合计占10.5%;认为"一般"的占38.8%;而认为"比较满意"与"非常满意"的分别占34.8%、13.9%,合计达48.7%。基于此,我们可以了解到,总体上公众对当地政府有效回应公共服务诉求的满意评价尚未过半,这表明地方政府回应公众公共服务需求的能力仍有待提高。

(2) 公共服务质量水平亟须提高

总体来看,绝大多数公众对政府所提供公共服务的质量是高度认可与满意的。具体而言,分别有16.0%与41.5%的公众对公共服务质量感到"非常满意"与"比较满意",两者合计达57.5%;除此以外,认为"一般"的仅占34.2%,感到"不太满意"与"非常不满意"的公众分别占7.2%与1.1%,二者合计达8.3%。由此可见,公众对公共服务质量的满意度总体不高。

3. 公共服务效果评价差异化明显

(1) 公共服务全面化水平较高

结果显示,认为"不太满意"与"非常不满意"的公众分别占7.4%

与1.0%，认为"一般"的占37.2%，认为"比较满意"的占39.3%，认为"非常满意"的占15.1%。总体来看，"比较满意"和"非常满意"两者合计达到了54.4%。公共服务覆盖全面且均等实际上反映了政府提供公共服务的数量和种类能够满足居民多层次需求结构的程度。根据统计数据我们可以看到，公众对政府提供全面化、均等化公共服务持满意态度的比例明显高于持不满意态度的比例，这表明除了关注公共服务质量以外，绝大多数公众也高度关注自己是否能够享受到全面均等的公共服务，也就是说，在数量上认可当地政府提供的公共服务。

（2）公共服务个性化水平有待提升

具体而言，认为"非常满意""比较满意""一般""不太满意""非常不满意"的公众分别占13.9%、35.4%、40.7%、9.0%、1.0%。由此可以看出，仍有多数公众尚未对地方政府提供的个性化、多样化公共服务做出满意评价。这表明，尽管地方政府不断加大对公共服务的投入和支持力度，并在公共服务的普惠性上取得了较好的成效，但针对公众差异性需求而提供个性化、多样化服务方面仍有不足。

（3）公共服务总体满意度较高

结果显示，选择"非常满意"与"比较满意"的公众分别占14.1%、46.0%，合计达60.1%，选择"非常不满意""不太满意"的分别占0.7%、4.5%，合计达5.2%，而选择"一般"的占34.7%。公共服务总体满意度实际上反映了公众对当地政府提供的公共服务的整体评价，因此，上述结果表明公众对政府所提供各项公共服务的综合评价比较好，对公共服务的总体满意度较高。

二 公共服务效能对公众幸福感的影响

在有关公众幸福感的相关研究中，已有诸多研究表明收入状况（包括实际收入水平与收入满意度）作为物质生活基本来源对幸福感发挥着不可或缺的作用。除此以外，诸如性别、年龄、受教育程度等人口学特征与社会公平、社会诚信等宏观社会因素也被证实为幸福感的重要影响因素。为了更加准确直观地反映公共服务效能对公众幸福感的影响作用,我们将收入水平、收入满意度、社会公平感知、社会信任感知、性别、年龄以及受教育程度作为控制变量纳入分析中,采用 STATA 计量软件,并建立 OLS 回归模型进行分析。具体建模过程如下:首先,我们引入公共服务能力评价变量,同时纳入控制变量建立模型一,目的是考察在控制以上相关因素的前提下公共服务能力评价要素对公众幸福感有何影响;其次,在模型一的基础上,又纳入公共服务效果评价变量建立模型二;再次,纳入公共服务总体满意度与收入水平的交互项建立模型三,目的在于分析公共服务总体满意度是否在收入水平与公众幸福感之间发挥着调节作用;最后,在保留模型三所有变量的基础上,纳入公共服务总体满意度与收入满意度的交互项进行调节作用分析,建立模型四,该模型为最终解释模型。回归结果见表3。

表3 公众幸福感影响因素的回归分析

指标	模型一	模型二	模型三	模型四
公共服务能力评价				
公共服务诉求回应	0.038*** (0.019)	0.003*** (0.02)	0.003*** (0.02)	0.005*** (0.02)
公共服务质量水平	0.066*** (0.02)	0.022*** (0.022)	0.022*** (0.022)	0.022*** (0.022)
公共服务效果评价				
公共服务全面化		0.033* (0.022)	0.033* (0.022)	0.034* (0.022)
公共服务个性化		0.072*** (0.021)	0.072*** (0.021)	0.072*** (0.021)
公共服务总体满意度		0.02*** (0.023)	0.019*** (0.023)	0.018*** (0.023)
控制变量				
收入水平	0.076*** (0.013)	0.078*** (0.013)	0.078*** (0.013)	0.077*** (0.013)
收入满意度	0.218*** (0.014)	0.211*** (0.014)	0.211*** (0.014)	0.213*** (0.014)

续表

指标	模型一	模型二	模型三	模型四
社会公平感知	0.136*** (0.021)	0.127*** (0.021)	0.127*** (0.021)	0.127*** (0.021)
社会信任感知	0.164*** (0.022)	0.154*** (0.022)	0.153*** (0.022)	0.153*** (0.022)
性别	0.079*** (0.025)	0.077*** (0.025)	0.077*** (0.025)	0.077*** (0.025)
年龄	0.074*** (0.001)	0.08*** (0.001)	0.08*** (0.001)	0.079*** (0.001)
受教育程度	0.021* (0.013)	0.025** (0.013)	0.025** (0.013)	0.025** (0.013)
交互项				
公共服务总体满意度 收入水平			0.014* (0.012)	0.009* (0.012)
公共服务总体满意度 收入满意度				0.031** (0.012)
截距	1.271*** (0.105)	1.167*** (0.107)	1.17*** (0.107)	1.181*** (0.108)
调整 R^2	0.241	0.245	0.245	0.246
F	132.744***	102.177***	94.393***	88.072***
样本量(个)	3736	3736	3736	3736

注：*表示 $p<0.05$，**表示 $p<0.01$，***表示 $p<0.001$；表格报告的是标准化回归系数，括号内为标准误。

（一）公共服务能力评价对公众幸福感的影响

1.公共服务诉求回应对公众幸福感具有正向影响

如表3所示，公共服务诉求回应对公众幸福感的影响始终是显著的（$p<0.001$），且标准化回归系数为0.005，这表明公共服务诉求对公众幸福感具有显著的正向影响，具体而言，公共服务诉求回应每提升一个级别，公众幸福感就会提升0.5%。尽管单纯从数字来看公共服务诉求回应的效力较为微弱，但不能因此否认这一因素在提升幸福感的实践中所发挥的作用。事实上，随着经济社会发展与人们综合素质提高，公众对公共服务的诉求层次

不断提高，从物质性需求转向非物质性需求，从个体性需求转向群体性需求。因此，要想公众生活得更幸福、更有保障，就需要政府对其公共服务诉求做出及时有效回应，不拖沓、无疏漏；回应过程与结果也需保证真实有效且公开透明，协调好各种诉求之间的利益平衡，以保证公共服务供给的公平性。

2. 公共服务质量水平对公众幸福感具有促进作用

回归结果显示，公共服务质量水平与公众幸福感之间存在显著的正相关关系（$p<0.001$），说明政府所提供公共服务的质量越高，公众生活得就越幸福，具体而言，公共服务质量水平每提高一个级别，公众幸福感就能提高2.2%。许海平与傅国华利用中国综合社会调查2013年数据也得到相似结果，公共服务质量对农村居民幸福感提升具有促进作用，公共服务质量越高，农村居民的幸福感越强。[①] 根据期望理论，公共服务质量水平不是独立存在的，它依赖公众的主观期望，反映的是实际的公共服务表现与公众期望之间的差距。由此可见，无论在农村还是城市，享受高质量的公共服务都是公众的共同期待，提高公共服务质量就是让公共服务积极向公众期望靠拢，并在此基础上最大限度地发挥资源优势，进而改善民生。

（二）公共服务效果评价对公众幸福感的影响

1. 公共服务全面化能够显著提升公众幸福感

从表3回归分析结果可以看到，公共服务全面化对公众幸福感的提升具有积极的促进作用（$p<0.05$），公共服务全面化水平每提升一个级别，幸福感就会提高3.4%。公共服务全面化体现了公共服务供给的充足性与均衡性，政府秉持公民本位与社会本位理念提供各类保障性与发展性公共服务，旨在保障公民基本人权，促进人的全面发展，[②] 而全面广泛的公共服务供给可以有效满足公民需要，提供更多的发展机会与资源，大大降低生活风险，

[①] 许海平、傅国华：《公共服务与中国农村居民幸福感》，《首都经济贸易大学学报》2018年第1期。

[②] 张辉：《政府基本公共服务、社区治理与中国居民幸福感研究》，《公共管理评论》2014年第2期。

使人们生活愈加幸福。赵洁和杨政怡通过对基本公共服务供给与居民主观幸福感关系的探讨，认为要更加注重基本公共服务的充足性、公共性与便利性，确保基本公共服务均等化的推行有助于提高居民的幸福感。[①]

2. 公共服务个性化对公众幸福感具有正向影响

如表3所示，公共服务个性化与公众幸福感之间存在显著的正相关关系（$p<0.001$），公共服务个性化水平越高，公众幸福感也越高，并且当公共服务个性化水平提高一个级别，幸福感就能相应提高7.2%。个性化的公共服务是以公民需求为中心的供给机制，体现了社会治理的精细化和科学化。提供个性化、多样化的公共服务可以更有针对性地满足公众真正所需，从而使得各种资源发挥最大效用，使人民获得感、幸福感、安全感更加充实、更有保障、更可持续。而在当下个性化需求驱动消费偏好日益突出的环境中，个性化必将会成为公共服务供给创新的发展趋势和重要目标。

3. 公共服务总体满意度对公众幸福感具有促进作用

回归结果显示，公共服务总体满意度的标准化系数为0.018（$p<0.001$），换句话说，公共服务总体满意度每提高一个级别，公众幸福感就会显著提升1.8%。因此，公共服务总体满意度对公众幸福感的提升具有积极的促进作用，即公众对政府所提供公共服务的满意度越高，其幸福感也越高。已有诸多研究表明，政府公共服务供给水平对公众幸福感提升具有显著影响，政府公共服务供给水平的提高能够促进公众获得更多的发展机会与资源，进而改善公众的未来预期与生活品质，而公众对政府所提供公共服务的满意程度是政府公共服务供给水平最直观、最真实的体现。Helliwell等人发现政府公共服务满意度对发展中国家居民的主观幸福感影响更大。[②] 周邵杰等人利用2010~2014年中国民生指数调查数据也有类似发现，公共服务满意度的提

[①] 赵洁、杨政怡：《基本公共服务供给增加居民的主观幸福感了吗？——基于CGSS 2013数据的实证分析》，《西安财经学院学报》2017年第6期。

[②] John F. Helliwell, Haifang, Huang, How's Your Government? International Evidence Linking Good Government and Well-Being, *British Journal of Political Science*, 2008, Vol. 38, No. 5, pp. 595 - 619.

升比收入更能显著提升个体的生活满意度,并启示各项公共服务发展的优先次序要根据国民诉求安排,优先改善经济社会地位处于弱势群体的公共服务,才可能使中国人有更高水平的幸福感。①

(三)高质量的个性化服务亟须改善

根据回归结果我们可以发现,无论是公共服务能力评价还是公共服务效果评价都作用于公众幸福感的提升。但受制于公共资源的有限性,公共服务提供者必须有效配置各类资源,努力提高服务效率,以保证公共服务能够落实到位、惠及民生。因此,只了解公共服务哪些方面会对幸福感产生影响是远远不够的,还要了解其中影响更强、诉求更迫切的方面,并以此为基点协调各类公共服务发展的优先次序。

从公共服务能力评价来看,公共服务诉求回应与公共服务质量水平的标准化回归系数分别为 0.005($p<0.001$)、0.022($p<0.001$),由此可知,在二者提高同样级别的情况下,公共服务质量水平对幸福感的影响比公共服务诉求回应的影响更强。同样,从公共服务效果评价来看,公共服务全面化与公共服务个性化的标准化系数分别为 0.034($p<0.05$)、0.072($p<0.001$),这表明公共服务个性化比公共服务全面化对公众幸福感的影响更强。以上发现说明尽管目前我国为公众提供了医疗卫生、社会保障、基础设施等惠及民生的公共服务,但更具针对性的高质量公共服务才是民生的迫切所需,如何精准把握民生需求动向,提供更多高质量的个性化服务是提升公众幸福感的有效路径。

(四)公共服务强化了收入状况对幸福感的促进作用

正如前文所述,幸福感与效用密切相关,而收入状况主导效用。根据表 3 数据我们可以判定,收入水平与收入满意度都对公众幸福感发挥促进作用

---

① 周绍杰、王洪川、苏杨:《中国人如何能有更高水平的幸福感——基于中国民生指数调查》,《管理世界》2015 年第 6 期。

（p<0.001，p<0.001），但收入状况的不确定性无法确保这种关系的长久性。因此，为了厘清公共服务在收入状况（收入水平与收入满意度）与公众幸福感之间是否具有调节作用，我们又纳入公共服务总体满意度作为调节变量分别进行分析。结果显示，公共服务总体满意度与收入满意度的交互项标准化系数为0.031（p<0.01），这意味着公共服务总体满意度可以强化收入满意度对公众幸福感的正向效应，也就是说对于公共服务总体满意度不同的个体而言，同等收入满意度并不一定会带来等量幸福感的提升，总体满意度越高的个体，其幸福感也越高。为了更清楚直观地反映公共服务总体满意度的调节效应，我们绘制了收入满意度对公众幸福感的边际效应图，从图1可以看出，公共服务总体满意度可以强化收入满意度对公众幸福感的促进作用，并且随着总体满意度的提升，收入满意度对公众幸福感的促进作用增强。

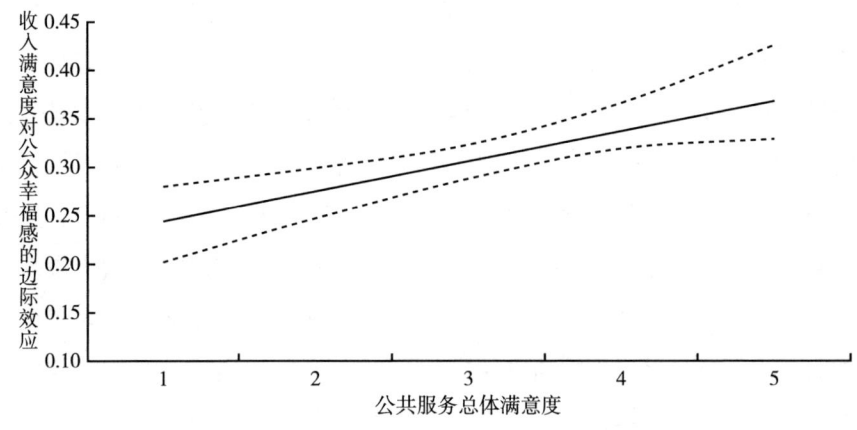

图1 收入满意度对公众幸福感的边际效应

至于公共服务总体满意度在收入水平与公众幸福感之间是否也具有调节作用，表3数据显示公共服务总体满意度与收入水平的交互项系数为0.009（p<0.05），说明公共服务总体满意度可以强化收入水平对公众幸福感的促进作用。值得注意的是，由于居民实际收入水平有高有低，收入水平的变化可能会影响公共服务总体满意度的调节作用，为此我们按照平均值加减一个单位标准差的原则，将调节变量（公共服务总体满意度）划分为高分组与

低分组,并绘制图2。从图2我们可以看到,无论公共服务总体满意度高或者低,收入水平的变化始终对幸福感具有正向影响,并且相比之下这种关系在公共服务总体满意度低的群体中表现得更加明显。

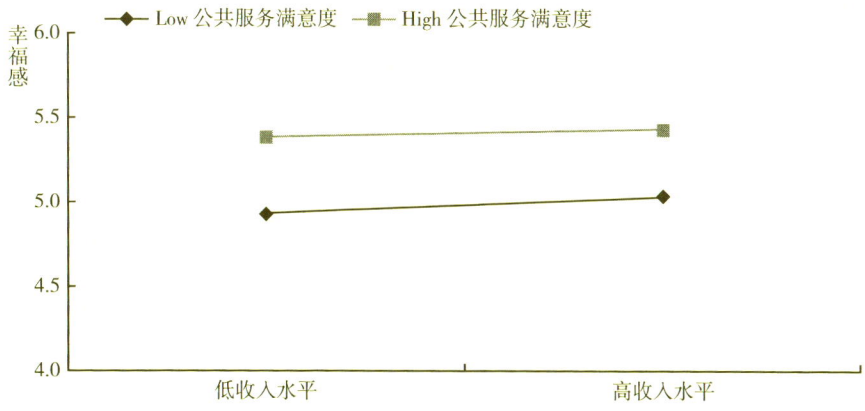

图2　公共服务总体满意度的调节作用

以上发现可以证明公共服务确实能够通过为公众带来更多的福利效应而影响收入与幸福感之间的关系,也就是说在一定程度上可以解释为什么许多发展中国家会出现公民幸福感未能与经济发展同步提升的矛盾现象。

三　对策与建议

本文基于实证研究发现公共服务效能是影响公众幸福感的关键因素,对于有效提升公众幸福感的实践具有重要的政策意义,为了提升居民幸福感,建议从以下四个方面推进公共服务建设。

(一)牢固树立服务理念,提升公共服务能力

政府是公共服务的主要供给者与责任主体,角色的重要性对政府的公共服务能力提出了更高要求,持续提高公共服务能力是人民幸福美好生活的重要基础;政府最根本、最彻底的理念是服务,坚持以人民为中心的服务理念

是高水平公共服务能力的根本动力。因此，只有明确自身定位，认真履行职责，不断提高公共服务能力，才能切实为公众带来公共服务利好。政府一方面要转变以经济发展为中心的政绩观，建立以民生改善为标准的政绩观，让公共服务成效成为民生改善的重要指标，使各项公共服务政策落实到位，进而使公众通过享受全面且均等的公共服务获得幸福感、充实感与安全感。另一方面，政府单向度地发展公共服务难免会存在信息不对称等弊端，借助互联网打造"电子化政府"，通过网站、公众号等网络渠道及时公布服务信息，同时收集民众诉求，鼓励民众积极监督、评议政府工作，对改进工作提出合理建议。这样一来可以避免传统公共服务信息不透明、回应不及时等弊端，二来增进了政府与公民之间的互动，实现公共服务主体两方最大限度的契合。

（二）优化服务资源配置，持续提高服务质量

新时代我国社会主要矛盾的变化对公共服务提出更高要求，高质量的公共服务是满足人民美好生活的必然要求。因此，持续提高公共服务质量已成为美好幸福生活的有效来源。一方面，加大财政投入力度，稳固公共服务发展的经济基础；提高公共服务质量应优化公共资源配置方式，在政府主导下动员市场和社会多元力量进入公共服务供给过程，在这一过程中应秉持效率最优原则，采用公开竞标或专业评估的方式公平选择最适合的单位和组织承担公共服务供给工作。与此同时，明确各项公共服务发展的优先次序，将有限的资源投入最迫切、最需要的服务中。另一方面，高质量的公共服务离不开对政府强有力的监督，监督政府是否积极履行公共服务职能的规范准则，对于违反规范或侵害公众利益的行为予以严惩，对于涉及公众切身利益的重大事项必须保证公众知情和参与。除此以外，还可以适当引入优胜劣汰机制，刺激公共服务质量低下的职能部门自行优化升级。

（三）推进公共服务供给侧改革，保障公共服务有效供给

公共服务关系到公众生存与发展需要的满足，增加公共服务存量，保

障公共服务均衡供给是满足这些需要的前提和基础。如果公众无法获得充足的公共服务，那么对美好生活的期盼将无从谈起。因此，满足公共服务有效供给是公众幸福生活的必要保障。而当前公共服务存在供给不充分、不均衡的短板，严重阻碍其保障功能的发挥，因此，必须提高公共服务供给水平。首先，公共服务供给必须精确把握实际需求与供应的关系，通过广泛收集需求信息科学决策，并且根据各项公共服务需求的迫切性制订具体方案；同时，在公共服务供给过程中引入适当的监督、考核、评定机制，最大限度提高公共服务供给效率。其次，仅靠政府单一力量供应具有庞大规模的公共服务容易出现供给效率低、资金周转难等问题，为了克服这一障碍，政府必须转变服务角色，在维持自身主导地位的同时，积极吸引市场与社会组织广泛参与其中。在这一过程中，必须厘清政府与市场、政府与社会的关系，为合格的企业与社会组织提供更多的发展机会，建立起相互尊重与信任的合作关系，从而为公共利益协同行动。再次，积极推进公共服务均等化，通过调整转移支付力度平衡不同地区、不同领域、不同人群之间发展公共服务的能力，使之均可享受均等的公共服务。最后，完善制度与相关法律法规，明确多元供给主体各自的职责范围，对其行为予以严格的监督与考察。

（四）准确把握民生诉求，满足居民个性化需求

提供个性化的公共服务是人民幸福生活的持续动力，保障公共服务有效供应的同时需要更加关注公众个性化需求。一方面，利用市场竞争优势将部分领域的公共服务生产权下放给符合条件的市场组织，通过多元主体间的良性竞争与创新，刺激个性化公共服务的产出，更好地满足公众日益增加的个性化服务需求。但追求个性化的同时必须确保生产保质保量，加强对生产过程的监督与评估，从源头上抑制不合格公共服务产品的流出。另一方面，公众作为公共服务的直接享受者，没有任何人能比自身更了解自己需要什么。因此，政府想要精准把握民生需求，就要通过多样化的制度安排与技术手段让民众更多地参与公共服务项目的选择与建设中，例如通过投票、意见征集

箱、公共论坛、网络信箱等形式了解个性化诉求，从而规避主观性与盲目性。此外，还要利用舆论监督进一步加强当地居民对公共服务评价的及时性与准确性，接纳公众对于公共服务供给与实施过程的意见、建议，以了解本地区公共服务供给与实施的不足之处，明确今后本地区开展相关工作的重点与难点，从而实现公共服务对公众幸福感更为直接、有效的提升。

河南省教育指数评价分析与提升路径研究*

何水 付家雨 高向波**

摘　要： 教育治理是国家治理的重要领域，教育治理现代化意义重大。为准确测量河南省教育综合治理水平，真实反映河南省教育治理和教育改革的现代化进程，本报告结合长江教育研究院公布的《中国教育指数（2019年版）》有关数据，对河南省教育指数与全国教育指数（全国均值）以及山西、安徽、江西、湖北、湖南等中部省份教育指数进行了比较分析，发现河南省在推进教育治理现代化过程中存在教育发展指数公平度贡献度不足、教育创新指数和教育绿色指数过低等问题。建议河南省从深化制度创新、优化资源布局、加强法治保障、突出创新培养和强化科技支撑等方面切实采取措施提升教育治理能力，加快推进教育治理现代化。

关键词： 教育发展指数　教育创新指数　教育绿色指数　河南省

---

* 基金项目：河南省教育科学规划重大招标项目"河南省教育治理能力现代化问题研究"（〔2016〕-JKGHZDZB-01）；社会治理河南省协同创新中心2019年度招标课题"河南省教育治理能力评价与提升路径研究"。
** 何水，郑州大学政治与公共管理学院教授，博士生导师，副院长；付家雨，郑州大学政治与公共管理学院公共管理专业博士研究生；高向波，郑州大学政治与公共管理学院行政管理专业硕士研究生。

党的十九届四中全会聚焦国家制度和国家治理问题，系统阐述了坚持和完善中国特色社会主义制度、推进国家治理体系和治理能力现代化的目标任务和具体举措，提出要"构建服务全民终身学习的教育体系""完善立德树人体制机制，深化教育领域综合改革""推动城乡义务教育一体化发展""加快发展面向每个人、适合每个人、更加灵活开放的教育体系"，为深化教育领域改革和推进教育现代化指明了方向。教育治理现代化是国家治理现代化理念在教育领域的贯彻落实，是教育现代化的基本内容和重要基础。我国教育领域改革正处于向纵深推进的关键时刻，提升教育治理能力不仅是教育改革和发展的时代需求和重大命题，也是推进教育治理现代化的重要途径和核心任务。河南省作为人口大省、教育大省，应充分发挥大数据时代下教育指数研究在教育治理中的认识、测量、评价、监测、追踪和预警等功能，为完善教育治理体系、提升教育治理能力提供标准化评价依据和参照，为全面推进"四个河南"建设，大力实施科教兴豫和人才强省战略，以及推进教育现代化的宏伟战略、配套政策、相关决策提供科学的数据支持。鉴于此，本报告根据《中国教育现代化2035》《国家中长期教育改革和发展规划纲要（2010—2020年）》《加快推进教育现代化实施方案（2018—2022年）》等文件精神，结合长江教育研究院公布的《中国教育指数（2019年版）》有关数据，对河南省教育指数与全国教育指数（全国均值）以及山西、安徽、江西、湖北、湖南等中部省份教育指数展开比较分析，以期透视河南省教育治理能力并提出对策建议，助力河南教育治理现代化。

一 中国教育指数的构建与数据来源

中国教育指数是长江教育研究院自2015年后开展的年度研究成果之一，力求通过指数化研究，全面测量全国及各省（自治区、直辖市）教育综合治理水平，反映国家教育治理和教育改革的现代化进程，为完善教育治理体系、提升教育治理能力提供标准化评价支持。

本报告采用《中国教育指数（2019年版）》中的指标体系及数据进行

观察、对比和分析。《中国教育指数（2019年版）》是长江教育研究院继2016年推出的《中国教育指数2015》、2017年推出的《中国教育指数2016》、2018年推出的《中国教育指数2017》后的一次改版。为了避免数据更新、读者阅读习惯以及系列发布等方面的不便，自2019年3月起，"中国教育指数"系列成果用出版年份代替原有的主体数据年份，将原拟名的《中国教育指数2018》更名为《中国教育指数（2019年版）》。

《中国教育指数（2019年版）》保持了中国教育指数历年关键指标的延续性，主要由发展指数、创新指数与绿色指数三个一级指标构成。其中，发展指数指标包括规模度、投入度、质量度、信息度、公平度、贡献度6个二级指标，以及绝对规模、相对规模、地方教育财政投入、生均教育经费增长等17个三级指标；创新指数包括创新度、创业度和创造度3个二级指标，以及竞赛获奖、现代教育体系发展、非学历教育发展等8个三级指标；绿色指数包括健康度、生态度和法治度3个二级指标，以及国民体质综合指数、校园绿地面积占比和校园运动用地占比等9个三级指标。二级指标和观测指标的选择及权重分配采用德尔斐法和层次分析法进行确定。指标测算采用"综合指数法"，对各个三级指标进行加权平均，计算指标综合值；在此基础上，通过基础指数化法对指标综合值进行指数化。① 具体指标体系及其权重详见表1。

《中国教育指数（2019年版）》的基本观测数据主要来源于国家发展和改革委员会、财政部、教育部、科技部、文化和旅游部、国家统计局、体育总局、知识产权局等国家部门编制的统计年鉴及其官方网站；且大多数指标为截至2018年12月31日可获取的最新、权威数据，确保了数据来源的真实性和权威性，所反映的是2018年我国及各省（自治区、直辖市）各项教育指数的测算结果及排序（含与2017年的对比）情况。②

---

① 张炜、陈光春：《新智库指数：中国教育发展指数、创新指数与绿色指数》，湖北教育出版社，2016，第8~13页。
② 张炜、周洪宇：《中国教育指数（2019年版）》，《宁波大学学报》（教育科学版）2019年第3期。

表1　《中国教育指数（2019年版）》指标体系及其权重

一级	二级	观测指标
发展指数（55.00%）	规模度（15.00%）	绝对规模：人力资源存量
		相对规模：每十万人中人力资源存量
	投入度（15.00%）	地方教育财政投入
		生均教育经费增长
		生均教育公用经费增长（公共财政）
	质量度（20.00%）	师生比
		专任教师学历达标率
		地区教育竞争力（高等教育）
	信息度（15.00%）	信息化设备资产值
		网络多媒体教室占比、教学用计算机占比
		信息化设备资产值占比、软件资产值占比
	公平度（15.00%）	区域高等教育入学比
		城乡义务教育生均经费比
	贡献度（20.00%）	人才培养：每十万人中在校和毕业研究生数
		科学研究：公共财政预算内科研拨款
		实验平台：国家实验室、国家重点实验室、教育重点实验室数量
		社会服务：校办产业和社会服务收入、社会捐赠
创新指数（24.02%）	创新度（29.70%）	竞赛获奖：全国青少年创新成果获奖数（小学组和中学组）
		现代教育体系发展：高教成人发展、中等职业发展
		非学历教育发展：资格证书培训情况、岗位证书培训情况
	创业度（16.34%）	项目数：中央高校、地方高校国家级大学生创新创业训练项目数
		获奖数：中国"互联网＋"大学生创新创业大赛的获奖数
	创造度（53.96%）	专利创造情况
		国家科技三大奖获奖情况
		ESI前1%学科情况
绿色指数（20.98%）	健康度（55.00%）	国民体质综合指数
		校园绿地面积占比
		校园运动用地占比
	生态度（20.98%）	教育工资的行业占比
		义务教育班额数
		15岁以上人口非文盲率
	法治度（24.02%）	教育行政审批网络公开情况
		教育公文的Nvivo质性分析
		教育法制宣传报道的百度指数

注：指标选取和指数权重确定采用德尔斐法和层次分析法。

二 河南省教育指数与全国教育指数的比较分析

(一)总体比较:发展指数高而创新指数、绿色指数及教育综合指数低于全国均值

河南省教育指数与全国教育指数(全国平均值)以及河南省各项指数在全国的排名情况如表2所示。① 总体来看,河南省教育发展指数(5.80)在全国均值(5.51)之上,而创新指数(2.51)和绿色指数(8.12)均低于全国均值(分别为3.24和8.59),教育综合指数(5.50)也未达到全国

表2 河南省教育指数情况(2019年版)

类别		全国指数	河南指数	河南排名
中国教育指数	综合指数	5.62	5.50	14
发展指数	发展指数	5.51	5.80	10
	规模度	5.61	10.00	1
	投入度	4.19	3.14	27
	质量度	6.74	6.65	14
	信息度	5.43	5.82	9
	公平度	6.94	6.31	25
	贡献度	1.26	0.34	26
创新指数	创新指数	3.24	2.51	19
	创新度	5.29	4.54	22
	创业度	4.96	4.34	17
	创造度	1.57	0.81	18
绿色指数	绿色指数	8.59	8.12	27
	健康度	8.88	8.27	28
	生态度	8.70	8.21	24
	法治度	6.33	6.33	16

---

① 中国教育指数的测算数据反映的是国家及31个省(自治区、直辖市)情况,未涵盖香港特别行政区、澳门特别行政区以及台湾地区的数据。因此,河南在全国的排名情况指的是河南省在全国31个省(自治区、直辖市)中的排名。

教育综合指数平均水平（5.62），居全国第14位。从二级指标数据来看，河南省教育发展规模度（10.00）居全国首位；信息度指数（5.82）高于全国均值（5.43），排名第9；法治度指数（6.33）与全国均值持平；其余指标指数均低于相应的全国均值。

（二）发展指数比较：规模度、信息度高而投入度、质量度、贡献度及公平度低于全国均值

"发展指数"一方面依据人力资本逻辑和"投入—产出"范式设置了描述教育事业基本发展状况"规模度""投入度""质量度""贡献度"指标；另一方面通过测算"信息度"和"公平度"来反映新时期教育发展的现代化水平。河南省教育发展指数（5.80）比全国均值（5.51）高0.29，居第10位，在31个省（自治区、直辖市）中处于中上水平。从教育发展指数具体维度来看，河南省教育规模度、信息度高，而投入度、质量度、贡献度及公平度低于全国均值。具体来说：一是规模度方面，无论是绝对规模还是相对规模，河南省都占据着巨大的优势，其得分（10.00）远高于全国均值（5.61）。二是信息度方面，河南省（5.82）比全国均值（5.43）高0.39，居全国第9位，反映出河南省教育领域软硬件设施投入规模较大，教育信息化建设处于全国前列。三是投入度方面，河南省（仅为3.14）明显低于全国均值（4.19），教育规模和教育投入的不均衡严重制约着河南省教育事业的发展，对教育治理效能造成影响。四是质量度方面，河南省（6.65）略低于全国均值（6.74），排名第14位，优于一半以上的省（自治区、直辖市），反映出全国教育质量度的内部不均衡情况较为明显。五是贡献度方面，河南省（0.34）明显低于全国均值（1.26），仅居第26位，直接反映出河南省研究生培养、教育科研经费投入以及教育社会服务水平等相对落后的现实。六是公平度方面，河南省（6.31）比全国均值（6.94）低0.63，居全国第25位，表明河南省城乡、区域、校际、群体教育发展仍存在较大差距，教育资源配置不够科学公平合理。由以上分析不难发现，规模度的巨大优势是河南省教育发展指数跻身全国第10位的主要原因，而在其他五个维度上河南省尚有较大的发展空间和潜力。

（三）创新指数比较：创新度、创业度、创造度均明显低于全国均值

"创新指数"主要反映各级各类教育主体的创新创业创造情况，通过"创新度""创业度""创造度"三个二级指标来进行测量。河南省教育创新指数（2.51）比全国均值（3.24）低0.73，居全国第19位。创新度、创业度和创造度三个二级指标的指数水平（分别为4.54、4.34和0.81）均明显低于全国均值（分别为5.29、4.96、1.57），在全国31个省（自治区、直辖市）中分别居第22、第17、第18位，处于中下水平。由此表明，河南省总体上属于教育创新落后地区。考虑到各级各类教育的创新创业创造程度反映了教育发展过程中教育产出的质量和效用，同时也检验了教育治理过程中各主体的参与情况和协同程度。因此，河南省需要积极引导教育在创造、创新、创业等方面朝着"多点开花、全面发展"的良好态势前进。

（四）绿色指数比较：法治度相当而健康度、生态度低于全国均值

"绿色指数"主要反映教育综合（自然和社会系统）生态方面的情况，通过"健康度""生态度""法治度"来进行测量。河南省教育绿色指数（8.12）比全国均值（8.59）低0.47，居全国第27位；三个二级指标中，除法治度（6.33）与全国均值持平外，健康度（8.27）、生态度（8.21）均低于全国均值（分别为8.88、8.70），在全国31个省（自治区、直辖市）中分别居第16、第28、第24位。由此表明，河南省教育综合生态整体水平还有待提高。

三 河南省与中部其他五省教育指数的比较分析

（一）总体比较：综合指数特别是发展指数排名相对靠前，创新指数与绿色指数排名相对靠后

表3是中部六省"中国教育指数"（2019年版）的得分情况（含与2017

年的对比）。不难看出，相较于2017年，2019年版中河南省教育综合指数提高了0.03，在中部六省中排名第三。具体来说，发展指数提高0.07，在中部六省中排名第二；创新指数下降0.11，在中部六省中排名第四；绿色指数提高0.09，在中部六省中排名第五。就变化幅度而言，除创新指数降幅较大外，其余各项指数均有所提升。就排名状况而言，综合指数特别是发展指数排名相对靠前，创新指数与绿色指数排名相对靠后，且各项指数排名均未发生变化，教育发展整体情况较稳定。总体而言，河南省教育发展指数在中部六省中表现良好，但在创新指数和绿色指数方面处于弱势。

表3 "中国教育指数"（2017）（2019年版）中部六省情况及排名

省份	发展指数 2017	发展指数 2019年版	创新指数 2017	创新指数 2019年版	绿色指数 2017	绿色指数 2019年版	综合指数 2017	综合指数 2019年版
河南	5.73(2)	5.80(2)	2.62(4)	2.51(4)	8.03(5)	8.12(5)	5.47(3)	5.50(3)
山西	4.94(6)	4.86(6)	1.62(6)	1.59(6)	8.40(3)	8.46(4)	4.88(6)	4.83(6)
安徽	5.26(3)	5.24(4)	3.91(2)	3.68(2)	8.42(2)	8.50(2)	5.61(2)	5.55(2)
江西	4.97(5)	4.96(5)	2.50(5)	2.38(5)	8.28(4)	8.49(3)	5.08(5)	5.08(5)
湖北	5.89(1)	5.85(1)	4.11(1)	3.90(1)	8.93(1)	8.92(1)	6.11(1)	6.03(1)
湖南	5.24(4)	5.28(3)	3.31(3)	3.35(3)	7.95(6)	7.96(6)	5.35(4)	5.38(4)

注：综合指数 = 发展指数×55.00% + 创新指数×24.02% + 绿色指数×20.98%；（ ）表示该项指数在中部六省中的排名。

（二）发展指数比较：规模度、信息度领先，质量度排名靠前，投入度居中偏下，公平度、贡献度垫底

表4显示，教育发展指数方面，河南省（5.80）在中部六省中排名第二，与第一名的湖北省（5.85）仅相差0.05。从二级指标来看：①规模度方面，河南省（10.00）排名第一，远高于中部其他五省，反映出河南省教育体系从学前教育到高等教育不同阶段的教育人力资本存量与其他五省相比优势明显，教育的规模数量、覆盖面和人力资源开发情况居于首位。②投入度方面，河南省（3.14）排名第四，投入度主要通过"地方教育财政投入""生均教育经费增长""生均教育公用经费增长（公共财政）"三

项指标观测,反映的是教育经费投入情况,而河南省由于人口众多,投入总数与人口数量的不均衡导致了投入度与排名居后的两个省份差距不大,低于中部地区平均水平。③质量度方面,河南省(6.65)排名第二,质量度主要通过"师生比""专任教师学历达标率""地区教育竞争力(高等教育)"三项指标观测,反映的是地区内教育者和受教育者资源配置情况,说明河南省教育服务水平对教育需求的满足能力在中部六省中处于中上水平,有一定的教育竞争力(高等教育),但一定程度上也受教师数量和教师队伍学历等的影响,制约了教育质量的进一步提升。④信息度方面,河南省(5.82)排名第一,比第二名的湖北省(5.60)高0.22,是中部六省教育信息化程度最高的省份,信息度主要通过各教育阶段"信息化设备资产值""网络多媒体教室占比、教学用计算机占比""信息化设备资产值占比、软件资产值占比"三项指标观测,尽管河南省排名第一,但受规模度和投入度的影响,河南省在硬件设施占比等方面并未表现出优势。⑤公平度方面,河南省(6.31)排名第六,公平度主要通过"区域高等教育入学比"和"城乡义务教育生均经费比"两项指标观测,河南省在克服高等教育公平性不足和城乡二元分离难题上处于较为落后的状态,一方面是受到生均教育经费投入较低的影响,另一方面说明河南省仍需加强对教育精准扶贫和城乡教育均衡投入政策的改进与实施。⑥贡献度方面,河南省(0.34)排名第六,在地区教育投入与产出的效率上与其他地区存在差距,"每十万

表4 "中国教育指数(2019年版):发展指数"中部六省情况及排名

省份	规模度	投入度	质量度	信息度	公平度	贡献度	发展指数
河南	10.00(1)	3.14(4)	6.65(2)	5.82(1)	6.31(6)	0.34(6)	5.80(2)
山西	5.14(6)	3.13(5)	6.34(5)	4.44(6)	7.28(1)	0.37(4)	4.86(6)
安徽	6.33(4)	3.35(2)	6.49(4)	5.00(3)	6.76(4)	0.83(2)	5.24(4)
江西	6.72(3)	3.01(6)	5.89(6)	4.62(5)	6.86(3)	0.36(5)	4.96(5)
湖北	6.07(5)	3.98(1)	7.47(1)	5.60(2)	7.17(2)	1.55(1)	5.85(1)
湖南	6.82(2)	3.25(3)	6.55(3)	4.99(4)	6.73(5)	0.71(3)	5.28(3)

注:发展指数=规模度×15.00%+投入度×15.00%+质量度×20.00%+信息度×15.00%+公平度×15.00%+贡献度×20.00%;( )表示该项在中部六省中的排名。

人中在校和毕业研究生数""公共财政预算内科研拨款""国家实验室、国家重点实验室、教育重点实验室数量""校办产业和社会服务收入、社会捐赠"四个测算指标在中部六省中均处于相对弱势，与排名第一的湖北省差距巨大。

总体来看，发展指数方面，河南省在规模度、质量度、信息度等指标上排名靠前，投入度、公平度、贡献度指标排名靠后。河南省教育发展指数与庞大的人口数量密切相关，教育总体规模处于领先地位、教育投入不断加大、教育质量持续提高、教育信息化水平显著提升，但是教育公平有待促进，教育服务社会发展的作用不够。具体而言有两个表现：一是区域高等教育入学数量相对较低，城乡间义务教育资源投入差距大；二是教育贡献度较低，研究生培养力度不足，科研经费规划不合理，实验平台建设不足，教育服务经济社会发展的能力不够。

（三）创新指数比较：创新度排名居中偏上，创业度、创造度排名相对靠后

表5显示，教育创新指数方面，河南省（2.51）在中部六省中排名第四，与排名前三的省份差距较大，与第一名湖北省（3.90）相差1.39。从二级指标来看：①创新度方面，河南省（4.54）排名第三，与第一名安徽省（5.35）相差0.81，创新度是通过对各级各类教育发展创新程度的衡量，反映地区教育教学成果产出的质量与特色，同时通过与其他指标体系的结合，系统分析和反映我国人才培养的有效模式、交互式构架以及教育发展的可持续水平，河南省与中部其他五省比较，属于教育发展创新水平居中偏上的省份。②创业度方面，河南省（4.34）排名第五，与第一名安徽省（8.46）相差巨大，反映出河南省教育发展过程中以高等教育阶段为主的受教育者所受到的创业意识和创业能力的培养严重不足，创新创业教育的覆盖程度、办学氛围和质量水平有待提升。③创造度方面，河南省（0.81）排名第四，与第一名湖北省（2.41）差距巨大，在中部六省中处于中下水平，这与前述的河南省教育发展指数中的贡献度较低有一定的关系，高层次人才

的匮乏、科研经费的不足、实验平台的缺失、社会服务支持的疲软，无法为教育创造度的提升提供足够的激励和支撑。

表5 "中国教育指数（2019年版）：创新指数"中部六省情况及排名

省份	创新度	创业度	创造度	创新指数
河南	4.54(3)	4.34(5)	0.81(4)	2.51(4)
山西	3.91(6)	1.57(6)	0.31(6)	1.59(6)
安徽	5.35(1)	8.46(1)	1.28(3)	3.68(2)
江西	4.17(4)	5.84(4)	0.32(5)	2.38(5)
湖北	4.79(2)	7.08(2)	2.41(1)	3.90(1)
湖南	4.15(5)	5.85(3)	2.12(2)	3.35(3)

注：创新指数 = 创新度×29.70% + 创业度×16.34% + 创造度×53.96%；( )表示该项在中部六省中的排名。

教育创新指数与各类教育科研主体的科学技术创新水平关系密切。河南省在这一方面总体表现不佳，教育创新能力不足、教育创业严重滞后、教育创造动力不足。各级各类学校对教育创新的关注不够且起步较晚，目前尚未形成普遍的创新发展模式。具体而言有三个表现：一是青少年创新能力欠缺、教育体系结构不尽合理；二是大学生创新创业项目数和获奖数较低；三是科技研发创新能力及学科综合实力弱。

（四）绿色指数比较：健康度垫底，生态度、法治度排名靠后

表6显示，教育绿色指数方面，河南省（8.12）在中部六省中排名第五，与其他省份相比差距较大，与第一名湖北省（8.92）相差0.8。从二级指标来看：①健康度方面，河南省（8.27）排名第六，与第一名湖北省（9.39）相差1.12，反映出河南省公共教育生态健康状况和校园环境绿化覆盖程度有待提高，需要进一步体现教育治理过程中对教育主体的人文关怀，对治理主体的治理理念和治理能力进行反馈。②生态度方面，河南省（8.21）排名第五，与第一名山西省（9.11）相差0.9，说明河南省教育质量和教育系统的稳定程度并不理想，对教育治理过程中财政投入及学区规划

的成果反馈仍不到位。③法治度方面,河南省(6.33)排名第四,与第一名安徽省(7.01)相差0.68,反映出河南省在教育行政审批网络公开、教育公文以及教育法制宣传等方面存在不足,需要进一步加强教育法治规划、教育法治公开、教育法治宣传等工作。

表6 "中国教育指数(2019年版):绿色指数"中部六省情况及排名

省份	健康度	生态度	法治度	绿色指数
河南	8.27(6)	8.21(5)	6.33(4)	8.12(5)
山西	8.35(5)	9.11(1)	6.65(3)	8.46(4)
安徽	8.46(4)	8.72(2)	7.01(1)	8.50(2)
江西	9.38(2)	8.35(4)	4.94(6)	8.49(3)
湖北	9.39(1)	8.37(3)	6.91(2)	8.92(1)
湖南	8.40(3)	8.09(6)	5.37(5)	7.96(6)

注：绿色指数 = 健康度×55.00% + 生态度×20.98% + 法治度×24.02%；( )表示该项在中部六省中的排名。

教育绿色指数与校园环境、法治环境、社会环境等因素紧密相关。河南省教育绿色指数在中部六省排名靠后,折射出河南省教育健康发展严重失衡、教育生态环境有待改善、教育法治水平较低等现实问题。具体而言有三个表现:一是校园建设用地规划不科学,国民体质综合指数低;二是义务教育发展不均衡,教师待遇水平有待提高;三是教育信息公开度、教育公文质量不高,教育法治宣传不足。

四 结论与建议

(一)主要结论

从教育指数及相关指标看,河南省教育发展指数在全国均值之上,而创新指数、绿色指数以及教育综合指数均低于全国均值。其中,发展指数具体维度上,河南省教育规模度(居全国首位)、信息度高于全国均值,而投入度、质量度、贡献度及公平度低于全国均值;创新指数具体维度上,河南省教育创新度、创业度、创造度均明显低于全国均值;绿色指数具体维度上,河南省教育法治度与全国相当,而健康度、生态度低于全国均值。

中部六省中,河南省教育发展指数排名第二,创新指数排名第四,绿色指数排名第五,教育综合指数排名第三。其中,发展指数具体维度上,河南省教育规模度、信息度领先,质量度排名靠前,投入度居中偏下,公平度、贡献度垫底;创新指数具体维度上,河南省创新度居中偏上,创业度、创造度排名相对靠后;绿色指数具体维度上,河南省教育健康度垫底,生态度、法治度排名靠后。

以上一方面表明河南省教育治理、教育事业发展取得了一定成效,特别是在教育规模上具有自身优势;另一方面也反映出河南省在推进教育治理现代化过程中存在教育发展指数公平度、贡献度不足,教育创新指数和教育绿色指数过低等问题。具体来说:①教育发展指数方面,教育公平度有待提高,区域高等教育入学数量相对较低,城乡间义务教育资源投入差距大;教育贡献度较低,研究生培养力度不足,科研经费规划不合理,实验平台建设不足,教育服务经济社会发展的能力不够。②教育创新指数方面,教育制度改革滞后,大学生创新创业积极性不高,高校和科研院所自主创新能力不足。③教育绿色指数方面,校园规划建设不科学,教育法治水平较低,教育生态环境有待改善。

(二)政策建议

教育指数测量的是教育综合治理水平,反映的是教育治理状况,折射的是教育治理能力。提高教育指数水平,根本在于提升教育治理能力、推进教育治理现代化。建议河南省牢固树立和自觉践行创新、协调、绿色、开放、共享的发展理念,认真贯彻党的教育方针和党的十九届四中全会精神,大力实施科教兴豫和人才强省战略,有针对性地采取以下措施提升教育治理能力,加快推进教育治理现代化。

一是深化制度创新。进一步深化教育体制改革,以推进教育行政管理改革提升河南省教育治理能力。其中关键在于将政府在教育治理中的作用由微观的直接管理转变为宏观的间接管理，做好教育政策供给、教育资源分配、教育标准制定以及教育评价监督等工作，确保教育健康发展、良性运行。这一过程中，要注意厘清政府与其他教育相关主体之间的关系，强化政府主导作用，充分发挥教育行政部门、学校以及其他教育相关管理人员的主体力量，提高家庭与社会教育机构的参与维度，形成教育治理合力共同应对教育过程中出现的问题，构建一个政府宏观调控、学校自主办学、社会广泛参与的教育治理新格局。首先，深化教育领域"放管服"改革，进一步简政放权、放管结合、优化服务，寻求多元主体协同治理的服务模式，深入推进教育"管办评"分离，通过构建政府、学校、社会三者的新型关系，实现教育决策和教育评估的科学性和有效性。其次，依法落实和扩大学校办学自主权，强化学校的公共教育主体地位，提高自主治理能力，激发学校办学活力，突出和明确高校基础科研在办学实践中的重要作用，对高校技术引进、设备引进和人才引进给予有效的政策支持和财政保障。最后，大力培育专业性教育评估社会组织，做好"赋权"与"增能"工作，使教育评估社会组织提升合法性，增强自主性，增强评估公信力。

二是优化资源布局。重点推进城乡义务教育投入均衡化，缩小区域差距，促进教育公平，补齐教育短板，坚决打赢打好教育脱贫攻坚战，打造惠及每个人的教育，以基本公共教育服务均等化建设提升河南省教育治理能力。受地区、城乡、阶层等因素的影响，河南省教育资源仍呈现"金字塔"状的分布，优质教育资源不仅占比较小，而且集中在少数地区和阶层中。教育公平不是简单地被定义为让每个孩子都享有受教育的权利，而是从起点到过程再到结果整个过程中学生都可以获得被平等对待的机会。首先，坚持教育优先发展，健全教育财政投入稳定增长的长效机制，完善中小学教师工资财政保障机制，督促各地全面落实国家关于教师地位待遇的各项举措。其次，坚持基础教育普及普惠原则，提高保教质量，保护弱势群体的受教育权，加强控辍保学，重点关注因家庭原因可能荒废学业的学生群体，提供必要的政策支持和社会帮助。再次，以互联网为依托，构建网络课程教育体系，用技术手段实现优质教育资源共建共享、各类教育平台互联互通，促进信息技术与教育教学深度融合。最后，推进新时代教育评价改革，克服唯分数、唯升学、唯文凭、唯论文、唯帽子的顽瘴痼疾，摒弃用"一考定音"来衡量学生培养质量的做法，构建更加综合性、多元化的教育质量评估标准。

三是加强法治保障。建立高效的教育法治实施体系，坚持依法治教、依法治校、依法办学相结合，提高教育治理法治化水平。首先，增加制度供给，健全教育政策性文件制定程序，实行重大教育决策和规范性文件出台前咨询、听证和公示制度。同时，完善教育政策落实情况评估机制以及多方论证、风险评估与合法性审查机制，提高政策制定科学性。其次，要站在教育法治生态高度，努力形成依法治校环境，全面推进依法治校，完善学校法人治理结构，提升学校内部治理水平，健全学校师生申诉制度、社会参与和监督的有效机制，构建预防和惩治"校园欺凌"的有效机制，切实保障师生合法权益。最后，强化学校章程和各项配套管理制度建设，切实加强自律机制建设，广泛深入开展法治教育和宣传报道，不断增强广大干部师生尊法学法守法用法意识，切实提高运用法治思维和法治方式抓治理的能力。此外，面对目前教育行政执法力量不足和依法行政存在体制机制障碍等问题，加强教育行政执法工作、创新依法行政机制、完善教育制度实施体系，是推动教育治理体系和治理能力现代化的重要任务。应尊重教育规律，积极探索解决教育热点难点问题的综合执法和联合执法机制，逐步建立高素质的教育执法队伍，依法纠正学校和其他教育机构的违法违规行为，并加大行政处罚力度，从而为规范教育秩序、办好人民满意的教育提供保障。

四是突出创新培养。深化教育教学改革，创建人才培养新模式，建立完善创新创业教育机制。随着高等教育的发展，大数据背景下信息技术与社会各个领域深度融合，创新创业成为高校培养的重要一环，也是区域教育发展成果和教育治理能力的重要体现。首先，加强创新创业思想教育，深化创新创业教育教学改革，将创新创业教育与人才培养进一步整合，纳入高等教育教学必修课程和社会实践，形成高校创新创业教育工作体系。其次，营造良好的创新创业教育环境，将大数据技术应用于创新创业教育过程，科学调整高校专业和课程结构，注重大数据、区块链等相关技术的课程培养，组建创业创新学习团队，围绕双创实践过程制定鼓励政策，加快创新创业与社会服务的联动。最后，鼓励教育创造与贡献，加大研究生培养力度，探索构建产学研用深度融合的全链条、网络化、开放式协同创新共同体，搭建推动各级各类教育协作发展、衔接多种学习成果的创新平台，实现资源优势互补和有序流动，充分激发创新活力和促进科技成果转化，提升教育服务经济社会发展的能力。

五是强化科技支撑。教育信息化是提升教育治理能力的有效载体，也是优化教育质量的重要途径。加快推进"互联网＋教育"，通过构建教育大数据支撑服务体系，着力推进教育治理数字化转型，全面提升教育治理信息化水平。首先，依托大数据构建教育信息化运行模式，明确教育治理过程中各主体的教育服务责任，开展大数据支撑下的教育治理能力优化行动，实现各教育行政部门和其他参与主体的协同治理，使管理机制更加透明地运行。其次，运用大数据全面提升教育信息化支撑教育决策、管理、服务的能力，加强教育领域资源集中规划、整合，实现资源有效配置，强化教育相关政策的贯彻落实。最后，着力构建基于信息技术的新型教育教学模式、教育服务供给方式以及教育治理新模式。促进信息技术与教育教学深度融合，支持学校充分利用信息技术开展人才培养模式和教学方法改革，逐步实现信息化教与学应用全覆盖，以互联网等信息化手段服务教育教学全过程。

河南省乡村振兴战略实施状况调查分析

樊红敏　汪冰洁　王新星*

摘　要： 本报告以社会治理河南省协同创新中心2019年度河南省乡村振兴调查数据为依据，对河南省乡村振兴战略实施状况进行评估。调查结果显示：河南省乡村振兴指数总体不高；河南省美丽乡村建设工程实施效果较好；河南省乡风文明建设方式多样，成效明显；村庄公共服务中生活用电和村庄治安评价最高，养老服务和文化服务排名最后。当前，河南省乡村振兴战略实施面临的主要困难与问题是：产业兴旺指数最低，乡村产业发展亟待加强；生态宜居建设最主要的困难在于村民参与意识和积极性不高；村组织能力不足是村庄治理面临的主要困境。建议加快农村产业发展，助力乡村振兴；加强基层党组织建设，提升村干部能力；全面推进美丽乡村建设，进一步改善农村人居环境；加强乡村自治、法治、德治建设，促进村庄有效治理。

关键词： 乡村振兴　美丽乡村建设　村庄治理　河南省

实施乡村振兴是国家的重大发展战略。2017年以来，作为农业大省、人口大省，河南省实施了一系列举措如"千万工程""厕所革命""美丽乡

---

* 樊红敏，郑州大学政治与公共管理学院教授，博士生导师；汪冰洁，郑州大学政治与公共管理学院2018级硕士研究生；王新星，郑州大学政治与公共管理学院2019级硕士研究生。

村建设""发展农村集体经济"等，取得了显著成效。着眼于河南省情和阶段性发展特征，评估分析河南省乡村振兴战略的实施状况对河南省乡村治理现代化具有重要意义。社会治理河南省协同创新中心于2019年末对河南省18个地市开展乡村振兴问卷调查，调查样本共327个，调查对象均为河南省乡村居民。本报告以2019年度河南省乡村振兴调查数据为依据，总结分析当前河南省乡村振兴的总体情况、存在问题，进而针对性地提出推进乡村振兴战略实施的对策建议。

一 评价指标体系和评价方法

（一）指标体系构建

关于乡村振兴成效的分析维度和评估指标体系，学界已经有许多研究，张挺等从产业兴旺、生态宜居、乡风文明、治理有效、生活富裕5个层面，构建了包括15个三级指标的乡村振兴评价指标体系[①]；郑兴明将乡村振兴评估框架确定为乡村区位条件、资源禀赋、村庄治理、发展基础和生态环境等5个维度[②]；贾晋等人基于"五位一体"乡村振兴战略目标任务，构建了"六化四率三治三风三维"的指标体系[③]。也有学者对乡村治理质量开展了研究，詹国辉从"投入—过程—产出"的三元系统视角出发，利用投入—资源维度，构建了包括过程—流程、产出—结果与满意度三个维度的乡村治理质量评价指标体系[④]。党的十九大报告对乡村振兴的内容做了具体阐述，

[①] 张挺、李闽榕、徐艳梅：《乡村振兴评价指标体系构建与实证研究》，《管理世界》2018年第8期。
[②] 郑兴明：《基于分类推进的乡村振兴评价指标体系研究——来自福建省3县市6个村庄的调查数据》，《社会科学》2019年第6期。
[③] 贾晋、李雪峰、申云：《乡村振兴战略的指标体系构建与实证分析》，《财经科学》2018年第11期。
[④] 詹国辉：《乡村振兴战略下乡村治理质量评价体系构建研究——基于理路、原则与指标体系的三维分析》，《广西社会科学》2019年第12期。

提出实施乡村振兴战略的总目标是实现农业农村现代化,总方针是农业农村优先发展,总要求为产业兴旺、生态宜居、乡风文明、治理有效、生活富裕。《乡村振兴战略规划(2018—2022年)》围绕二十字的总要求,明确了阶段性重点任务。

基于乡村振兴战略的总要求,借鉴以往评估指标体系,本报告从产业兴旺、生态宜居、乡风文明、治理有效、生活富裕5个维度建立评估框架;基于河南省地方实际和数据可获得性原则筛选出三级指标,构建河南省乡村振兴战略实施状况评价指标体系。产业兴旺方面,从集体经济发展、村庄产业发展两个方面观测;生态宜居方面,从生态环境状况、生态宜居建设、美丽乡村建设三个方面进行观测;乡风文明方面,从社会风气状况、乡风文明建设两个方面来观测;治理有效方面,从村庄公共服务、村民自治、法治状况三个方面进行观测;生活富裕方面,从收入满意度以及精神富足感两个方面进行观测。河南省乡村振兴战略实施状况评价指标体系具体见图1。

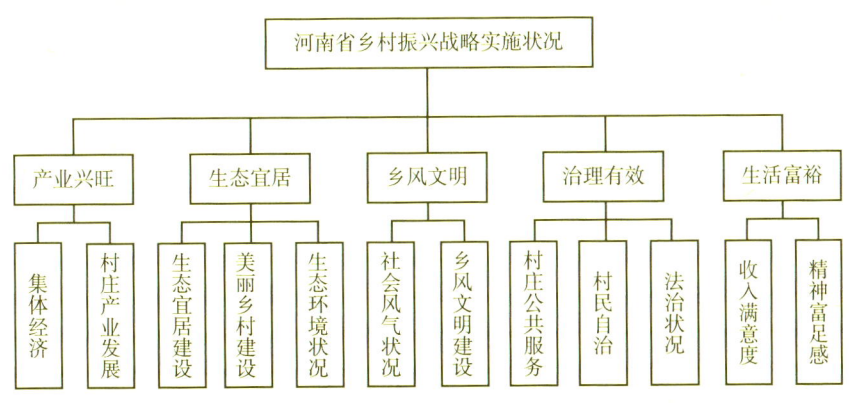

图1 河南省乡村振兴战略实施状况评价指标体系

(二)评价方法

本报告把河南省产业兴旺指数、生态宜居指数、乡风文明指数、治理有效指数、生活富裕指数按5级量表进行分类,划分为"非常满意、比较满意、一般、比较不满意、非常不满意"5个等级。乡村振兴总体状况按照5级量表的形式进行赋值,1分表示"非常不满意",5分表示"非常满意",分数越高意味着满意度越高。依据层次分析法和专家打分法,确定乡村振兴评价指标体系中各级指标的权重。二级指标产业兴旺、生态宜居、乡风文明、治理有效、生活富裕的权重都为20%,加总得出河南省乡村振兴指数。将指数转换为百分制后,得到河南省乡村振兴状况得分。产业兴旺、生态宜居、乡风文明、治理有效、生活富裕的评定标准:20~40分为"低",40.01~60分为"比较低",60.01~70分为"中等",70.01~80分为"比较高",80.01~100分为"高"。

二 河南省乡村振兴发展现状分析

(一)河南省乡村振兴指数总体不高,产业兴旺指数最低

通过对全省的产业兴旺指数、生态宜居指数、治理有效指数、乡风文明指数、生活富裕指数进行加权计算,转换得分后,2019年全省乡村振兴指数得分为67.5分,处于中等水平。在产业兴旺指数、生态宜居指数、治理有效指数、乡风文明指数、生活富裕指数中,生活富裕指数的得分最高,为72.0分;其次为乡风文明指数,得分为71.5分;再次为治理有效指数,得分为69.5分;然后为生态宜居指数,得分为67.5分;最后是产业兴旺指数,得分为57.0分。整体来说,河南省乡村振兴指数为"中等"水平。

表1 河南省乡村振兴指数

单位:分

二级指标	得分	三级指标	得分
产业兴旺	57.0	集体经济发展	63.7
		村庄产业发展	50.3
生态宜居	67.5	生态宜居建设	65.0
		美丽乡村建设	66.2
		生态环境状况	73.8

续表

二级指标	得分	三级指标	得分
治理有效	69.5	村庄公共服务	70.6
		村民自治	66.0
		法治状况	72.0
乡风文明	71.5	社会风气状况	73.8
		乡风文明建设	69.4
生活富裕	72.0	收入满意度	70.8
		精神富足感	72.9
总体得分		67.5	

（二）河南省美丽乡村建设工程实施效果较好

超过半数村庄开展了美丽乡村建设活动。推进美丽乡村建设是河南省乡村振兴的重要举措之一。数据显示，有60.7%的村民所在村庄开展了美丽乡村建设活动，有39.3%的村民所在村庄没有开展美丽乡村建设，说明河南省美丽乡村建设开展情况较为普遍，但是仍需进一步加大力度推进美丽乡村建设。

"厕所革命"普及程度一般，但乡村改厕工作成效明显。农村户用厕所改造工作是河南省改善农村人居环境的重要举措。数据显示，有52.82%的村民表示其所在的村没有开展改厕工作，有47.18%的村民表示其所在的村庄开展了改厕工作，可以发现"厕所革命"普及程度一般，需要加快推进"厕所革命"。在开展改厕工作的村庄中，有75.5%的村民认为所在村改厕的效果"非常好"和"比较好"，有20.2%的村民认为改厕的效果"一般"，认为改厕的效果"比较差"和"非常差"的村民占总人数的4.3%，可以看出乡村改厕工作成效明显，群众满意度评价较高。

设置公共垃圾箱是当前改善乡村人居环境建设中最主要的举措。美丽乡村建设一直是生态宜居建设的重要指标。调查表明，当前河南省改善农村人居环境最主要措施是设置公共垃圾箱，占比为80.1%；其次是建立垃圾集中处理站和村庄主道路绿化，占比分别为69.5%和67.5%；其他依次为村庄主道路亮化、建设饮水安全工程、整治"私搭乱建"行为、集中回收秸秆并规范化处理等（见表2）。由此可知，河南省人居环境改善措施很多，效果也较为明显。

表2 乡村人居环境改善措施的实施情况

单位：%

改善措施	占比	改善措施	占比
设置公共垃圾箱	80.1	整治"私搭乱建"行为	51.6
建立垃圾集中处理站	69.5	集中回收秸秆并规范化处理	42.8
村庄主道路绿化	67.5	建设污水处理工程	33.5
村庄主道路亮化	67.3	雨污分流改造	19.6
建设饮水安全工程	55.2		

（三）河南省乡风文明建设方式多样，成效明显

乡风文明建设的活动和方式多样，文化活动是最主要的方式。乡风文明建设一直是乡村振兴关注的重点工作。调查表明，当前村庄开展的乡风文明建设活动最多的是"公共文化活动（如农家书屋等）""民俗文化活动（如节日文化等）"，占比分别为59.95%和47.36%；其他依次为"荣誉表彰""善行功德榜""普法宣传活动"；排名最后的是"志愿服务""举办道德讲堂"，占比均在20%以下（见表3）。可见乡风文明建设的活动内容和方式日益多样，但相对而言，志愿服务、举办道德讲堂等活动开展得相对较少，今后要更多开展相关的志愿活动等。

表3 村庄乡风文明建设活动开展情况

单位：%

乡风文明建设活动	占比	乡风文明建设活动	占比
公共文化活动（如农家书屋等）	59.95	普法宣传活动	26.45
民俗文化活动（如节日文化等）	47.36	志愿服务	10.58
荣誉表彰	29.72	举办道德讲堂	3.27
善行功德榜	28.46		

村民对乡风文明建设评价较高。在"您觉得您所在的村乡风文明建设活动的效果"评价中,有53.5%的村民认为"非常好"和"比较好",有37.3%的居民评价为"一般","比较不好"和"非常不好"占比为9.2%,说明村民对河南乡村文明建设效果评价较高。

(四)村庄公共服务中生活用电和村庄治安评价最高,养老服务和文化服务排名最后

村庄承担着提供本地各种公共服务的角色。调查表明,村庄公共服务供给方面,生活用电和村庄治安评价最高,"非常好"和"比较好"的占比分别为70.6%和69.1%;其他依次为村庄道路、环境治理、医疗卫生服务、教育服务、饮用水安全、低保发放(见表4)。养老服务和文化服务排名最后,说明村庄重视程度不高。

表4 村庄公共服务评价

单位:%

公共服务	"非常好"和"比较好"占比	公共服务	"非常好"和"比较好"占比
生活用电	70.6	教育服务	51.0
村庄治安	69.1	饮用水安全	50.2
村庄道路	58.1	低保发放	47.7
环境治理	58.1	养老服务	47.1
医疗卫生服务	53.5	文化服务	42.2

三 河南省乡村振兴战略实施中面临的困难与问题

(一)产业兴旺指数最低,乡村产业发展亟待加强

河南省村庄集体经济发展水平一般,需要进一步壮大。数据表明,半数以上村民认为所在村庄的集体经济状况"一般",占比为50.5%;有29.6%

的村民认为所在村庄的集体经济"非常弱"和"比较弱",认为"非常强"和"比较强"的占比仅为19.9%。由此说明河南省村庄集体经济发展水平一般,需要进一步壮大。

河南省乡村产业发展水平较低。调查发现,大概三成的村民所在村庄没有村庄企业、个体服务业、个体手工业,两成的村民所在村庄没有村内专业种植、养殖大户;五成左右的村民所在村庄的各类乡村产业为1~5家,具体见表5。整体来说,河南省乡村产业发展落后,水平较低。

表5 乡村产业数量状况

单位:%

乡村产业	0家	1~5家	6~10家	10家以上
村庄企业	35.2	51.2	8.6	5.0
个体服务业	32.5	44.2	7.5	15.8
个体手工业	29.2	55.7	4.7	10.4
村内专业种植、养殖大户	20.0	55.3	11.6	13.1

(二)生态宜居建设最主要的困难在于村民参与意识和积极性不高

调查发现,生态宜居建设最主要的困难和障碍依次为"村民参与意识和积极性不高""环保治理技术和设施缺乏""政府投入资金不足""基层组织管理机制不健全",占比分别为74.81%、59.7%、58.94%和39.3%。由此可见,"村民参与意识和积极性不高"是生态宜居建设的最大障碍,很大程度上制约了美丽乡村建设。

(三)村组织能力不足是村庄治理面临的主要困境

调查发现,村庄治理存在的困难和障碍分别是"村组织能力不足""村'两委'经费不足""村'两委'人员缺乏""村民思想滞后""活动形式单一",占比分别为58.4%、41.3%、40.7%、34.3%和24.5%。"村组织能力不足""村'两委'经费不足""村'两委'人员缺乏"都指向了村级组织建设软弱涣散问题。由此可见，村"两委"自治组织是影响村庄治理成效的重要因素，要进一步加强村组织建设，推动村庄有效治理。

四 河南省乡村振兴影响因素分析

本部分运用多元回归模型，从干群关系、村党组织建设、村干部能力、乡贤参与、乡镇政府依法行政、村规民约等多个维度，分析影响河南省乡村振兴的因素。通过回归分析，我们发现没有影响因素对变量具有显著作用，即为无效值（见表6）。

表6 2019年河南省乡村振兴影响因素

模型	非标准化系数		标准系数	T	Sig.
	B	标准误差	试用版		
（常量）	0.608	0.017		52.999	0.000
您所在的村党支部和党员联系群众的情况	0.281	0.028	0.492	10.202	0.000
您所在的村党支部、村委会在村庄中发挥的作用	0.305	0.028	0.517	10.891	0.000
您认为您所在的村村干部的工作能力状况如何	0.323	0.031	0.502	10.468	0.000
您认为乡贤在村庄治理中发挥作用如何	0.200	0.021	0.464	1.803	0.071
您认为您所在村庄村规民约的执行情况	0.295	0.030	0.501	10.231	0.000
您认为乡镇政府在处理社会纠纷时严格遵守法律的情况	0.321	0.035	0.406	9.016	0.000

注：因变量：河南省乡村振兴状况。

"村干部能力"和"乡镇政府依法行政"对乡村振兴状况影响较大。通过回归分析，我们发现村干部能力的影响值最大为0.323，其次是乡镇政府依法行政的影响值为0.321；其他依次为"党组织建设""村规民约""干群关系""乡贤参与"，影响系数分别为0.305、0.295、0.281和0.200（见表7）。

表7 河南省乡村振兴状况影响值

影响因素	村干部能力	乡镇政府依法行政	村党组织建设	村规民约	干群关系	乡贤参与
影响值	0.323	0.321	0.305	0.295	0.281	0.200

五 对策建议

（一）加快农村产业发展，助力乡村振兴

调查表明，河南省农村集体经济、产业发展落后等问题突出，宜从以下四个方面着力：一是推进农村集体产权制度改革。深入推进农村集体产权制度改革，推动"资源变资本、资金变股金、农民变股东"，完善农民对集体资产股份的占有、收益、继承、抵押、担保、有偿退出等权能，保障农民利益。探索农村集体产权的不同实现形式，鼓励村集体采取股份合作、产业联动、定向帮扶等多种形式，推动农村产业发展。二是发展新型农村集体经济。完善县、乡、村三级金融服务网络，强化资产补贴政策，优化并落实土地政策，扩大农村集体资产收入规模并提高稳定性。鼓励镇村联合或村村联合，以资金、资产或资源等入股的形式，成立多种股份制形式的法人经济实体，以合法市场主体地位参与城镇综合体建设、农村综合体建设以及城镇物业服务设施经营等项目，推动农村集体经济发展。三是吸引新乡贤返乡创业。建立动态的乡贤人才库，强化对新乡贤返乡创业的政策扶持和服务，如通过财政奖励基金、评选"返乡创业之星"等给予政策扶持，实行"保姆式"服务，协助土地流转等，吸引新乡贤返乡创业。四是加快发展休闲农业和乡村旅游业。出台政策推动资本下乡，发展乡村共享经济、创意农业、特色文化产业等，推动建设一批功能多样的休闲观光园区、康养基地、乡村民宿等，推动农村产业转型和发展。

（二）加强基层党组织建设，提升村干部能力

调查发现，农村基层组织力量相对薄弱，要从发挥基层党组织引领、凝

聚以及渗透功能等方面着力，形成乡村振兴的强大推进力。一是建强村党支部。要加强农村党组织的培育和建设，实施村党组织书记县级党委备案管理制度，选好配强村"两委"。建立基层党组织带头人晋升激励机制，从工资待遇、晋升及荣誉分配等方面调动村党组织书记的积极性，如出台政策，从优秀村党组织书记中选拔、招聘乡镇领导干部等。加强农村人才资源的引进，如持续完善第一书记派驻制度，全面向贫困村、软弱涣散村和集体经济空壳村等派出驻村第一书记，提升村组织能力，同时实施大学生村官、村庄挂职交流等制度，缓解农村人才匮乏局面。二是发挥村党组织的引领和凝聚作用。坚持以党建引领乡村治理工作，从村庄公共服务供给等方面着力，将党的领导贯穿到基层治理各方面、全过程。要发挥村党组织在农村公共服务中的引领作用，以党群服务中心为载体，打通农村公共服务的"最后一公里"，形成市、县、乡镇、村四级联动的"一站式"农村公共服务体系。发挥基层党组织的引领功能，培育农村社区社会组织和市场中介组织，推动多元化的力量，如新型农民专业合作社、专业大户、返乡创业人员、社区社会组织等参与乡村振兴战略实施。

（三）全面推进美丽乡村建设，进一步改善农村人居环境

生态宜居是乡村振兴的关键。一是持续加大美丽乡村建设投入和支持力度。进一步完善相关政策，建立多元化的美丽乡村建设资金投入机制，分类施策，以点带面整体推进美丽乡村建设。二是重点做好垃圾整治和村容新貌提升工程。农村垃圾处理、"厕所革命"和村容村貌提升是河南省农村人居环境改善的重点工作，要进一步整合资源，强化举措，以农村垃圾处理和村容村貌提升为着力点，建立健全村庄保洁制度和农村生活垃圾收运处理体系，坚持不懈推进农村"厕所革命"，大力开展农村户用卫生厕所建设和改造，加快实现农村无害化卫生厕所全覆盖。三是进一步加大农村污染治理力度。持续推进农村污染治理和生态环境保护，发展生态循环农业，推进农业清洁生产。加大农村水污染的治理力度，推动农村绿色发展。

（四）加强乡村自治、法治、德治建设，促进村庄有效治理

健全自治、法治、德治相结合的乡村治理体系，宜从以下四个方面着

力。一是进一步加强村民自治平台建设。当前围绕民主治理创新进行了多元化探索，要在总结各地经验的基础上，以创新提升农村民主治理水平，将农村文化传统、现代信息技术等有效结合，在议事平台、运行机制以及居民参与能力建设方面，探索建立符合本地实际的体制机制和方式方法，达到降低民主治理运行成本、提升治理效能的目标。二是加强农村法治建设。要加大农村普法力度，推进基层政府依法行政和引导农民依法维护自己的合法权益。强化法律在维护农民权益、规范市场运行、支持保护农业、治理生态环境、化解农村社会矛盾等方面的权威地位。推动农村基层治理中律师的志愿参与，逐步完善农民法律援助和司法救助机制。三是推进乡风文明建设。深入落实文明户、最美家庭、好媳妇和好婆婆等文明评比活动，引导树立正确的价值导向，将优秀的乡土传统和文化观念融入现代乡村文明建设中，同时加强农村公共文化服务，从文化设施、特色文化村镇建设等着手，提升乡村公共文化水平。四是以村规民约为基础，注重协商，增进农村社区社会资本。注重挖掘乡村文化传统和村规民约等非正式制度的作用，与时代相结合，形成具有约束力的村规民约。充分认识农村熟人社会特质，发扬村庄共同体纽带作用和情感功能，通过社区协商和社区组织化参与，打造村庄社会治理共同体，强化村民家园共同体意识。

河南省区域营商环境及其对企业
跨地区并购的影响与优化

刘文楷 王新星*

摘　要： 本报告基于河南省区域营商环境发展现状及困境的解析，探索区域营商环境对企业跨地区并购战略选择及后果的影响，同时考虑不同营商环境类型对企业跨地区并购战略选择及后果的影响，最后基于并购的视角提出优化营商环境的建议。分析结果表明：河南省区域营商环境整体水平较差且发展不均衡，人力资源环境成为营商环境的短板。针对跨地区并购战略选择，主并企业所在地区营商环境质量越差、标的企业所在地区营商环境质量越好、主并双方所在地区营商环境距离越小，企业选择跨地区并购战略可能性越大；政府效率、金融服务、市场环境、创新环境分指标对企业跨地区并购战略选择影响作用更明显。针对跨地区并购后果，标的企业所在地区营商环境质量越好、主并双方所在地区营商环境距离越小，跨地区并购成功率越高、并购完成速度越快；金融服务、市场环境、创新环境分指标对企业跨地区并购成效影响作用更明显，政府效率、金融服务分指标对企业跨地区并购完成速度影响作用更明显。本报告的分析结果对于政府优化营商环境、企业并购战略选择、实现区域协调发展乃至加快中原城市群发展及促进中部崛起等方面具有重要的实践价值。

---

* 刘文楷，博士，郑州大学政治与公共管理学院博士后，郑州大学商学院师资博士后，研究方向为公司并购；王新星，郑州大学政治与公共管理学院2019级硕士研究生。

关键词： 营商环境　跨地区并购　河南省

2019年10月，国务院正式发布《优化营商环境条例》，从明确优化营商环境的原则和方向、加强市场主体保护、优化市场环境、提升政务服务能力和水平、规范和创新监管执法、加强法治保障等制度层面为优化营商环境提供了有力的保障和支撑。营商环境作为企业外部体制机制因素和条件的综合性表征，对于企业的改革发展至关重要。跨地区并购作为调整区域经济结构、实现区域经济一体化发展的重要路径，可以有效激发企业的经营活力与创造力，从而实现区域协调发展。良好的营商环境有助于降低企业经营成本，获取更多的资源与优惠政策，缓解信息不对称问题，为企业应对不确定性提供制度保障，降低跨地区投资风险①②，因此，营商环境对企业跨地区并购起到关键作用。通过优化营商环境推进企业跨地区并购是中原城市群建设和区域经济一体化发展的有效手段。

基于2017~2019年河南省企业跨地区并购事件的统计分析发现，河南省企业跨地区并购数量较少且呈现行业和地区集聚性、国有企业跨地区并购活力不足、并购支付方式单一、中介组织参与度低等特点，由此可见，河南省内城际资源等要素的流动性不足，城际协同效应不明显，金融市场及中介组织市场等的发育尚未完善，因此，营商环境的优化对于促进河南省区域间资源流动、实现城际协同乃至区域协调发展至关重要。本报告以河南省内城际企业跨地区并购为研究对象，在解析河南省区域营商环境发展现状及困境的基础上，分析营商环境对企业跨地区并购的战略选择及后果的影响，对于政府优化营商环境、企业并购战略选

---

① Chakrabarti A., Mitchell W., The Role of Geographic Distance in Completing Related Acquisitions: Evidence from US Chemical Manufacturers, *Strategic Management Journal*, 2016, 37(4): 673-694.

② 夏后学、谭清美、白俊红：《营商环境、企业寻租与市场创新——来自中国企业营商环境调查的经验证据》，《经济研究》2019年第4期。

择、实现区域协调发展乃至加快中原城市群发展及促进中部崛起等具有重要的实践价值。

一 河南省区域营商环境发展现状及困境

（一）营商环境数据来源

本报告的营商环境数据均来源于李志军（2019）的著作《中国城市营商环境评价》[①]，将城市营商环境评价指标划分为政府效率、人力资源、金融服务、公共服务、市场环境、创新环境六个层面，对全国290个城市2017年和2018年的营商环境进行评价。本报告选取河南省17个地级市的营商环境评价得分及各分指标的评价得分，解析河南省区域营商环境发展现状及困境。城市营商环境评价体系见表1（括号内数值为指标权重）。

表1 城市营商环境评价体系

一级指标	二级指标
政府效率(0.15)	一般预算内支出(0.50)
	政府服务效率(0.50)
人力资源(0.20)	平均工资水平(0.40)
	高校在校生人数(0.30)
	年末单位从业人员数(0.30)
金融服务(0.15)	民间融资效率(0.50)
	总体融资效率(0.50)
公共服务(0.20)	人均道路面积数(0.15)
	供水能力(0.25)
	供气能力(0.25)
	供电能力(0.25)
	医疗卫生服务(0.10)

① 李志军：《中国城市营商环境评价》，中国发展出版社，2019。

续表

一级指标	二级指标
市场环境(0.20)	人均GDP(0.40)
	固定资产投资总额(0.30)
	当年实际使用外资金额(0.30)
创新环境(0.10)	科学支出(0.50)
	创新能力指数(0.50)

（二）河南省区域营商环境发展现状

基于河南省区域营商环境评价结果，结合省内17个地级市的对标分析以及省内营商环境得分的全国排名分析，梳理河南省区域营商环境的发展现状。

1. 河南省各地区营商环境差异显著，与国内先进水平相比差距较大

河南省17个地级市的营商环境评价结果如表2所示，相对于河南省其他地级市，郑州市的营商环境得分较高，洛阳次之。但与国内营商环境水平高的城市相比差距较大，北京、上海、天津、重庆、深圳等城市的营商环境得分均在65分以上，且广州、南京、武汉、杭州、成都等省会城市营商环境得分均在30分以上，因此，郑州、洛阳营商环境水平虽位于河南省前列，但与国内先进水平相比差距较大。

基于全国排名的分析，在全国290个城市中，仅郑州市营商环境水平位于全国前10%，洛阳市营商环境水平位于全国前30%，在17个地级市中仅有6个城市位于全国前50%，其他城市均处于全国后50%。北京、上海、天津、重庆、深圳等城市的营商环境得分均在65分以上，且广州、南京、武汉、杭州、成都等省会城市营商环境得分均在30分以上，而河南省内区域营商环境最高得分在20分左右，且仅有郑州市营商环境得分在20分以上，洛阳营商环境得分在10分左右，其他城市营商环境得分均在10分以下。由此可见，与全国其他城市的营商环境水平进行对标分析，河南省区域营商环境整体水平较低。

表2 2017～2018年河南省17个地级市营商环境评价结果

单位：分

城市	营商环境		全国排名（共290个城市）	
	2017年	2018年	排名	排名百分比
郑州	22.19	23.24	15	前10%
洛阳	10.64	10.59	74	前30%
焦作	7.60	7.50	122	前50%
新乡	7.09	6.97	137	
安阳	6.81	6.79	141	
南阳	6.87	6.75	145	
开封	6.25	6.29	159	后50%
许昌	5.95	6.10	162	
平顶山	6.09	5.88	172	
驻马店	4.98	5.54	192	后40%
三门峡	5.67	5.48	194	
商丘	5.42	5.45	196	
濮阳	5.47	5.32	204	后30%
信阳	5.42	5.28	206	
周口	5.37	5.26	209	
漯河	5.11	4.67	245	后20%
鹤壁	4.80	4.63	249	

2. 河南省人力资源环境较差，市场环境及创新环境相对较好

本报告选取李志军（2019）著作中河南省17个地级市营商环境各分指标的2018年全国排名进行列示，如表3所示。人力资源指标的排名绝大多数位于全国后50%，其中漯河和鹤壁的人力资源指标处于全国倒数水平；8个城市的政府效率指标排名位于全国前50%，9个城市的金融服务指标排名位于全国前50%，7个城市的公共服务指标排名位于全国前50%，9个城市的市场环境指标排名位于全国前50%，9个城市的创新环境指标排名位于全国前50%，由此可见，河南省人力资源环境整体水平较低，市场环境及创新环境水平相对较高。

对于郑州市而言，其人力资源及金融服务排名位于全国前5%，政府效率、市场环境及创新环境排名位于全国前10%，公共服务排名位于全国前

20%，因此，郑州市人力资源及金融服务水平相对较高，公共服务水平相对较低。对于洛阳市，其政府效率、金融服务、公共服务、市场环境、创新环境排名均位于全国前30%，而人力资源排名位于全国前50%，人力资源水平相对较低。对于整体营商环境水平较低的鹤壁市，其政府效率及市场环境指标排名均位于全国前50%，其他分指标排名均位于全国后30%。

表3　2018年河南省17个地级市营商环境各分指标排名

城市	政府效率	人力资源	金融服务	公共服务	市场环境	创新环境
郑州	26	12	12	45	20	26
洛阳	64	126	61	82	53	51
焦作	115	235	173	110	87	119
新乡	129	188	121	109	140	93
安阳	142	238	147	87	141	123
南阳	190	176	82	151	131	83
开封	124	187	166	131	172	149
许昌	211	242	122	225	96	141
平顶山	164	241	111	146	165	137
驻马店	201	260	123	101	206	135
三门峡	150	274	223	260	92	191
商丘	195	182	128	194	199	196
濮阳	133	271	222	167	154	162
信阳	237	243	110	189	166	190
周口	187	244	155	152	208	174
漯河	179	285	238	166	161	220
鹤壁	135	287	267	209	144	222

3. 区域营商环境发展不均衡

基于省内各地级市的对比分析，郑州的营商环境得分在20分以上，洛阳的营商环境得分在10分左右，而其他地级市的营商环境得分均在10分以下。由此可以看出，郑州市的营商环境总体水平以及各分指标的得分均显著高于其他地区，洛阳市的营商环境总体水平以及各分指标的得分也显著高于郑州市以外的其他地区，漯河和鹤壁的营商环境排名处于全国较低水平。因此，河南省内区域营商环境发展不均衡，区域间营商环境差异较大。

4. 人力资源环境成为营商环境短板

基于营商环境各分指标的对比分析，河南省各地级市人力资源指标的排名绝大多数位于全国后50%，其中漯河和鹤壁的人力资源指标处于全国倒数水平，即河南省人力资源环境整体水平较低，人力资源环境成为河南省营商环境的短板。与此同时，政府效率、金融服务、公共服务、市场环境及创新环境等分指标的优势不明显，即河南省营商环境整体及各细分领域的水平均较差，其中人力资源环境是营商环境的主要短板。

二 区域营商环境对企业跨地区并购的影响

基于河南省区域营商环境发展现状及困境分析，进一步结合理论分析及实证分析的方法深入剖析区域营商环境对企业跨地区并购的内在影响，包括区域营商环境对企业跨地区并购战略选择及后果的影响，同时考虑不同营商环境类型对企业跨地区并购战略选择及后果的影响。

（一）区域营商环境对企业跨地区并购战略选择的影响

1. 主并企业所在地区营商环境质量越差、标的企业所在地区营商环境质量越好、主并双方所在地区营商环境距离越小，选择跨地区并购战略可能性越大

营商环境是影响企业经营的各种外部环境与因素的综合性生态系统。地区间营商环境的差异，导致地区各类资源存在差异，不同地区企业之间就存在重新配置资源的空间，从而促使资源的跨区域流动，为企业跨地区并购提供了契机。

在企业跨地区并购中，由于缺乏对异地政治制度、法律规则、市场环境等的了解，企业面临着较大的不确定性和风险，信息不对称问题相对严重，从而增加了跨地区并购的交易成本，降低成功并购的可能性。良好的营商环境有助于降低企业经营成本及制度性交易成本，缓解信息不对称问题，保护投资者在当地的财产安全与投资收益，从而为企业应对不确定性提供制度保

障,降低跨地区投资风险。同时,良好的营商环境意味着政企关系与商业关系的改善,[1] 企业获取政府的优惠政策及有效信息增多,[2] 对企业的创新、融资和生产等发挥重要作用[3]。因此,地区营商环境的差异会对企业跨地区并购战略选择产生重要影响。

本报告选取 2017~2019 年河南省内城际企业并购事件作为总样本,并购样本中主并企业、标的企业所在地区均位于河南省区域内,并购事件样本来源于 Wind 数据库,其中并购双方所在地区的数据信息主要通过手工整理并购公告中主并双方注册地获取,并购双方企业性质的数据信息主要通过手工整理并购公告中主并双方实际控制人信息进行判断,达成转让意向的日期、董事会预案日期及并购完成披露日期主要通过手工搜集并购公告中相关时间信息获取,并购双方所处的行业主要通过手工搜集并购公告中行业信息并基于证监会行业分类进行综合判断,并购支付方式、并购目的等相关数据均通过手工搜集并购公告中交易特征的信息获取。为了探索河南省区域营商环境对省内企业跨地区并购战略选择的影响[4],利用 Stata 16.0 进行线性拟合,分别讨论主并企业所在地区营商环境质量、标的企业所在地区营商环境质量、主并双方所在地区营商环境距离对企业跨地区并购战略选择的影响。

根据图 1 线性拟合结果,主并企业所在地区营商环境质量越差,主并企业越有动机进行跨地区并购。根据动机理论,个体的内在需求和外部环境共同决定了个体动机的形成机制,从而导致个体行为的发生,即遵循"内在需求及外部环境—动机—行为"的理论逻辑。同时,与跳板理论的观点一致,为了弥补本地营商环境劣势对企业的发展限制,企业具有获取异地优势资源

---

[1] Kljucnikov A., Belás J., ková L., et al., The Entrepreneurial Perception of SME Business Environment Quality in the Czech Republic, *Journal of Competitiveness*, 2016, 8 (1): 66-78.

[2] Tian X. L., Participation in Export and Chinese Firms' Capacity Utilization, *Journal of International Trade & Economic Development*, 2016, 25 (5-6): 757-784.

[3] Hoffman R. C., Munemo J., Watson S., International Franchise Expansion: The Role of Institutions and Transaction Costs, *Journal of International Management*, 2016, 22 (2): 101-114.

[4] 本报告将跨地区并购战略选择界定为:选择跨地区并购赋值为 1,其他赋值为 0,其中主并企业与标的企业注册地不在同一地级市则界定为跨地区并购。

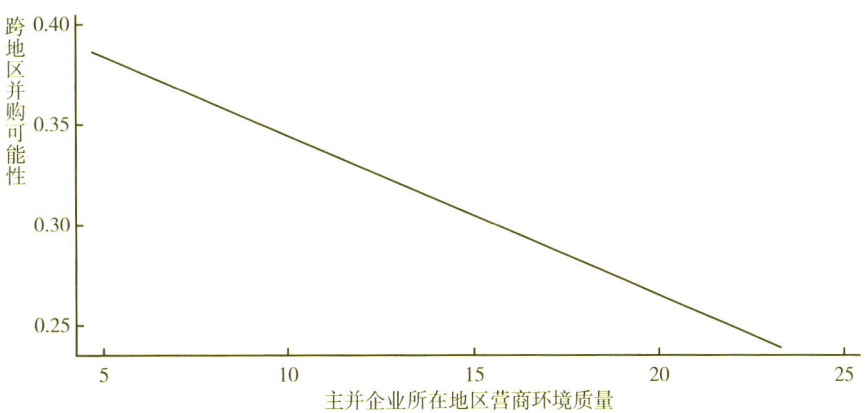

图1 主并企业所在地区营商环境与跨地区并购战略选择

的需求及动机，可以将跨地区并购作为缓解资源约束、提升企业能力的跳板，跨越资源缺陷，从而实现价值创造，即主并企业所在地区营商环境质量越差，企业进行跨地区并购的动机越强，选择跨地区并购战略的可能性越大。

根据图2线性拟合结果，标的企业所在地区营商环境质量越好，越能吸引异地企业进行跨地区并购，发生跨地区并购的可能性越大，即标的企业所在地区营商环境越有优势，主并企业越有动机通过跨地区并购来弥补自身的环境劣势，即主并企业偏好到营商环境更优的标的地区进行跨地区并购。

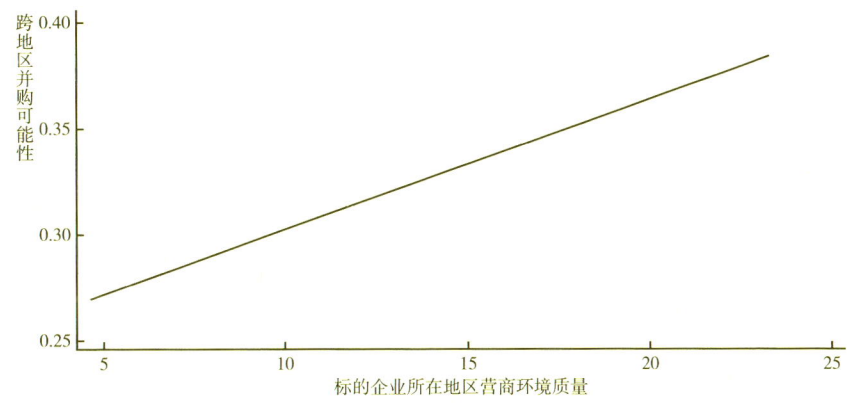

图2 标的企业所在地区营商环境与跨地区并购战略选择

根据图3线性拟合结果，主并双方企业所在地区营商环境距离越小，越容易发生跨地区并购。根据制度接近性理论，营商环境距离较小的两地区之间更加容易接纳彼此的市场环境和交易规则，而区域间了解程度越高，信息不对称程度越低，从而降低区域差异对并购决策的影响。[①] 因此，为了避免较大的环境距离所带来的较高的适应和协调成本以及投资风险、规避外来者劣势等动机，企业会倾向于选择在营商环境距离较小的地区进行跨地区并购。

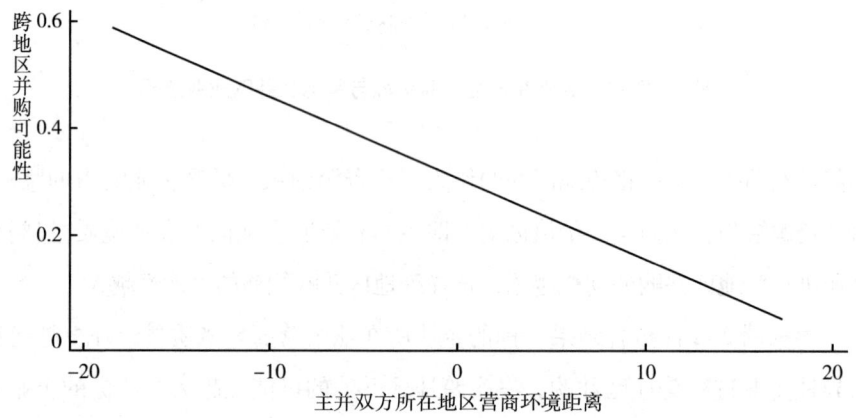

图3 主并双方所在地区营商环境距离与跨地区并购战略选择

注：营商环境距离为主并企业所在地区营商环境质量与标的企业所在地区营商环境质量的差值。

2. 政府效率、金融服务、市场环境、创新环境对跨地区并购战略选择的影响作用更明显

考虑到企业跨地区并购对不同类型营商环境的需求及响应方式不同，不同类型营商环境在跨地区并购中发挥的作用程度不同，即不同类型营商环境对企业跨地区并购战略选择的影响不同，分别讨论政府效率、人力资源、金

---

① Chakrabarti A., Mitchell W., The Role of Geographic Distance in Completing Related Acquisitions: Evidence from US Chemical Manufacturers, *Strategic Management Journal*, 2016, 37 (4): 673-694.

融服务、公共服务、市场环境、创新环境各分指标对河南省内企业跨地区并购战略选择的影响。①

拟合结果显示，政府效率、金融服务、市场环境、创新环境与企业跨地区并购战略选择呈现线性相关关系，即企业跨地区并购对政府效率、金融服务、市场环境、创新环境更敏感，政府效率、金融服务、市场环境、创新环境这四类营商环境分指标对企业跨地区并购的影响作用更明显，而人力资源与公共服务对企业跨地区并购战略选择的影响作用不明显。

对于政府效率而言，在企业跨地区并购交易中，政府服务效率的提升有助于并购交易过程中工商变更等相关程序的简化与优化，从而提升企业跨地区并购的效率。对于金融服务而言，融资约束是影响企业跨地区并购发展的关键。Cornaggia 和 Li（2019）研究发现，并购金融资源丰富地区的目标企业，能够显著改善并购企业原本存在的融资不足问题。② 因此，企业为了满足未来发展阶段中日益增长的融资需求，会在并购决策中优先选择来自金融资源丰富地区内的目标企业。相反地，金融环境包括了企业获取融资的标准和难易程度，宽松的金融准入制度能够为企业发展提供有力的资金支持，即良好的金融服务环境能够创造更加透明和多样的融资渠道，减少信息不对称。因此，随着企业所在地区金融服务环境的优化，企业无须通过交易风险和成本更高的跨地区并购来获得更多的金融资源，即金融服务环境对企业跨地区并购战略选择影响作用显著。针对市场环境与创新环境，良好的市场环境有助于降低企业跨地区并购过程中的交易成本，积极的创新环境有利于企业跨地区并购中创新型支付工具等的发展，从而提升企业跨地区并购效率，强化企业跨地区并购的动机。

---

① 政府效率、金融环境、市场环境、创新环境分指标的拟合效果与营商环境的拟合效果类似，而人力资源、公共服务拟合效果较差，线性关系不明显，限于篇幅，报告中不再列示拟合结果。

② Cornaggia J., Li J. Y., The Value of Access to Finance: Evidence from M & As, *Journal of Financial Economics*, 2019, 131 (1): 232-250.

（二）区域营商环境对企业跨地区并购后果的影响

1. 标的企业所在地区营商环境质量越好、主并双方所在地区营商环境距离越小，跨地区并购成功率越高，并购完成速度越快

由于地区间营商环境的差异，地区各类资源存在差异。根据资源基础理论，资源是企业能力的基础，因此，营商环境带来的资源能力能够改变企业能力的边界条件，即在企业跨地区并购中，营商环境能够改变企业并购能力的边界条件。根据资源基础理论，企业能力是企业战略实施成效的决定因素，[①] 因此，并购能力是决定并购成效的重要因素。同时，根据企业能力匹配理论，并购效果取决于并购战略实施与并购能力的高度匹配，即当企业跨地区并购能力与跨地区并购战略决策相匹配时，企业跨地区并购才能有效实现价值创造，即遵循"资源环境—能力—后果"的理论逻辑。

并购能力是影响企业跨地区并购成效及价值创造的关键因素，并购能力主要包括并购交易能力及并购整合能力，其中并购交易能力包括目标识别能力、目标估值能力、并购融资能力、交易谈判能力。在营商环境质量层面，良好的营商环境能够为企业营造公平的市场竞争环境、减少信息不对称、丰富融资渠道等，[②] 从而提升并购能力，其中并购整合能力的提升对于并购成效作用重大。因此，营商环境对企业跨地区并购后果具有影响作用。

为了探索河南省区域营商环境对省内企业跨地区并购后果的影响，选取河南省内企业跨地区并购的样本，且仅选取并购进度为"完成"和"失败"的样本（剔除并购交易进行中的样本），最终得到跨地区并购样本25个，其中跨地区并购失败的样本3个。分别讨论主并企业所在地区营商环境质

[①] Nath P., Nachiappan S., Ramanathan R., The Impact of Marketing Capability, Operations Capability and Diversification Strategy on Performance: A Resource-based View, *Industrial Marketing Management*, 2010, 39 (2): 317–329.

[②] 罗天正、关皓：《政治关联、营商环境与企业创新投入——基于模糊集定性比较分析》，《云南财经大学学报》2020年第1期。

量、标的企业所在地区营商环境质量、主并双方所在地区营商环境距离对企业跨地区并购成效①及并购完成速度②的影响。

根据图4和图5的拟合结果,在河南省企业跨地区并购交易中,标的企业所在地区营商环境,并购成功率越高;主并双方所在地区营商环境距离越小,并购成功率越高。根本原因在于,标的企业所在地区营商环境好,信息不对称程度降低,从而减少了主并双方之间的信息不对称,提升并购目标识别能力,且公平的市场环境提升了企业的交易谈判能力,良好的政策环境有助于为企业获取更多的融资渠道及税收优惠,从而提升了并购的成功率。在营商环境距离方面,营商环境距离较小的两地区之间更容易接纳彼此的市场环境和交易规则,信息不对称程度越弱,越有利于实现并购后的整合,并购成功率越高,其中标的企业所在地区营商环境越优于主并企业所在地区营商环境,并购成功率越高,而主并企业所在地区营商环境越优于标的企业所在地区营商环境,并购成功率越低。

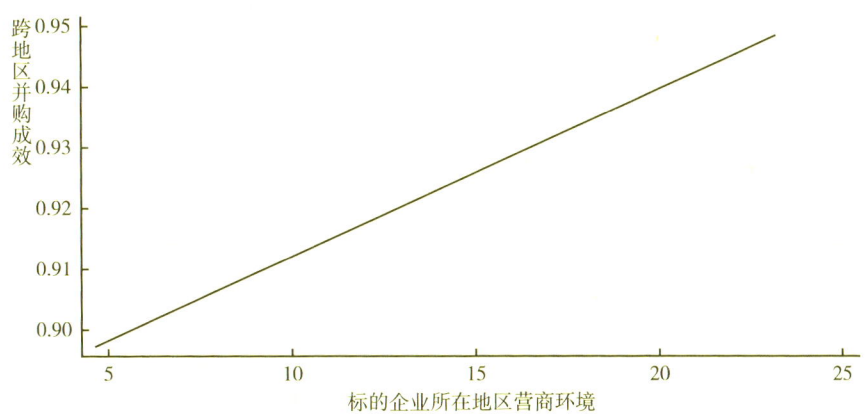

图4 标的企业所在地区营商环境质量与企业跨地区并购成效

---

① 并购成效依据并购进度进行判断,将并购失败赋值为0,并购完成赋值为1,剔除并购交易进行中的样本。
② 选取并购交易完成的样本进行研究,并购完成速度利用并购完成披露日期与达成转让意向日期的差值作为替代变量(若公告中未涉及转让意向的日期,用董事会预案的日期代替),日期的差值越小,表明并购完成速度越快。

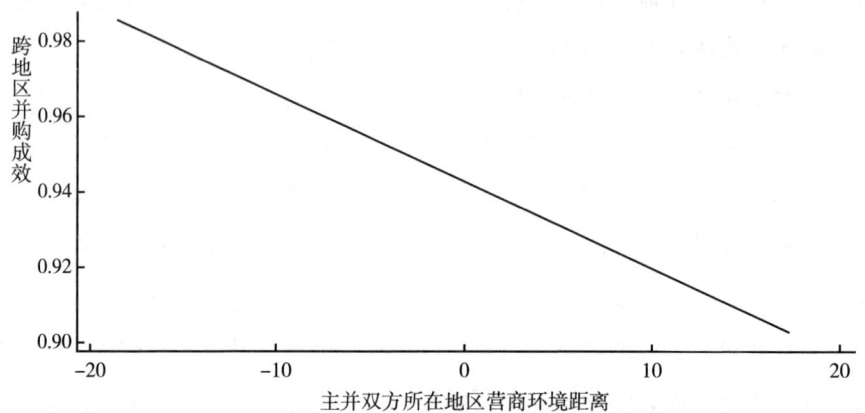

图 5　主并双方所在地区营商环境距离与企业跨地区并购成效

根据营商环境与跨地区并购完成速度的线性拟合结果，标的企业所在地区营商环境质量与跨地区并购完成时间呈现负相关关系，主并双方所在地区营商环境距离与跨地区并购完成时间呈现正相关关系①，即在河南省企业跨地区并购交易中，标的企业所在地区营商环境好，并购完成速度越快；主并双方所在地区营商环境距离越小，并购完成速度越快。根本原因在于，标的企业所在地区营商环境好，并购交易过程中行政效率、融资效率加快，从而提升了并购完成速度。在营商环境距离方面，营商环境距离较小的两地区之间信息不对称程度越弱，完成并购交易所需的时间越短。

2. 金融服务、市场环境、创新环境对跨地区并购成效的影响作用更明显，政府效率、金融服务对跨地区并购完成速度的影响作用更明显

考虑到企业跨地区并购对不同类型营商环境的需求及响应方式不同，不同类型营商环境对并购能力的影响程度存在差异，进一步探索不同类型营商环境对企业跨地区并购经济后果的影响。②

根据拟合结果，金融服务、市场环境、创新环境这三类营商环境分指标

---

① 限于篇幅，营商环境与企业跨地区并购完成速度的拟合结果省略。
② 限于篇幅，各分指标拟合结果省略。

对企业跨地区并购成效的影响作用更明显，而政府效率、人力资源与公共服务对企业跨地区并购成效的影响作用不明显，可能的原因在于，并购能力是影响并购成效及后果的关键因素，而金融服务、市场环境、创新环境能够直接提升企业的并购支付能力、并购估值能力、并购谈判能力等各类并购能力，从而有助于提升并购成功率。

政府效率、金融服务这两类营商环境分指标对企业跨地区并购完成速度的影响作用更明显，而市场环境、创新环境、人力资源与公共服务对企业跨地区并购完成速度的影响作用不明显，可能的原因在于，政府效率能够直接影响企业股权并购中的工商变更手续进程，金融服务能够直接影响企业并购中的融资及支付效率，进而显著影响跨地区并购完成速度。

三　结论与建议

（一）结论

本报告以2017~2019年河南省内城际企业跨地区并购为研究对象，基于河南省区域营商环境发展现状及困境的解析，探索区域营商环境对企业跨地区并购战略选择及后果的影响，同时考虑不同营商环境类型对企业跨地区并购战略选择及后果的影响，分析结果表明：河南省区域营商环境整体水平较低且发展不均衡，人力资源环境成为营商环境的短板。在跨地区并购战略选择上，主并企业所在地区营商环境质量越差、标的企业所在地区营商环境质量越好、主并双方所在地区营商环境距离越小，企业选择跨地区并购战略的可能性越大；政府效率、金融服务、市场环境、创新环境这四类营商环境分指标对企业跨地区并购战略选择的影响作用更明显，而人力资源与公共服务对企业跨地区并购决策的影响作用不明显。针对跨地区并购后果，标的企业所在地区营商环境质量越好、主并双方所在地区营商环境距离越小，跨地区并购成功率越高，并购完成速度越快；金融服务、市场环境、创新环境这三类营商环境分指标对企业跨地区并购成效的影响作用更明显，政府效率、金融服务这两类营商环境分指标对企业跨地区并购完成速度的影响作用更明显。

（二）优化建议

1. 政府优化营商环境、完善区域协调发展机制，为跨地区并购提供制度保障

河南省区域发展不平衡特征明显，区域间要素流动存在障碍。因此，政府需要进一步完善区域协调发展的长效机制，加强城际协同，消除区域壁垒，促进各类要素的自由流动与优化配置。

基于河南省营商环境发展现状以及区域营商环境对企业跨地区并购的影响路径分析，河南省区域营商环境较差是导致企业跨地区并购困境的重要因素。因此，政府需要加快优化营商环境，加速落实《优化营商环境条例》，切实做到"栽下梧桐树，引得凤凰栖"，构建良好的营商环境，吸引优质企业的跨地区并购。同时，需要继续深化"放管服"改革，提升政府服务效率，从而降低制度性交易成本；完善区域投融资体系，积极引导政府资金、社会资本等参与企业融资，构建综合融资服务平台，优化企业融资环境；进一步优化市场环境与创新环境，实现企业投融资工具的多元化。在此基础上，逐步消除国有企业跨地区并购中的制度障碍，降低地方政府在企业跨地区并购中的参与度。此外，需要克服民营企业跨地区并购中的"先天性"劣势，即营造良好环境促进民营企业改革发展，以保障民营企业跨地区并购的顺利实施，加快民营经济发展，进而促进要素在区域间的充分流动，实现区域协调发展。

2. 企业基于营商环境差异进行跨地区并购战略选择，实现价值创造

针对企业并购交易活动，由于跨地区并购交易成本及风险较大，而区域营商环境的差异会影响企业跨地区并购的成效及完成速度，因此，为了提高企业跨地区并购的效率，企业需要基于自身所处资源环境来选择合理的并购战略，树立正确的并购动机、明确自身的并购能力，防范企业跨地区并购过程中的风险，避免盲目跟从、盲目扩张，从而实现价值创造。

此外，企业在寻求跨地区并购目标时，需要从长远利益出发，防止战略

短视行为，综合考虑企业的跨地区并购战略是否协同于未来的长期发展战略，且是否与企业自身的资源能力及外部环境相匹配，以顺利实现企业并购后的价值创造。另外，企业并购后的整合是影响跨地区并购成效的关键因素，决定了并购后企业的协同效应与价值创造，而主并双方所在地区的环境差异是影响并购后期整合的重要因素。总之，企业在进行跨地区并购时，需要高度关注主并双方的环境差异，尤其在跨地区并购的区位选择时需要考虑营商环境差异的影响，避免因主并双方所在地营商环境距离过大导致并购整合失败，从而损毁企业价值。

社会变迁与社会治理篇

Social Change and Social Governance

河南省人口老龄化态势及应对策略

高卫星　陈宁　马静　王轲*

摘　要： 本报告基于《中国统计年鉴》《河南统计年鉴》《中国民政统计年鉴》等权威数据，运用定量分析与定性分析相结合的研究方法，深度考察了河南省人口老龄化的发展态势以及综合应对人口老龄化面临的问题。研究发现，河南省人口年龄结构和全国相比具有比较优势；在21世纪前50年，河南省人口老龄化将呈现三个阶段，即快速老龄化阶段、急速老龄化阶段和深度老龄化阶段。在此进程中，河南省人口老龄化呈现六个方面的特征，即老年人口规模大、老龄化速度快、高龄化趋势明显、城乡倒置、区域发展不平衡以及家庭结构变迁加剧。在人口老龄化背景下，河南面临老年经济保障支撑乏力、健康资源供给不足、养老服务

---

* 高卫星，郑州大学政治与公共管理教授，博士生导师；陈宁，郑州大学政治与公共管理学院讲师；马静，郑州大学政治与公共管理学院讲师，硕士生导师；王轲，郑州大学政治与公共管理学院讲师，硕士生导师。

体系建设相对滞后以及农村老龄化问题突出等困境。为积极应对河南省人口老龄化，可以从以下几个方面推进：以不断提升养老资金保障力度为目标，缩小城乡养老待遇差距；加强老年人健康管理、优化医疗资源配置结构，积极探索建立长期护理保险制度；在充分发挥政府托底救急功能的同时，大力发展社区居家养老，拓展农村养老服务；发展银发经济，培育老年服务产业体系；持续开发利用老年人力资源，培育老年社会组织。

关键词： 河南省　人口老龄化　养老保障　老年产业

人口老龄化是经济社会发展进步的产物，是当前和未来社会发展的常态，也是今后很长一段时间河南省的基本省情。人口老龄化作为一种不可逆转的客观发展趋势，同城镇化、工业化一道成为塑造社会发展格局的基础性力量。党的十九大报告指出，积极应对人口老龄化，构建养老、孝老、敬老的政策体系和社会环境，推进医养结合，加快老年事业和产业发展。积极应对人口老龄化的基础是要全面认识人口老龄化的特征及其发展趋势，整体把握应对人口老龄化进程中的制度阻滞，进而有效构建与人口老龄化进程相适应的制度框架和社会政策体系。河南作为人口大省，近年来老龄化发展态势迅猛、形势严峻。2010～2019年，河南省65岁及以上老年人口由785万增长到1076万，老龄化水平由8.36%提升到11.16%，是我国老年人口数量增长较快的省份之一。同时，河南又是农业大省、劳动力外流大省，老龄化问题具有自身的特殊性。那么，当前河南省人口老龄化呈现何种状况？在积极应对人口老龄化方面面临哪些困境？如何优化河南省应对人口老龄化的政策路径？这些问题的答案对河南省积极应对人口老龄化无疑具有迫切的现实需求和重要的理论意义。本报告力求准确刻画河南省人口老龄化的基本态势，科学研判未来河南省人口老龄化的主要特征和演进趋势，深度挖掘当前河南省在积极应对人口老龄化方面所面临的体制机制和政策障碍，以期为河南省积极应对人口老龄化提出具有针对性、可行性的政策建议。

一 河南省人口老龄化的现状与趋势

（一）河南省人口年龄结构和全国相比具有比较优势

河南省人口年龄结构和全国相比，具有以下特点：第一，河南省少儿人口比重明显高于全国，底部老龄化程度低于全国，未来人口增长动力强于全国；第二，人口老龄化水平低于全国，老龄化进程慢于全国；第三，河南省老年抚养比和总体抚养比都低于全国，总供养负担也低于全国水平。整体来看，河南省人口年龄结构相较于全国具有比较优势（见表1）。

表1 全国和河南省2010~2019年人口年龄结构变动

单位：%

年度	全国			河南省		
	0~14岁	15~64岁	65岁及以上	0~14岁	15~64岁	65岁及以上
2010	16.6	74.5	8.9	21.0	70.64	8.36
2011	16.5	74.4	9.1	21.1	70.2	8.6
2012	16.5	74.1	9.4	21.2	70.0	8.8
2013	16.4	73.9	9.7	21.12	69.82	9.06
2014	16.5	73.4	10.1	21.2	69.4	9.4
2015	16.5	73.0	10.5	21.22	69.15	9.63
2016	16.7	72.5	10.8	21.32	68.8	9.88
2017	16.8	71.8	11.4	21.41	68.4	10.19
2018	16.9	71.2	11.9	21.45	67.94	10.61
2019	—	—	12.6	21.27	67.57	11.16

数据来源：历年河南统计年鉴和中国统计年鉴。

（二）21世纪前50年，河南省人口老龄化进程将呈现3个发展阶段

纵观21世纪前50年，河南省人口老龄化将呈现3个重要发展阶段。整体

来看,老年人口①规模呈现总量扩展、增量提速的发展态势,人口的抚养负担逐步加重(见图1)。

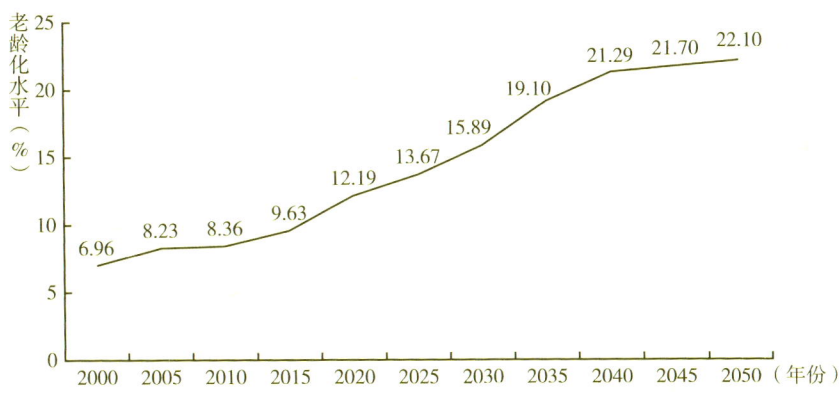

图1 2000~2050年河南省人口老龄化水平变动曲线

数据来源:2000~2015年数据来源于河南省历次人口普查公报数据;2020年及以后数据转引自《河南省人口发展规划(2016—2030年)》的预测数据(取中方案预测结果)。

——快速人口老龄化阶段(2000~2022年)。河南省自2000年进入老龄化社会以来,人口老龄化进程快速推进,老龄化程度逐年加深。截至2018年底,河南省人口老龄化水平从2000年的6.96%快速上升至10.61%,老年人口数量从644万增长至1019万。18年间,老年人口比重和规模明显增长。其中受人口惯性作用,随着1949~1958年河南省第一次出生高峰人口进入老年期,2009~2018年河南省老年人口进入第一次增长高峰,年均净增约14万老年人。受"三年困难"时期出生队列影响,2019~2022年人口老龄化速度可能有所放缓。这个阶段底部老龄化明显,少儿人口总数和比重在总人口持续增加的背景下不断减少,少儿人口占总人口的比重由2000年的25.94%降至2018年的21.45%,老少比从2000年的26∶100转变为49∶100。这一时期,河南省劳动人口在2017年以后虽然持续下降,但总量依然高达6500万左右,是劳动力资源供给最为充分的时期,也是社会总抚

---

① 如无特别说明,本报告所指"老年人口"为年龄65岁及以上的人口。

养比相对较低的时期。

——急速老龄化阶段（2023~2035年）。根据《河南省人口发展规划（2016—2030年）》的预测结果，老年人口数量从2023年的1377万人增至2035年的2021万人，人口老龄化水平从13.4%升至19.1%。在此期间，随着1962~1976年第二次出生高峰人口进入老年期，老年人口迎来第二个增长高峰，年均增加约53.6万老年人。在此期间，少儿人口和劳动年龄人口叠加减少，社会供养负担急速提升。这个时期是21世纪人口年龄结构变动最为剧烈的时期，典型特点是河南省老年人口增长速度最快，老少比显著提高，达到118∶100，不到20年时间，老少比翻一番有余，这种人口老龄化速度在世界人口史上比较少见。

——深度老龄化阶段（2036~2050年）。老年人口数量从2086万人增至2341万人，人口老龄化水平从19.7%升至22.1%。其中，2046~2050年，随着第三次出生高峰人口进入老年期，老年人口迎来第三个增长高峰。这一时期是人口老龄化稳定加重时期，典型特点是老年人口达到峰值，随着人口预期寿命不断延长，高龄老人加速增加，社会抚养负担持续加重。

（三）河南省人口老龄化的主要特征

1. 老年人口规模大

河南省作为人口大省，在人口老龄化程度逐步加深的同时，老年人口规模也持续膨胀，巨大的人口基数决定了河南省老年人口规模也十分庞大。2000年时，河南省老年人口数量为644万人，约占全国老年人口的7.3%，2018年河南省老年人口数量为1019万人，约占全国老年人口的6.2%。到21世纪中叶，河南省老年人口规模将可能达到2400万人左右，届时将占河南总人口的四分之一左右。

2. 老龄化速度快

河南省人口老龄化速度非常快，老年人口总量由21世纪初的644万人，增至21世纪中叶的2341万人，50年时间增长了约2.6倍（见图2）。人口

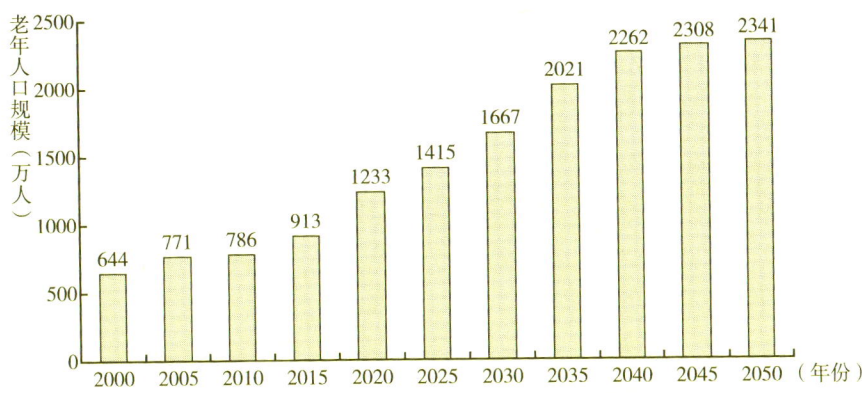

图2　2000~2050年河南省老年人口规模变动态势

数据来源：2000~2015年数据来源于河南省历次人口普查公报数据；2020年及以后数据转引自《河南省人口发展规划（2016—2030年）》的预测数据。

老龄化水平从7%提高到20%仅用37年，而西方发达工业国家一般要用100年甚至更长时间。就我们国家整体而言，大约用34年（见表2）。

表2　老龄化速度比较

单位：年

地区	65岁+老龄化水平达到时间			7%~14%	14%~20%	7%~20%
	7%	14%	20%			
英国	1930	1975	2027	45	52	97
瑞典	1890	1975	2012	85	37	122
法国	1865	1995	2019	130	24	154
美国	1945	2015	2050	70	35	105
日本	1970	1996	2006	26	10	36
韩国	2000	2020	2029	20	9	29
中国	2000	2025	2034	25	9	34
中国河南	2000	2028	2037	28	9	37

数据来源：转引自国家应对人口老龄化战略研究报告。

3. 高龄化趋势明显

2018年河南省80岁及以上高龄老年人口规模约为240万人，约占老年人口的23.6%,高龄化水平高于全国。有预测表明,到2050年我国的高龄化水平将达到22.3%。未来随着第一次出生高峰人口和第二次出生高峰人口的叠加,河南省高龄人口将可能成为老年人口中增长最快的群体,高龄化水平将进一步抬高。与高龄相伴的是生活自理能力下降,对外界补偿性照顾的需求更高,尤其是高龄失能老人的长期照料问题会更加突出。

4. 农村老龄化水平高于城镇

理论上而言,河南省农村人口生育水平高于城市,平均预期寿命低于城市,人口老龄化水平应该比城镇低且进度比城镇慢。但现实情况是,在城镇化背景下,大规模的乡村适龄劳动力人口转移到城市,从而导致农村老龄化水平高于城镇。2010年,我国60岁以上农村人口的占比为15.6%,比城镇高5.7个百分点。河南省近年来城镇化速度高于国家整体水平,从侧面反映出人口的城乡迁移水平更高。河南省人口老龄化城乡倒置状况可能甚于全国。

5. 区域发展不平衡

近10年来河南省所有地级市的人口都在快速老龄化,但是在老龄化水平方面存在较大差异,且在老龄化进度上参差不齐。就老龄化水平而言:第一,2017年驻马店市老龄化水平全省最高,达到13.0%,鹤壁市老龄化水平最低,为9.2%,二者相差达3.8个百分点。第二,就省内区域而言,豫东南大部分地区如商丘市、周口市、信阳市等老龄化水平较高,基本都在12%以上;豫西地区如洛阳市、平顶山市、三门峡市、济源市等老龄化水平在全省处于中间位置,基本在11%~12%的水平;豫北地区如安阳市、新乡市、濮阳市以及省会郑州市的老龄化水平在全省处于低位,基本在10%~11%的水平。就老龄化进度而言,十年间各地市之间的老龄化进度差异较大。部分地市如三门峡市、商丘市、周口市和济源市等老龄化速度较快,十年间增长超过4个百分点;洛阳市、鹤壁市、平顶山市、新乡市、焦作市等老龄化水平增长速度相对较慢;郑州市老龄化速度最慢,十年间仅增长1.5个百分点(见表3)。

表3 河南省2007年和2017年各省辖市人口老龄化水平

单位：%，百分点

区域	2007年	2017年	增量
全省	7.6	10.2	2.6
郑州市	8.9	10.4	1.5
开封市	8.0	11.9	3.9
洛阳市	8.6	11.3	2.7
平顶山市	9.3	11.6	2.3
安阳市	7.3	10.5	3.2
鹤壁市	6.8	9.2	2.4
新乡市	7.2	10.3	3.1
焦作市	7.8	11.2	3.4
濮阳市	7.1	11.0	3.9
许昌市	8.9	12.3	3.4
漯河市	9.2	12.5	3.3
三门峡市	7.2	11.5	4.3
南阳市	8.5	11.5	3.0
商丘市	7.9	12.4	4.5
信阳市	9.5	12.8	3.3
周口市	7.9	12.6	4.7
驻马店市	9.8	13.0	3.2
济源市	6.6	11.4	4.8

数据来源：河南省2008年和2018年统计年鉴。

6. 家庭结构向核心化、小型化、少子化模式转变

人口老龄化在家庭层面表现为家庭小型化、少子化、纯老年人家庭户比重提升和风险老年家庭增加。一是家庭小型化趋势明显。河南省平均家庭规模从2000年的3.7人减少到2017年的2.9人。二是家庭少子化。伴随生育观念的转变和生育成本的提高，家庭生育孩子的数量不断减少，独生子女家庭和无子女家庭日益增加。三是纯老年人家庭逐渐增加。伴随人口高龄化和家庭核心化，多代联合家庭比重逐渐减少，相应的纯老年人家庭户比重逐渐增长。此外，伴随大规模的城乡人口流动，农村产生了大量留守老人家庭。

未来家庭变迁还可能会在目前的基础上继续沿着规模缩小、结构简化、居住分散和关系松散的方向发展。

二 河南省综合应对人口老龄化面临的现实困境

（一）资金政策：老年经济保障支撑乏力

伴随着我国现代化进程以及养老保险制度的实施和完善，社会资源与利益分配办法不断被重新调整，以适应经济社会发展和养老保障的需求。但即便如此，在"双轨制"基本养老保险制度下，城乡社会保障待遇水平差异非常显著。按照现行的城镇职工基本养老保险和城乡居民基本养老保险分别计算养老保险水平（见表4），可以发现：第一，城镇参保职工中的离退休人员基数小，人数增长缓慢，但养老金支出数额高；第二，城乡参保人员中的实际领取待遇人数基数大，是城镇参保离退休人员的3倍左右，但养老金支出金额仅为城镇职工养老金支出金额的12%左右，形成巨大的双元化待遇鸿沟；第三，城镇职工养老金年度支出金额虽有波动，但增长趋势明显，城乡居民养老金支出金额变化大，趋势不稳；第四，城镇参保离退休人员人均养老金为农村居民人均养老金的20多倍，且农村居民人均养老金水平远低于同时期的农村最低生活保障标准。农村人均最低生活保障标准2016年

表4 近5年河南省居民基本养老保险基金实际支取和城乡人均养老金水平变动

年份	城镇参保离退休人数（万人）	城乡领取待遇人数（万人）	城镇职工基金支出（亿元）	城镇支出比上年增长（%）	城乡基金支出（亿元）	城乡支出比上年增长（%）	城镇人均养老金水平（元/月）	农村人均养老金水平（元/月）
2014	342.30	1253.83	832.35	16.6	99.96	4.0	2026.37	66.44
2015	359.75	1305.19	863.73	14.7	154.17	54.2	2000.76	98.43
2016	339.21	1343.78	1016.14	17.6	145.97	-5.3	1985.24	90.52
2017	459.97	1364.00	1394.18	37.2	155.19	6.3	2525.85	94.81
2018	486.40	1382.14	1705.51	22.3	194.30	25.2	2921.99	117.15

数据来源：2014~2018年河南省人力资源和社会保障事业发展统计公报。

为246.67元/月，2017年为267.5元/月，2018年为287.5元/月[①]。这就意味着，如果农村老年人口没有除养老金之外的其他资金来源，其日常生活将难以为继。

（二）医疗卫生：健康资源供给不足

1. 预防保健、健康教育不健全，无法满足老年人日常健康需求

当前医疗卫生服务中，服务内容仍主要局限于"治病"，对健康人群提供的健康教育、体检、健康咨询等预防保健服务十分匮乏；面向慢性病患者的康复、护理等延续性医疗服务更是十分稀缺。服务形式以传统的在医疗机构开展的被动服务为主，走向家庭和社区的主动服务很少。对老年群体的预防保健和健康管理需求了解不足，无法展开有针对性、收效好的健康保障活动。健康教育形式单一，教育效果显现慢。当前河南省老年人的健康教育方式多为科普读物、口头宣传、形象教育等，是"一刀切"的单项传播模式，没有考虑到不同老年群体的健康需求及其对信息的接受理解能力，传递的健康知识缺乏系统性和针对性，不注重健康知识在教育对象之间的共享过程，常见的健康教育方式对老年人健康知识和健康信念的改善十分有限，对健康相关行为的作用也不显著。

2. 医疗卫生资源不足，无法满足患病老年群体的疾病诊疗需求

首先，老年患病群体对于门诊和住院医疗服务的需求难以满足。老龄化不仅会带来门诊服务和住院服务使用频率的提升，而且会增加住院服务的使用概率。根据2018年医疗卫生机构的门诊和住院服务提供情况，对比中部地区其他省份和全国平均水平（见图3）。一方面，河南省居民人均门诊就诊次数居中部六省之首，并超过全国平均水平；另一方面，河南省居民年住院率虽然低于湖北、湖南两省，但仍高于全国平均水平，且入院人数远超中部其他五省。这说明，河南省医疗卫生机构在门诊服务和住院服务供给方面负担非常沉重，面对即将爆发式增长的老年人口数量带来的潜在和现实的医

---

① 数据来源：2016~2018年河南省关于提高最低生活保障标准和财政补助水平及特困人员供养标准的相关文件。

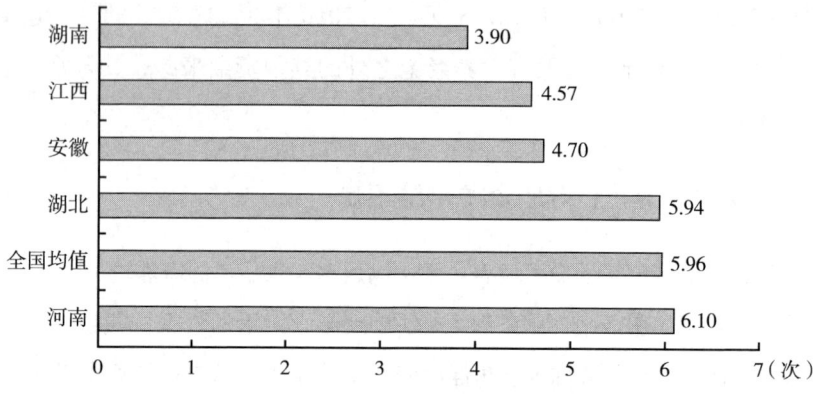

图3 2018年中部六省医疗卫生机构门诊服务情况

疗需求支撑乏力,很可能面临医疗服务供给增长速度大幅落后于需求增长速度的困境。

此外,老年患病群体的医疗保险报销费用与实际支出费用差距较大,个人医疗负担重。以城镇职工基本医疗保险为例(见表5),2018年河南省城镇职工基本医保人均支出金额为2159.61元,在中部六省中最少,但河南省人均门诊和住院费用支出合计8350.5元,在中部六省中位列第三,绝对费用差距大,相对保障能力也不及邻省。由于老年群体的医疗费用普遍高于非老年群体,这种保障不足带来的经济负担,在老年患病群体特别是农村老年患病群体中会更加显著。65岁以后,老年人的经济收入持续减少与医疗花费的持续增长之间就会形成严重的收支不平衡。

表5 2018年中部六省城镇职工基本医保参保与支出情况

地区	职工基本医保人数(万人)	职工医保基金支出(亿元)	职工医保人均支出金额(元)
湖北	1019	318.5	3125.61
山西	664	186.5	2808.73
湖南	867	243.3	2806.23
安徽	809	203.0	2509.27
江西	559	131.5	2352.42
河南	1228	265.2	2159.61

数据来源:《中国卫生健康统计年鉴2019》,作者整理得出。

(三)养老服务体系建设相对滞后

1. 社区居家养老服务供给主体社会化程度不高,服务内容比较单一

社区居家养老服务主体由政府、社会、老年人个人及其家庭等多方组成,其中政府是兜底者和保障者,社会是市场化服务的提供者。就目前河南省社区居家养老服务来看,由于还处于探索和发展阶段,养老服务主要来自政府各方面的支持,社区居家服务中心(站)作为向老年人提供居家养老服务的载体,其建设和运营资金主要来自市、区两级财政;所提供的服务大多局限于老年人日常生活照料方面,服务对象只包括少数老年人。社会化程度低等问题导致养老服务内容少、层次低,从而成为社区居家养老服务顺利实现的瓶颈。同时,服务内容比较单一,无法完全满足老年人需求。目前,大多数社区的养老服务仅仅侧重于老年人基本日常生活服务和休闲娱乐服务,而对医疗保健、精神慰藉等服务重视不够。同时,医疗资源缺乏,医疗设施不完善,服务机制不健全。因此,养老服务需求与现实供给差距较大,老年人的多样化需求无法得到有效满足。

2. 养老机构床位较少、分布不均,且专业服务人员匮乏

第一,床位较中部其他省份少。由于养老服务业资金投入大、回报周期长,现有扶持政策与民间资本的期望还有一定距离等,社会力量对养老服务业投入严重不足。近几年,河南省养老机构数量整体呈上升趋势,但上升速度低于全国水平,养老机构由2015年的1075家增长到2017年的1106家,但在全国养老机构总数中所占的比例却由2015年的3.9%下降为2017年的3.8%。就中部六省养老机构发展情况看,河南省养老机构数量仅超过山西省(551家),在六省中居倒数第二位(见图4)。同时,养老机构市域分布不均。河南省养老机构主要集聚于郑州、洛阳(东部)、开封、安阳等河南省北部城市,而在驻马店、信阳等南部城市则无明显聚集态势,养老资源配置严重不足。

第二,专业服务人员匮乏。至2017年底,河南省养老机构工作人员获得大学专科学历的仅2142人,获得大学本科及以上学历的仅706人;获得

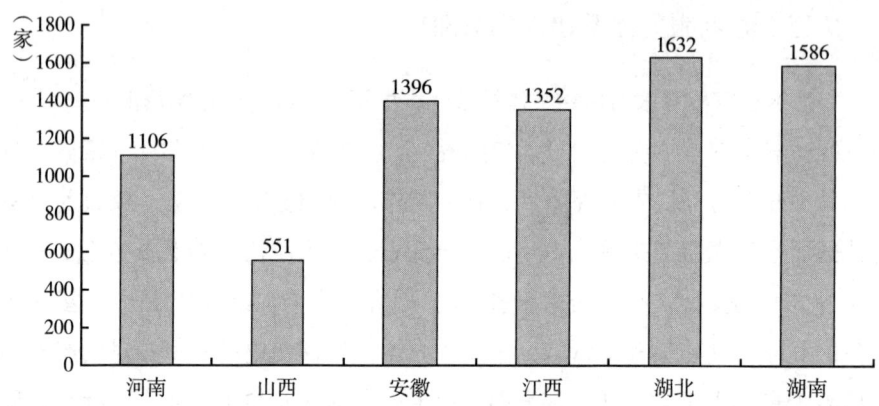

图4　2017年中部六省养老机构数比较

数据来源：中华人民共和国民政部：《中国民政统计年鉴2018》。

助理社会工作师资格的有336人，获得社会工作师资格的有188人；城市养老机构中专业技术技能人员只有3326人。① 因此，养老机构专业服务人员整体素质不高，人员数量较少。养老机构用工难的状况在民办养老机构中表现更为突出。

（四）农村风险人群集聚，养老风险承载能力较弱

河南省人口老龄化城乡倒置局面，较其他地方形势更为严峻。河南农村老龄化程度高、经济发展水平低的状况，决定了农村面临的养老压力将远远大于城镇。然而，当前政府解决老龄化问题的重心却主要是城镇，资金多用于提升城镇社区的养老服务能力，对农村地区还缺少相应的政策、资金支持。此外，河南省是人口流出大省，受人口流动等因素影响，农村传统的家庭养老功能逐渐弱化，独居老人和空巢老人增速加快，比重提高。河南省2010年的数据显示，全省农村空巢老人户多达38.3%。独居和空巢老人将成为农村老年人中的"主力军"，且由于精神慰藉缺失，情感得不到

---

① 中华人民共和国民政部：《中国民政统计年鉴2018》。

抚慰和释放，这些老年人往往会产生孤独、空虚、自卑感，这本身也增加了老年人患病的危险。有研究表明，阿尔茨海默病患者中，"空巢老人"占近六成。河南是农业大省，农村的经济水平总体还不高，与城镇仍有不小差距，应对人口老龄化的经济实力还很弱。同时，农村社会福利发展滞后，保障水平不高，特别是养老和医疗保障，还很难对农村养老发挥支撑作用，农村养老的短板还需要多方面补齐。在这种情况下，农村老年人养老难问题非常突出，特别是对于收入偏低、患大病、高龄及失能失智老年人而言更是如此。

三 河南省积极应对人口老龄化的对策建议

（一）打造有力的多层次制度保障体系

首先，不断缩小城乡养老待遇差距，加大养老资金保障力度。河南省应在"促进经济发展与老龄化进程相适应"发展理念的引导下，合理调整资源划分结构，将经济增长有效转化为适应老龄化社会发展的国民财富积累，增加城乡养老公共服务供给。尤其是加快实施乡村振兴战略，统筹协调政府、企业、居民之间的收入分配，不断提高农村居民收入，缩小城乡养老待遇差距。城乡居民基本养老保险制度应合理设计费基、费率、缴费年限与待遇给付等关键要素，使个人缴费与待遇给付形成与经济社会发展相适应、与城乡养老需求相一致的内在关联性。扩大职业年金的覆盖面，提倡将个人储蓄性养老保险和商业养老保险作为重要的养老保障来源。其次，着力完善养老保障政策体系。提倡家庭责任的适度回归，鼓励家庭成员承担起对老人进行代际支持、精神慰藉和人文关怀的责任。应当针对承担老人照料的家庭给予更多的资金、机会与服务支持。通过政策引导，发挥非正式照料对老年人看护的基础性作用，在有关政策上对失独家庭、失能失智家庭等予以照顾，减免有关费用或给予税收优惠，对于有养老需求的中低收入乃至贫困家庭给予直接资助。

（二）建设预防为主的全周期医疗健康体系

首先，推进深入基层的日常康养服务和健康管理。通过定期体检、建立健康档案等措施，对老年人易患疾病进行提前干预，降低老年人各种慢性疾病和重大疾病的发生率，从而减少居民家庭医疗支出负担；有序发展老年人医疗保健产业，规范医疗保健市场，控制老年人医疗保健消费支出的不合理增长；积极推广老年健康教育，借助广泛覆盖的社区卫生服务体系，加强健康知识传播的规范化、标准化建设，为老年健康教育创造良好的运行平台。其次，优化医疗资源配置结构，加大医疗保障强度。增强应对人口老龄化的改革导向，适时调整医疗卫生资源配置格局、服务内容、服务模式和提供方式，整体上实现由医疗保障和服务向健康保障和服务的转型。适度区分老年病和非老年病的诊疗服务供给，积极推进二级以上综合性医院设老年科，提升疾病诊疗效率；加快完善基本医疗保险制度整合，提高统筹层次和保障水平，积极发展商业健康保险，完善补充医疗保险制度，鼓励和引导发展社会慈善医疗救助，建立健全责任明确、分担合理、多层次的健康保障体系。最后，探索建立失能失智老人长期照护制度。河南省应充分吸收试点地区的建设经验，设计融合居家、社区、机构等多元供给的长期照护实现方式和适应经济社会发展水平与护理需求的补偿机制，做好长期照护与残疾人补贴、经济困难失能老年人护理补贴等福利性补贴项目的整合衔接。同时，注重第三方评估机构和老年健康状况信息收集工作的推进。可以先选择最急迫、最需要长期照护保险的重度失能失智老年群体进行制度落地的探索，合理调试资金来源、服务范围的结构，最终实现满足老年人多样化、多层次的长期照护需求的目标。

（三）构建科学合理的全覆盖式养老服务体系

首先，大力发展社区居家养老事业。不断完善家庭能力建设与可持续发展的支持政策，发挥家庭在社区居家养老服务中的重要作用。丰富社区居家养老服务内容和形式，加快社区居家养老服务网络建设，探索物业企业开展居家养老服务。同时，整合政府、市场、社会组织与老年人家庭和老年人个人的资源，推进智慧养老服务体系建设。逐步打通行业管理部门、为老服务组织、服务对象间的信息孤岛和数据壁垒，促进人工智能、物联网、大数据等新一代信息技术和智能硬件等产品在养老服务领域的深度应用，构建全省养老服务数据资源中心及应用服务平台，营造互联互通的智慧养老新环境。其次，积极引导和扶持养老机构的发展。制定和落实在投融资、税费优惠、床位补贴、建设经费补贴、水电优惠等方面的扶持政策，着力解决养老机构经营成本过高的问题；支持养老机构规模化、连锁化发展，着力打造几家具有影响力和竞争力的养老服务品牌。适度发展市场化的中高端养老服务产业，满足多层次、个性化的养老服务需求。最后，拓展农村养老服务建设。一方面，优化政府在农村养老方面的职能，合理定位政府在农村养老服务发展中的地位和作用，确保政府在农村养老服务发展方面有进有退，给市场及社会留出充分的参与空间及机会，形成养老服务多主体、多层次供给的良好局面。另一方面，逐步完善对农村家庭以及社区养老的相关支持政策。通过向农村居民宣传"孝道精神"、向家庭照护人员发照护补贴、开展邻里互助、引导社区志愿服务入户等方式，进一步探索农村家庭与社区合作养老的长效机制。大力发展政府扶得起、村里办得起、农民用得上、服务可持续的农村幸福院等互助养老机构和设施。

（四）培育规范有序的多功能银发经济体系

首先，培育老年服务产业体系。着力培育老年医疗护理、老年生活照料、老年教育咨询、老年文化娱乐、老年旅游养生、老年保险理财、专业养老地产等领域新的增长点，重点支持智慧养老发展。支持和促进老年护理、康复辅具、电子呼救（叫）等老年用品、服务产品的研发、生产和销售，开展老年人家庭服务、养生保健、旅游休闲、金融理财、安宁疗护等特色服务。发展老年旅游市场，为老年人提供更多旅游产品。发展面向老年人的数字出版、互动新媒体、移动多媒体等新兴文化产业。其次，完善老年产业政策，繁荣老年人用品市场。建立政府引导、部门推动、行业管理、社会参与、市场有序竞争的老年产业发展机制。加快制定扶持老年产业发展的信贷、投资等政策。建立老年产业发展基金，打造老年产业园区。制（修）定老年用品和服务产品的质量、规格认证标准，推进老年服务机构的专业化、市场化运作，形成一批老年产业知名品牌。同时，增加老年用品供给。引导支持相关行业、企业围绕健康促进、健康监测可穿戴设备、旅游休闲等重点领域，推进老年人适用产品、技术的研发和应用。丰富适合老年人的食品、药品、服装等供给；加强老年用品测试和质量监管，鼓励开辟老年用品展示、体验场所，发展老年用品租赁市场。

（五）营造功能齐全的多渠道社会参与体系

老年人积极参与社会活动，不仅可以延缓老年人生理性老化，提高老年人生活质量，而且也是社会发展的内在需要。因此，要树立积极应对人口老龄化的理念，科学制定老年人社会参与的长期规划，加快出台老年人社会参与的实施意见或办法，重视发挥老年人的知识、经验等优势，为老年人参与社会发展营造良好氛围，提供政策支持和服务。首先，促进老年人力资源开发。鼓励支持老年人参与从事生产经营、社会公益和志愿服务活动，充分发挥老年人在基层治安维稳、政治宣传、社会治理等方面的积极作用，依法保障老年人正常参与社会生产、工作等与在职人员享有同等待遇的劳动权利和合法收益。同时，积极发挥老年人在家庭教育中的作用及在化解社会矛盾中的经验和优势。广泛开展"银龄互助""时间银行"等活动，倡导和支持低龄、健康老年人为高龄、失能、失智老年人提供服务。其次，培育发展老年社会组织。广泛搭建平台，灵活创新形式，坚持扶持发展和规范管理并重，加强老年社会组织的登记管理和工作指导，采取政府购买服务等措施，加大对公益性、互助性、服务性、专业性基层老年社会组织的支持力度。加强基层老年协会建设，提升服务能力，规范日常管理。支持、鼓励和引导老年人依据个人特长、兴趣、意愿等加入正规的协会或组织，通过有组织的规范化的集体活动来服务社会，贡献力量，增加经济收入，实现自身价值。

河南省科技人才流动状况调查分析

钱花花 杨曦 韩恒*

摘　要： 本文以2019年执行的"河南省科技人才流动状况调查"为数据来源，分析了2013年以来河南省科技人才流动的客观状况、影响因素及其满意度评价。调查发现，近年来河南省对青年科技人才的吸引力较大，但对高层次青年科技人才的吸引力略显不足；事业发展、工资福利待遇以及生活质量是影响科技人才流动的主要因素；科技人才对在河南工作和生活的总体满意度不高，其中，工作评价中单位的压力状况、管理制度和工资福利待遇满意度较低，生活评价中住房的满意度较低，城市评价中空气质量、当地人才政策以及基础教育水平满意度较低。建议有关部门均衡引才结构，尤其加大对高层次科技人才的引进力度；优化人才环境，在加快产业结构升级和优化创新创业环境的同时，全方位提升人才服务保障水平；重视"引培结合"，健全政府、社会、用人单位和个人等多元化的人才培养机制。

关键词： 科技人才　人才流动　人才引进

人才是创新发展的第一资源，河南省提出"深入实施人才优先发展战略"，旨在通过推进多项人才发展体制机制改革，最大限度地激发人才创新

---

* 钱花花，郑州大学政治与公共管理学院讲师，硕士生导师；杨曦，郑州大学政治与公共管理学院讲师，硕士生导师；韩恒，郑州大学政治与公共管理学院教授，博士生导师。

创造创业活力,以确保人才"引得进、留得住、流得动、用得好"。吸引人才、留住人才的前提是了解人才流入流出的动机以及影响因素,只有科学分析科技人才流动的状况和原因,才能制定出针对性的人才引进政策。2019年1~3月,本课题组分别对2013年(含2013年)以来流入和流出河南的科技人才群体进行问卷调查,目的就是了解河南科技人才流动的状况、原因及其客观需求等,进而对河南省的科技人才引进政策进行客观评估,为下一步的人才引进政策制定提供有价值的参考。

一 研究设计与样本结构

科技人才的内涵有多种表述,本报告采取《国家中长期科技人才发展规划(2010—2020年)》中对于科技人才的界定,即"具有一定的专业知识或专门技能,从事创造性科学技术活动,并对科学技术事业及经济社会发展做出贡献的劳动者"。在具体调查中,我们把具有大专及以上学历的劳动者作为调查对象,他们广泛分布在事业单位(高校、科研院所、医院等)、企业、政府管理部门等相关单位。同时,本报告重点关注科技人才流动的区域类型,并将其区分为两类:流入和流出。前者是指从河南省外调入河南工作的科技人才,后者是指从河南省调出到省外工作的科技人才。

2019年1~3月,本课题组利用"中国调查与数据中心"的网络调查平台开展了"河南省科技人才流动状况调查",对河南省科技人才的流动状况进行了问卷调查。调查的对象包括两大类:一是2013年以来从其他地区(包括国外及港澳台地区)调入河南工作的科技人才群体,二是2013年以来从河南省调出到其他地区(包括国外及港澳台地区)工作的科技人才群体。调查内容涉及科技人才流动的基本状况、影响因素及其流出/入河南前后的客观评价等。

(一)流入河南的科技人才样本结构

"河南省科技人才流入状况调查问卷"的调查对象为2013年(含2013

年）以来从省外调入河南工作的科技人才。因此，必须同时满足以下三个条件：一是接受过大专及以上学历教育；二是从河南省以外的其他地区（包括国外及港澳台地区）调入河南工作，包括单位或系统内调动、辞职后重新就业等多种情况；三是2013年（含2013年）之后调入河南。参与调查的被访者共有855人，其中同时符合以上三个限定条件的被访者有452人，样本结构见表1。

表1 流入河南的科技人才样本结构

单位：%

变量	指标	比例	变量	指标	比例
性别	男	70.4	现任职称	正高	3.5
	女	29.6		副高	9.1
年龄*	18~29岁	33.0		中级	27.9
	30~39岁	56.0		初级	18.1
	40岁及以上	9.1		不适用职称评定	41.4
受教育程度	大专	5.8	所在行业	工业、制造业等产业	16.4
	本科	42.9		服务业	7.7
	硕士	30.1		信息技术等高新产业	11.3
	博士	21.2		金融业	5.1
毕业院校	985院校	24.6		科研、教育与文化	31.6
	211院校	25.0		公共管理	13.1
				其他	14.8
	普通一本院校	18.4	婚姻状况	未婚	32.7
	二本院校	19.4		已婚	67.3
	三本或专科院校	9.1	子女状况	没有子女	46.9
	境外高校（含港澳台地区）	3.5		有独生子女	35.2
工作单位	党政机关	14.9		有两个及以上子女	17.9
	高校及科研院所	27.4	平均月收入	3000元及以下	5.1
	医院	7.5		3001~6000元	40.3
	其他事业单位	7.8		6001~10000元	34.7
	国有企业	7.3		10001~20000元	15.3
	民企、外资或合资企业	30.5		20001~50000元	2.9
	其他	4.6		50001元及以上	1.7

注：*指该项目有效数据有缺失。

（二）流出河南的科技人才样本结构

"河南省科技人才流出状况调查问卷"的调查对象是2013年（含2013年）以来调出河南省工作的科技人才。因此，必须同时满足以下三个条件：一是接受过大专及以上学历教育；二是从河南省调出至其他地区（包括国外及港澳台地区）工作，包括单位或系统内调动、辞职后重新就业等多种情况；三是2013年（含2013年）之后调出河南。同时符合以上三个限定条件的被访者有464人，样本结构见表2。

表2 流出河南的科技人才样本结构

单位：%

变量	指标	比例	变量	指标	比例
性别	男	66.8	工作单位	党政机关	10.8
	女	33.2		高校及科研院所	14.4
年龄	18~29岁	68.5		医院	2.6
	30~39岁	24.4		其他事业单位	7.8
	40岁及以上	7.1		国有企业	12.1
受教育程度	大专	9.5		民企、外资或合资企业	43.1
	本科	52.2		其他	9.2
	硕士	30.8	职称	正高	3.2
	博士	7.5		副高	5.2
子女状况	没有子女	70.7		中级	15.3
	独生子女	21.1		初级	15.1
	有两个及以上子女	8.2		不适用职称评定	61.2
			婚姻状况	已婚	40.3
				未婚	59.7

二 科技人才流动的基本状况

为了解河南省科技人才流动的基本状况，本报告分别对其学历结构、流出/入地区、单位性质以及获得就业信息的渠道等进行考察。

（一）科技人才的流入状况

1. 超过九成的科技人才具有本科及以上学历，且近七成来自一本院校

在452位被访者中，受教育程度是大专、本科、硕士和博士的分别占5.8%、42.9%、30.1%和21.2%；最后毕业院校是985和211院校的占49.6%，普通一本院校占18.4%，二本院校占19.4%，三本或专科院校占9.1%，境外高校（含港澳台地区）占3.5%。也就是说，调入河南的科技人才中，学历层次为本科及以上的占比高达94.2%，一本院校毕业生占68.0%。这说明，近年来河南省对高学历科技人才的吸引力较大，因此，如何留得住、用得好这些科技人才，应当成为河南省人才发展体制机制改革的重要议题。

2. 从东部地区调入河南的科技人才约占六成，从中西部地区调入的约占三成

在452位被访者中，从北京、上海、广州、深圳四座一线城市调入河南的占37.8%，从其他东部地区调入的占22.8%，从河南之外的其他中部地区调入的占16.2%，从西部地区调入的占13.1%，从境外（包括港澳台地区）调入的占2.9%。究其原因，一方面科技人才的分布存在区域间不平衡现象，东部地区事实上比中西部地区汇集了更多优秀人才，因此伴随着河南省经济社会的发展，这些科技人才较多地从东部地区流入河南。另一方面课题组在进一步调查和访谈中发现，大多数科技人才是因"和家人团聚""回老家工作"或缓解在一线城市和东部地区巨大的生活压力、"改善生活质量"而选择调入河南工作。因此，为了留住用好这些科技人才，甚至进一步吸引更多的科技人才到河南工作，相关部门在加快河南省产业转型升级和优化布局的同时，还要做好针对科技人才的服务保障，尤其是生活保障工作，将科技人才的"心"留住。

3. 超过八成的科技人才流入前后单位性质保持不变，但超过一成科技人才从省外的体制外单位调入河南省的体制内单位

在452位被访者中，40.7%从省外的民企、外资或合资企业调入河南，21.0%从高校与科研院所调入，12.4%从国有企业调入，7.3%从党政机关调

入，4.9%从医院调入，6.2%从其他事业单位调入，7.5%从其他性质单位调入。其中，调入河南前后单位性质保持不变的占83.7%，从体制外单位（民企、外资或合资企业）转向体制内单位（党政机关及国有企事业单位）的占13.4%，从体制内转向体制外的占3.0%。课题组在访谈过程中发现，科技人才较多地从省外的体制外单位调入河南体制内单位的原因大致包括两类：一是与调入的原因有关，多数科技人才表示调入河南的主要原因是与家人团聚、缓解工作压力以及改善工作环境，所以相当一部分科技人才为了追求稳定的职业前景和较好的工作环境而从企业调入党政机关或国有企事业单位；二是与河南省体制内单位的人才引进政策有关，许多被访者表示近年来河南省的党政机关、国有企事业单位在招考招聘人才的数量、领域以及程序的规范化程度方面有了较大提升，促使其愿意从体制外单位转向体制内单位工作。

4.近45%的科技人才通过网络渠道获得工作信息，但仍有两成的科技人才通过社会关系和熟人帮忙找到工作

在452位被访者中，通过用人单位网站、人才网站等网络渠道获得工作信息的占44.2%，通过亲友、师长及同事等社会关系获得工作信息的占20.6%，通过政府劳动或人事部门获得工作信息的占13.7%，通过毕业高校就业办和招聘会获得工作信息的占7.1%，通过人才市场获得工作信息的占3.1%，通过其他方式获得工作信息的占11.3%。由此可见，用人单位网站、人才网站等已经成为调入河南工作的科技人才的主要求职渠道。因此，河南省在今后的科技人才引进过程中，应当进一步提升招聘信息的公开化和透明化水平，尤其要注重借助各类网络渠道广泛传播招聘信息。不可否认的是，在当前中国"熟人社会"环境中，社会关系仍然在科技人才流动过程中发挥着重要作用。因此，在未来的人才引进工作中，相关部门及用人单位应当重视熟人网络的作用，创新招聘信息的传递方式，通过多种渠道和机制吸引人才。

（二）科技人才的流出状况

1.从河南调出的科技人才近七成流向东部地区，约两成流向中西部地区

调查表明，河南省科技人员流出之后近一半到北上广深一线城市工作，

占比49.4%，还有两成到其他东部地区工作。可见，大部分科技人才的流动方向仍然是从中西部地区到东部发达地区，尤其是北上广深一线城市。而到其他中部地区工作的占12.1%，去西部地区工作的占10.6%。我国区域之间经济和社会发展具有不平衡性，导致科技人才的分布亦会受到这种不平衡性的影响。我国各地区间的收入差距不断扩大，带来了科技人才流动明显的倾向性。像北京、上海、广州、深圳和东部沿海地区，市场开放程度的提升和阻碍人才流动的制度性障碍减少，也增加了科技人才流动的倾向程度。

2. 科技人才更倾向于从河南省的事业单位流向外地企业和党政部门

调查显示，与受访者从河南调出前的工作单位相比，在党政机关、国有企业、民企和外资或合资企业工作的受访者比例显著增多，在高校及科研院所、医院等事业单位工作的受访者比例则明显降低（见表3）。可见，从河南省流出到外省的科技人才，更倾向于从高校及科研院所等事业单位流向流入地的企业、党政部门工作。这也反映出河南省事业单位提供给科技人才的待遇、工作环境相对不完善，事业单位面临体制僵化、活力降低的状况，导致科技人才外流。河南省在完善人才引进政策时应重点关注科技研究相关的事业单位，尤其是事业单位的激励机制。

表3 流出科技人才工作单位变化

单位：%

工作单位	离开河南前单位性质	当前工作单位性质
党政机关	5.4	10.8
高校及科研院所	18.8	14.4
医院等事业单位	21.4	10.4
国有企业	7.1	12.1
民企、外资或合资企业	30.8	43.1

3. 科技人才流出河南后的学历层次普遍提升

调查表明，受访者离开河南时的受教育程度：大专学历占11.9%，本科学历占62.0%，硕士学历占22.4%，博士学历占4.7%。而受访者目前的受教育程度：大专学历占9.5%，本科学历占52.2%，硕士学历占30.8%，博士学历占7.5%（见表4）。由此可见，科技人才在离开河南之后，学历有所提高，大专和本科学历的人数变少了，硕士和博士的人数增多了。

表4 流出科技人才学历层次变化

单位：%

学历层次	离开河南时学历层次	当前学历层次
大专	11.9	9.5
本科	62.0	52.2
硕士	22.4	30.8
博士	4.7	7.5

三 科技人才流动的影响因素

为了解河南科技人才流动的具体原因，本报告分别对其调入、调出河南的多项影响因素进行考察。

1. 与家人团聚、促进事业发展以及提高生活质量是科技人才流入河南的主要推动因素，工资福利待遇、基础教育水平为主要限制因素

哪些因素促使科技人才调入河南工作？为了解具体原因，本报告设计了一个问题："关于您到河南工作的原因，下列陈述是否符合您的实际情况"。调查结果显示，被访者选择到河南工作的主要原因依次为：和家人团聚（73.7%）、回老家工作（66.8%）、事业发展（60.0%）、提高生活质量（49.6%）、配偶工作（45.1%）、改善工作环境（41.6%）、增加工资福利待遇（30.1%）、子女教育（24.8%）以及原有工作遇到难处（16.6%）。这一方面说明，与家人团聚、促进事业发展以及提高生活质量是促使在省外工作多年的科技人才调入河南的主要因素；另一方面可以看出，河南省的工资福利待遇以及基础教育水平对于科技人才的吸引力不大。因此，要想留住、用好这些科技人才，相关部门除了要进一步优化产业布局和促进经济发展外，还应当在提高科技人才生活质量、提高其工资福利待遇以及提高义务

教育水平等方面加大工作力度。同时，管理部门和用人单位在吸引人才的过程中要打好"人情牌""老乡牌"，通过多种渠道吸引科技人才返乡就业创业。

2. 促进事业发展、提高工资福利待遇、改善工作环境和提升生活质量是科技人才流出河南的主要"拉力"因素

科技人才流动过程中同时受到多种因素影响，包括流入地的"拉力"和流出地的"推力"。所谓拉力就是一种把准备迁移或流动的人口向内拉住的力量，其他地区在就业机会、工资收入、生活水平、受教育机会、文化设施和交通条件等方面的因素均有可能对流出科技人才形成拉力。调查中我们询问了被访者离开河南的原因，结果表明，在科技人才流出的"拉力"中，87.3%的被访者是为了事业发展，87.1%的被访者是为了增加工资福利待遇，86.9%的被访者是为了提高生活质量，85.6%的被访者是为了改善工作环境。由此可以看出，在市场经济和人口自由流动的情况下，科技人才流动的主要原因既有对自己事业的追求，也有工作待遇福利的增加、工作环境的改善和生活质量的提高。增加单位的福利待遇、改善工作环境、提高科技人才的生活质量、促进事业发展是留住科技人才的重要因素。

3. 工资福利待遇不高、事业发展前景受限以及宏观经济社会环境不佳是科技人才流出河南的主要"推力"因素

所谓推力就是一种把准备迁移或流动的人口向外推的力量，科技人才流出前所面临的工作、生活等方面困难均有可能成为其离开河南的推力。调查结果显示，由于工资和福利待遇不好而离开河南到外省工作的占64.9%，由于工作环境和人际关系差而离开河南的占26.9%，由于看不到发展前景而离开的占65.1%，由于工作不自由、受限制而离开的占39.9%，由于单位管理制度落后而离开的占49.8%，由于单位不解决住房问题而离开的占44.8%，由于单位承诺的待遇没兑现而离开的占36.9%，由于当地空气质量问题而离开的占56.0%，由于当地开放水平低而离开的占58.2%，由于当地经济发展落后而离开的占59.3%，由于当地公共服务水平低而离开的占59.7%。上述数据表明，在组织层面，工资福利待遇差、事业发展前景

受限是科技人才流出的主要原因；在宏观环境方面，空气质量问题、开放水平仍然较低、经济发展仍然较落后、公共服务水平低这些宏观层次的问题构成了科技人才流出的较强推力。以上各方面分析可以看出，河南省对科技人才的吸引力与东部地区相比有较大差距，河南对科技人才的推力与迁入地对科技人才的拉力，促使科技人才由于种种因素离开河南。

四 满意度评价

为了解科技人才对其在河南工作、生活状况的客观评价，本报告在对其在河南工作和生活的总体满意度进行分析的基础上，分别从其对工作单位、家庭生活和所在城市整体环境的满意度进行考察。

（一）流入科技人才的满意度评价

1. 仅约35%的流入科技人才对其在河南工作和生活的总体状况表示满意

调查结果显示，3.8%的被访者表示对其目前在河南的工作和生活状况非常满意，31.9%的被访者表示比较满意，50.9%的被访者表示一般，9.1%的被访者表示比较不满意，4.4%的被访者表示非常不满意。也就是说，仅约35%的科技人才对其在河南工作和生活的总体状况表示满意，约15%的科技人才对其在河南工作和生活的总体状况不满意。科技人才对当前工作和生活状况的评价，反映其日常工作的状态和对业绩的满意情况，甚至与其未来流出河南的意愿高度相关。因此，相关人才管理部门应当高度重视这一现象，从多个方面入手完善人才管理和服务体制，使科技人才在河南落地生根。

2. 流入科技人才对其单位及工作的软环境和发展前景评价高于硬环境和现状

我们询问了被访者目前对个人工作及单位状况的评价，调查结果显示，被访者对其工作及单位的各项评价普遍较低，其中对工作压力状况、单位激励制度、单位其他管理制度、工资及福利待遇的评价最低。被访者对其所从事的工作以及所在单位的满意度（"比较满意"与"非常满意"

之和）从高到低依次为：单位人际关系（47.8%）、单位发展预期（44.0%）、工作环境（43.6%）、单位文化氛围（39.8%）、工作发展前景（39.6%）、工作中个人价值的实现（39.1%）、工资及福利待遇（32.1%）、单位其他管理制度（30.5%）、单位激励制度（28.4%）、工作压力状况（28.3%）。

上述调查数据表明，首先，调入河南工作的科技人才对其工作及所在单位的整体评价并不高（各项满意度均低于50%）。其次，科技人才对工作压力状况、单位激励制度、单位其他管理制度、工资及福利待遇的评价最低（其满意度约30%）。最后，科技人才对其工作及单位的软环境（如人际关系、文化氛围）和发展前景（如单位发展预期以及工作前景等）的评价略高于硬环境（如单位管理制度、激励制度）和现状（如工资及福利待遇、工作压力等）。这一方面反映出中青年科技人才本身的职业特征（工作压力大、薪酬水平低，但仍对未来发展充满信心），另一方面也反映出河南省各单位的人力资源管理和开发在工资福利待遇、激励制度、管理制度等方面有待改进和完善。

3. 流入科技人才对到河南后的家庭生活评价普遍不高

调查中我们还询问了被访者对个人及家庭生活状况的评价，调查结果显示，科技人才在个人及家庭生活方面面临巨大压力。被访者对个人及家庭生活的评价（"比较同意"与"非常同意"之和）从高到低依次为：工作收入足以支付家庭开支（32.5%）、家庭住房需求基本得到满足（27.0%）、工作之外的闲暇足以照料父母和子女（25.7%）。这一方面反映了普遍的社会现象和问题，青年职业群体本身面临着工资收入低、工作压力大以及生活成本高（尤其住房方面）等问题；另一方面，这些个人及家庭生活方面的压力极易影响青年群体的工作状态及流动意向，政府及其单位应当加大对科技人才的生活支持力度。

4. 流入科技人才对空气质量以及城市基础教育水平的满意度最低

除了对工作和单位、生活和家庭进行评价之外，我们还询问了被访者对所在城市的评价，调查结果显示，科技人才对所在城市的整体评价较低，其中对空气质量和城市基础教育水平的满意度最低。被访者对其所在城市的满意度（"比较满意"与"非常满意"之和）从高到低依次为：交通便利程度（27.6%）、城市医疗卫生水平（26.8%）、城市经济发展水平（22.6%）、政府服务效率和态度（22.5%）、当地人才引进政策（21.1%）、城市基础教育水平（19.3%）、空气质量（11.5%）。由此可得出以下结论：首先，到河南工作的科技人才对其所在城市的整体评价并不高（各项满意度均低于30%）；其次，空气质量以及城市基础教育水平的满意度最低。城市的自然条件、基础设施、服务水平以及人才引进政策已成为科技人才流动的重要影响因素，河南省应当在以上方面着力改进，尤其城市空气质量方面。

（二）流出科技人才的满意度评价[①]

1. 流出科技人才对在河南工作时的工作发展前景、工资福利待遇以及单位激励制度满意度较低

对于流出河南的科技人才，我们考察其流出前对工作及单位的不满意评价。调查结果显示，被访者对其所从事的工作以及所在单位的不满意度（"比较不满意"与"非常不满意"之和）从高到低依次为：工作发展前景（40.8%）、工资福利待遇（36.7%）、单位激励制度（36.2%）、单位发展预期（34.7%）、个人价值实现（33.4%）、工作环境（33.0%）、工作压力状况（31.6%）、单位其他管理制度（29.8%）、单位文化氛围（26.9%）、单位人际关系（20.1%）。由此可见，流出河南的科技人才对其在河南省时的工作状况满意度较低，尤其在工作发展前景、工资福利待遇、单位激励制度及发展预期等方面稍倾向于负面评价。这也与前文分析的科技人才流出的影响因素相互验证。

2. 流出科技人才对其在河南工作时的家庭生活状况满意度较低

调查结果显示，31.7%的受访者表示他们和配偶的收入不足以支付家庭

[①] 对流出河南的科技人才着重考察其对在河南工作时的工作单位、家庭生活和城市整体环境的不满意评价，以进一步分析其流出河南的"推力"因素。

开支，34.4%的受访者表示他们在工作之外的闲暇不足以照料父母子女，35.6%的受访者表示家庭的住房需求无法得到满足。可见，河南省在对科技人才的物质生活保障方面有些许欠缺，工资福利待遇、工作压力以及住房状况均形成了一定推力，是导致科技人才流失的重要原因。

3. 流出科技人才对空气质量、交通状况以及人才引进政策的满意度最低

调查结果显示，流出科技人才对所在城市的整体评价不高，其中对空气质量、交通状况以及当地的人才引进政策满意度最低。被访者对其所在城市的不满意程度（"比较不满意"与"非常不满意"之和）从高到低依次为：空气质量（45.9%）、交通便利程度（32.4%）、人才引进政策（31.5%）、政府服务效率和态度（31.0%）、基础教育水平（29.8%）、经济发展水平（28.2%）、医疗卫生水平（27.0%）。生活环境是吸引人才必不可少的影响因素，随着人们物质生活水平的提高，环保问题与污染治理备受关注，人才选择流入地时大部分都会考虑当地空气质量、水源质量、城市绿化环境建设、气候条件、地理位置区位优势等自然环境现状。同时，交通便利程度以及当地人才引进政策，在引进科技人才过程中也非常重要，政府或单位应从更加重视科技人才的生活、医疗、交通、居住、消费结构、环境卫生等方面来吸纳科技人才。

五 调查结论与政策建议

（一）调查结论

通过上述调查分析，我们得出以下结论。

第一，近年来河南省对青年科技人才的吸引力较大，但对高层次青年科技人才的吸引力略显不足。

第二，事业发展、工资福利待遇以及生活质量是影响科技人才流动的主要因素。

第三，科技人才对在河南工作和生活的总体满意度不高，其中工作评价

中单位的压力状况、管理制度和工资福利待遇满意度较低,生活评价中住房的满意度较低,城市评价中空气质量、当地人才政策以及基础教育水平满意度较低。

(二)政策建议

基于以上结论,建议从以下几方面完善河南省科技人才引进政策。

第一,均衡引才结构,尤其加大对高层次科技人才的引进力度。这就要求相关政府部门聚焦河南省"三区一群"(郑州航空港经济综合实验区、郑洛新国家自主创新示范区、自由贸易试验区和中原城市群)等国家战略规划的建设实施,瞄准重点产业、重点领域和优势学科,加大人才引进力度、切实落实人才引进政策、改革人才管理机制、提升人才服务水平,统筹实施高层次人才引进工程。可考虑团队引进、特聘教授及假期间的"候鸟式引进"等形式,注重独当一面的学科、学术带头人和研究团队的引进,提供人才引进合作平台。甚至可以采用柔性的人才引进方式,通过兼职挂职、技术咨询、项目合作、客座教授、医师多点执业、"星期天工程师"等多种形式,大力汇聚高层次人才智力资源。

第二,优化人才环境,在加快产业结构升级和优化创新创业环境的同时,全方位提升人才服务保障水平。引进人才只是第一步,留住人才是解决人力资源问题的关键。河南省应大力优化人才环境,变被动引进人才为主动"筑巢引凤"。人才环境不仅指科研环境、创新创业环境和就业环境,还包括医疗、子女入学等相关配套服务。因此,相关部门和用人单位应当做好以下几方面工作:加快河南省的产业转型升级和结构优化布局,不断提升全省的经济发展水平和潜力,以广阔的发展前景、良好的创业就业环境以及优渥的薪酬待遇吸引不同层次、不同领域的科技人才;建立开放务实的人才引进机制,发挥高端人才猎头、行业协会、驻外机构和"人才特使"等的引才作用,建立人才工作海外联络站和"北上广深"人才工作站,构建国际国内引才服务网络;全方位提升科技人才的服务保障水平,制定针对不同层次、不同领域科技人才的专项政策,为其提供社保医疗、住房安居、配偶就业、子女入学、创业扶持等方面的具体服务和保障；不同层级的政府或用人单位根据自身情况建设人才公寓或为科技人才提供一定住房补贴，协助解决其配偶工作或子女教育问题。

  第三，重视"引培结合"，健全政府、社会、用人单位和个人等多元化的人才培养机制。正如"核心的技术是用钱买不来的，也是引进不来的"一样，把自主培养高层次人才放在首要地位才是真正实现人才强省的理智之举。所以，应注重科技人才培养与引进的适度平衡，省级财政应加大对人才培养的支持力度，大力推动本土人才国际化培养与使用，通过定期公派出国留学、海外挂职培养、国内国际人才培养项目等方式，积极利用国外教育培训资源培养本土国际化人才。针对国际化人才培养，可以国内培养与国外培养相结合、国内培养为主的模式，同时联合省内重点高校和科研院所或国外重点高校和科研机构开展培训课程，加强对本土科技人才的培养，在重大科技项目的建设实施过程中也应注重对人才的培养，以不断提高全省科技人才的整体水平。秉持"以用为本"的人才思想，综合政府、社会、用人单位和个人等多元主体的力量，建立适合本地区、本单位的人才培养机制，通过政策调整和制度创新，改善人才成长的土壤和环境，使得各类人才各显其能、各尽其用，最终成为推动地区经济社会发展的中坚力量。

河南省妇女生育变动状况及政策促进研究

陈 宁*

摘　要： 基于河南省统计年鉴数据和2017年全国生育状况抽样调查河南省样本数据，本报告利用时期和队列分析方法，通过总和生育率、生育模式和队列生育率等指标的变化和对比，考察了生育政策调整后河南省妇女的生育水平及变动趋势。研究发现：一是河南省总和生育率高于全国，并在生育政策调整后出现"政策性反弹"，且这种反弹几乎由二孩总和生育率升高所贡献；二是育龄妇女生育模式出现转变，一孩总和生育率偏低，低龄组妇女生育贡献率下降；三是妇女初婚和初育推迟明显；四是35~39岁组妇女的平均活产子女数和二孩递进比提高，反映了生育政策调整初期效果明显；五是生育政策调整效果存在城乡差异，城市妇女生育水平提升幅度高于农村；六是基于影响出生人口的趋势性因素判断，未来河南省出生人口持续下行将是基本态势。基于此，为实现更替生育水平，促进人口均衡发展需要综合施策，宜从以下五个方面着力：第一，完善生育政策，逐步推动家庭自主生育；第二，加大对生育的经济支持力度，探索建立育儿津贴制度；第三，构建城乡有别的差异化生育支持政策体系；第四，进一步完善0~3岁婴幼儿托育照料服务体系；第五，从更高站位推动构建生育友好型社会。

---

* 陈宁，博士，郑州大学政治与公共管理学院讲师，社会治理河南省协同创新中心研究员，研究方向为人口老龄化与老年保障。

关键词： 生育政策调整　时期生育水平　队列生育水平　河南省

人口问题是决定经济社会发展的基础性、全局性和战略性问题，近年来，我国相继实施了"单独二孩"政策和"全面二孩"政策。而生育政策调整后的人口学效果究竟如何，关系到对当前人口形势、低生育水平和人口规律的认识。2019年11月5日，十九届四中全会公报进一步提出要"优化生育政策，提高人口质量"。河南省作为我国第一户籍人口大省，人口基数大，生育状况对全国影响较大。自生育政策调整放宽以来，虽然总体来看出生人口数量和生育水平均有一定程度回升，但当前尚缺乏对河南省生育政策调整之后生育变动状况的系统分析。因此，本报告将依托河南省统计年鉴数据和2017年全国生育状况抽样调查河南省样本数据，分析生育政策调整前后河南省妇女的生育变动状况，并结合育龄妇女规模和结构变动以及生育水平变动对河南省未来生育态势进行科学研判，以期为河南省进一步优化生育政策，促进人口长期均衡发展提供理论支撑和决策依据。

一　河南省妇女时期生育水平现状及变动

（一）总和生育率和分孩次总和生育率变动

总和生育率是衡量妇女生育水平变动最为常用的指标，主要反映生育水平在不同时期的变动。尤其是分孩次总和生育率，同时排除了育龄妇女规模和年龄结构的影响，可以直观反映生育政策调整对生育水平的影响效应。

1. 河南省生育率高于全国总体水平，并在生育政策调整后波动上升

数据显示，2010年以来，全国的总和生育率基本维持在 1.5～1.7。而基于河南省统计局人口变动抽样调查数据计算发现，生育政策调整以来河南省总和生育率基本维持在 1.2～1.5，基于2017年河南省生育抽样调

查数据计算发现河南省总和生育率基本维持在1.8~2.0。鉴于历年人口变动抽样调查可能存在的出生漏报和2017年生育抽样调查可能存在的样本偏误,综合两类数据来源判断近年来河南省生育水平可能在1.7~1.8。也就是说,河南省当前的生育水平尚未陷入"低生育陷阱",但同全国相比,河南省的生育水平高于全国,相比全国具有一定比较优势,当然,尽管如此,河南省生育水平距离实现人口长期均衡发展的更替水平依然有一定空间。

从时间序列方面来看,在生育政策不断完善以及人口惯性的影响下,河南省妇女总和生育率呈现一种波动之中的上升态势,即生育水平除了2015年出现低值外实现了稳中有升。"单独二孩"和"全面二孩"政策的影响效应反映在2014年和2016年的总和生育率与之前年份相比有明显提升。从生育结构上来看,近年来河南省生育水平保持总体稳定并出现回升的主要驱动力来自二孩生育率的升高。如图1所示,2012年以来,河南省一孩生育率呈降低趋势,拉低了总和生育率;而二孩生育率呈上升趋势,则抬高了总和生育率。在一孩生育率下降的情况下,河南省的总和生育率依然保持稳定并小幅上升,出现"政策性反弹",二孩生育率的升高发挥了重要作用。

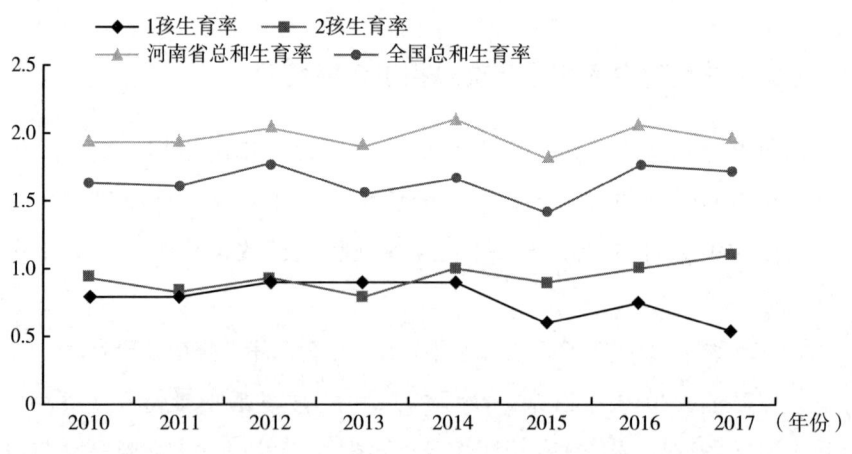

图1 2010~2017年全国和河南省分孩次总和生育率变动状况

2. 一孩生育率波动下降,二孩生育率总体提升

分孩次总和生育率可以进一步揭示河南省近年来生育率变动的特点(见图1):第一,一孩总和生育率自2012年以后走低。一孩总和生育率下降,一定程度上消减了总和生育率的抬升,弱化生育政策调整的效果呈现。而一孩总和生育率下降至较低水平,必然会导致一孩出生人数的减少。第二,二孩总和生育率与一孩总和生育率呈现变动方向相反的趋势,并且持续反弹。河南省二孩总和生育率自2014年开始超过一孩总和生育率,2016年和2017年持续超过1,呈现生育水平变动的"非常态现象"。这一方面表明生育推迟的"进度效应"明显;另一方面则表明政策调整后二孩生育的"堆积效应"显著。

河南省在2016年和2017年一孩生育率处于较低水平的情况下,总和生育率仍然保持稳定并出现回升,原因在于二孩总和生育率提高带来的抬升效应,这也表明了生育政策调整对时期生育水平的影响较大,"全面二孩"政策效应非常显著。

(二)总的生育模式和二孩生育模式变动

利用年龄别生育率及分孩次年龄别生育率绘制生育模式曲线,能够展现某时期某人口的生育模式。年龄别生育率的变化可以直观反映生育政策调整对妇女生育行为的影响。

1. 低龄组妇女生育推迟明显,育龄妇女平均生育年龄有所增加

图2刻画了河南省总的生育模式变动曲线,从中可以发现几个显著特点。第一,年龄别生育率曲线整体"向右偏移"。近年来,河南省20~24岁低龄组育龄妇女的生育率相对下降,25~39岁组育龄妇女生育率提升比较明显。年龄别生育率的"一降一升"至少反映出两个问题:一是低龄组育龄妇女生育推迟比较明显;二是生育政策调整后育龄妇女平均生育年龄有所增加。第二,年龄别生育曲线的峰值水平显著提高。自生育政策调整以来,河南省年龄别生育率的峰值水平显著提升,这表明在生育政策调整的"机会窗口"下,中高年龄组育龄妇女出现"补偿性生育",原本被生育政策限制的生育潜能得到了进一步释放。

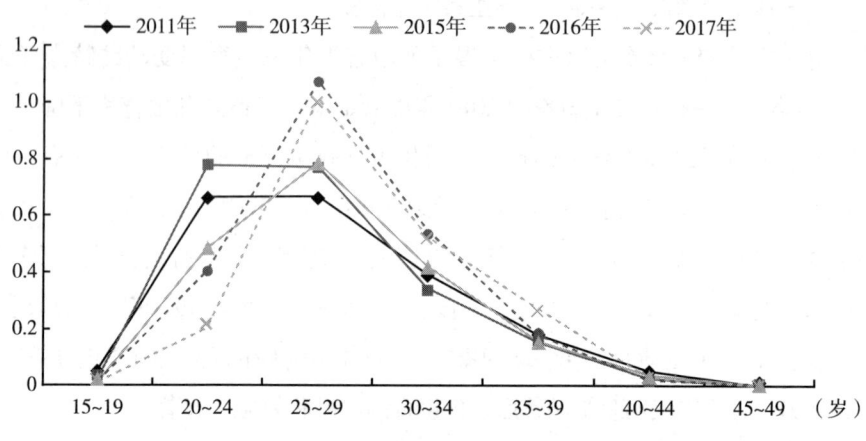

图2　2010～2017年河南省主要年份生育模式变动

2. 低龄组妇女二孩生育率变化不大，25～39岁组妇女二孩生育水平明显提升

理论上来讲，生育政策调整的直接影响对象是二孩生育，二孩生育模式的变动更能凸显政策调整的影响效应。通过图3不难看出如下特点：第一，河南省二孩生育曲线变动存在年龄差异。二孩政策实施之后，25～29岁组、30～34岁组和35～39岁组等三个年龄组的二孩总和生育率上升幅度较大，而最低龄的15～19岁组和处于育龄末期的45～49岁组二孩生育率几乎没有变化。这表明生育政策调整对二孩生育的影响在不同年龄组中存在一定差

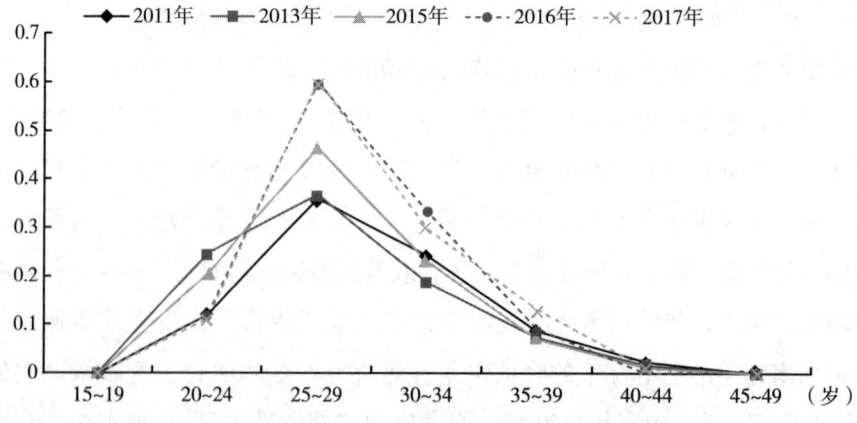

图3　2010～2017年河南省主要年份二孩生育模式变动

异，政策调整对低龄妇女的影响较小，这也从侧面反映了年轻一代的生育观念可能已经改变。第二，河南省二孩生育曲线基本呈现为"不规则三角形"。近年来，二孩峰值生育年龄总体保持在 25~29 岁组。随着生育政策调整放宽，三角峰值水平以及曲线右侧部分呈现明显上扬的趋势，凸显出生育政策调整对二孩生育产生了比较直接的、正向的影响。

二 河南省妇女队列生育水平现状及变动

（一）妇女平均活产子女数

平均活产子女数是反映妇女队列生育水平的重要指标。数据显示，截至调查时点，河南省妇女平均活产子女数为 1.65 个。由于平均活产子女数指标受妇女年龄结构的影响较大，所以本文主要考察妇女分年龄的平均活产子女数。

1. 不同年龄组妇女终身平均活产子女数不断减少，妇女终身生育率呈下降态势

总体来看，妇女平均活产子女数随着年龄增长而上升。而 25~29 岁组妇女的平均活产子女数为 1.33，表明平均而言河南省妇女 30 岁之前都完成了一孩生育。35~39 岁组妇女的平均活产子女数已经高于 40~44 岁组妇女，并且达到 45~49 岁组育龄末期妇女的水平，这可能与生育政策调整有关。同时，从队列视角来看，如果将 45~49 岁、50~54 岁和 55~59 岁三组妇女的平均活产子女数视为各自队列的终身累计生育率，那么妇女终身累计生育率将呈现不断下降的态势。

图 4 展现了 2012 年和 2017 年两个年度河南省妇女分年龄的平均活产子女数。我们发现，生育政策调整前后妇女年龄别平均活产子女数变动呈现一定的规律性差异。首先，2017 年低龄组妇女（20~24 岁）和高龄组妇女（45~49 岁、50~54 岁、55~59 岁）的平均活产子女数都低于 2012 年，表明随着时间推移，队列终身累计生育率在不断下降；其次，"全面二孩"政策实施后，30~39 岁组妇女平均活产子女数相比 2012 年有明显上升，政策放宽对 30~39 岁组妇女的生育行为产生了明显的正向激励。

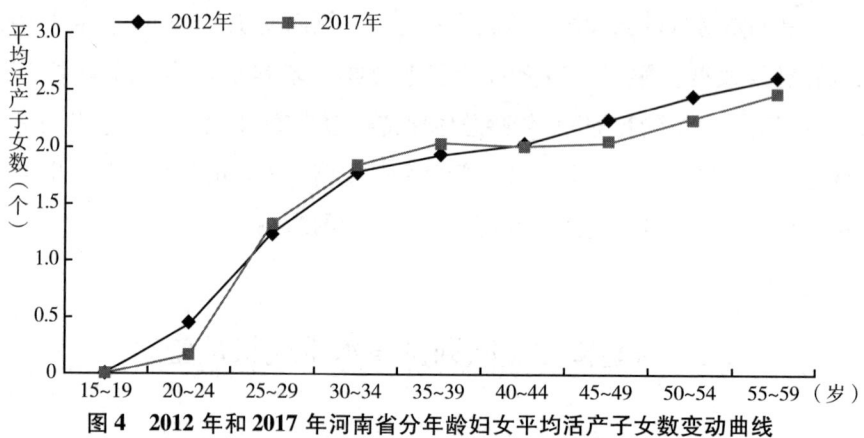

图4 2012年和2017年河南省分年龄妇女平均活产子女数变动曲线

2. 生育政策调整后城市户口妇女平均活产子女数增加幅度高于农村户口妇女

进一步分析不同户口性质的妇女平均活产子女数，可以窥探出生育政策调整效果的城乡差异。整体来看，不论是2012年还是2017年，非农户口妇女的平均活产子女数较少，30～34岁及以上妇女的平均活产子女数基本都在1.7个以下，明显低于相对应年龄的农业户口妇女。从农业户口看，相比2012年，2017年农业户口妇女除了低龄组平均活产子女数略有下降外，育龄期其他年龄组平均活产子女数变化不大（见图5）。这表明在生育政策放宽之前已经处于较高生育水平的农村地区，仅仅解除对二孩生育的约束，所带来的政策利好空间是非常有限的。

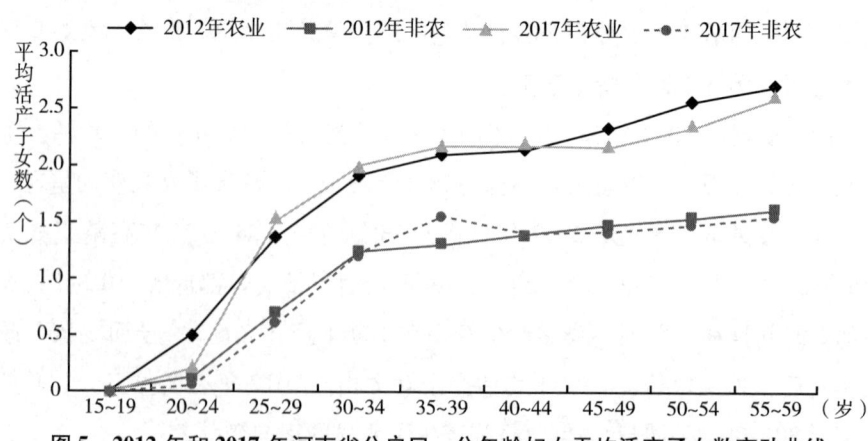

图5 2012年和2017年河南省分户口、分年龄妇女平均活产子女数变动曲线

从非农户口看,在35~39岁年龄组中,2017年妇女的平均活产子女数明显高于2012年。可见,城市中高龄妇女在政策放开后的生育响应较为强烈,生育政策调整对原本政策约束较强的城市地区妇女的生育行为产生了明显的激励效应。

(二)妇女孩次递进比

孩次递进比表示同批妇女中,生育了不同孩次的妇女的递进比例关系,是反映妇女生育水平的又一重要指标,分年龄的妇女孩次递进比能够反映各年龄队列妇女分孩次的累计生育水平。同时,为了进一步识别生育政策调整的效果,本文还将比较2017年年中和2012年年中的孩次递进比状况。

1.生育政策调整以来育龄妇女一孩递进比变动不大,生育旺盛期妇女二孩递进比显著提高

总体来看,随着年龄增长,一孩递进比逐渐提高,低龄组妇女由于还在"递进过程中",所以一孩递进比较低(见图6)。30~34岁以后,一孩递进比基本稳定,表明绝大部分妇女在30~34岁之前完成了一孩生育。同2012年相比,20~24岁低龄组妇女一孩递进比略低,表明初育年龄有所推迟。其余年龄组一孩递进比差别不大,递进曲线基本重合,表明生育政策调整对妇女一孩生育没有刺激作用。从二孩递进比数据中可以发现,2017年,二

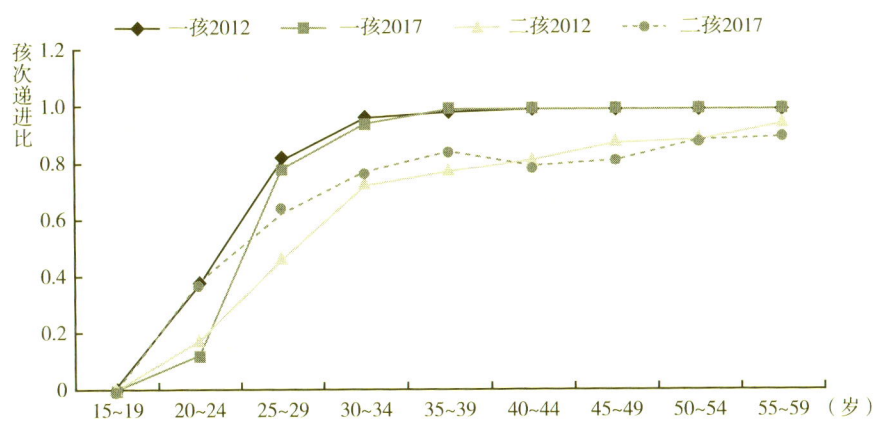

图6 2012年和2017年河南省妇女分年龄的孩次递进比曲线

孩递进比并没有出现类似2012年的随年龄增长而"单向上升"的特点,两个年度的二孩递进比差异较大。与5年前相比,生育旺盛年龄段妇女的二孩生育比例显著提高,同时也进一步印证了原本被政策约束的30~34岁和35~39岁组妇女在生育政策调整后出现"出生堆积",从而抬高了二孩递进水平。

2. 非农户口妇女平均初育时间晚于农业户口妇女,但生育政策调整后二孩递进比高于农业户口妇女

图7展示了2012年和2017年河南省分户口、分年龄的妇女一孩递进比状况。数据显示,一孩递进比呈现两个方面的特点:第一,两个年份育龄期内各年龄组中农业户口妇女的一孩递进比都明显高于非农户口妇女,这反映出非农户口妇女的平均初育时间明显晚于农业户口妇女;第二,不论是农业还是非农户口,两个年份30~34岁组及以上妇女的一孩递进比曲线基本重合,但2017年低龄组的一孩递进比低于2012年,这可能是初育推迟所引致的。

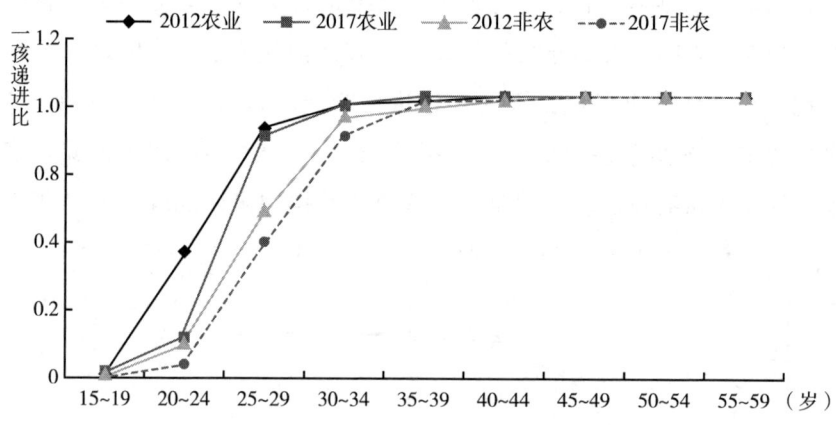

图7 2012年和2017年河南省妇女分户口和分年龄的一孩递进比曲线

由于政策调整的直接影响对象是二孩生育,所以二孩递进比更能反映政策调整的影响。通过图8不难看出如下特点:第一,2017年非农户口中除了45~49岁组之外其他处于育龄期的妇女二孩递进比都高于2012年,"生育政策调整对非农户口妇女的影响大于对农业户口妇女的影响"得到进一

步验证；第二，2017 年，农业和非农户口妇女二孩递进比差距较大，而且年龄越大，差异越发明显。30～34 岁组及以上的农业户口妇女二孩递进比都超过了 0.85，这表明绝大部分生育一孩的农村妇女都会再生育二孩；而非农户口妇女的二孩递进比基本都在 0.5 以下，表明约有一半的非农户口妇女在生育一孩后没有再生育二孩。

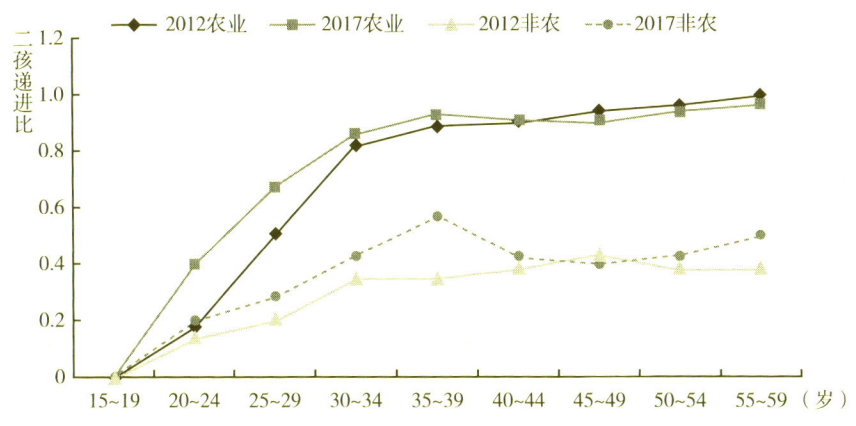

图 8 2012 年和 2017 年河南省妇女分户口和分年龄的二孩递进比曲线

三 未来河南省生育态势的基本判断

从人口中长期发展战略角度而言，进一步分析生育政策调整之后的生育态势具有客观必要性。然而，政策调整之后仅仅依据数年的统计数据来进行精确判断是不可能的。但是，人口自身发展规律以及政策调整之后出生人口变动所呈现的新特点为我们管窥未来生育态势提供了可能。理论上而言，引起出生人口变动的基础要素主要有两个：一是育龄妇女规模和结构，二是生育水平。

（一）育龄妇女总量进入下降通道，生育旺盛期妇女规模持续萎缩

首先，育龄妇女数量进入下降通道。育龄妇女规模变化和生育数量变化

具有一定的"匹配效应"。人口的周期性和人口惯性规律告诉我们，一定规模的出生队列进入婚育年龄后确实会影响下一个出生队列的规模，一个小的出生队列其子代规模也可能小，反之亦然。河南省统计局报告则指出，2015年起，河南育龄妇女人数进入下降通道，全省15~49岁女性人口2016年比2015年减少29万人，2017年比2016年减少26万人。

其次，生育旺盛期的育龄妇女规模持续萎缩。图9呈现了分年龄的育龄妇女比例分布曲线，从中不难发现如下特点：第一，5年来河南省育龄妇女年龄结构不断老化，育龄妇女数量高峰的峰值年龄逐渐右移；第二，河南省20~34岁的生育旺盛期育龄妇女数量在不断减少；第三，15~19岁低龄组育龄妇女规模相比目前处于生育旺盛期的育龄妇女组较小，那么未来进入生育旺盛期的妇女规模也将萎缩。

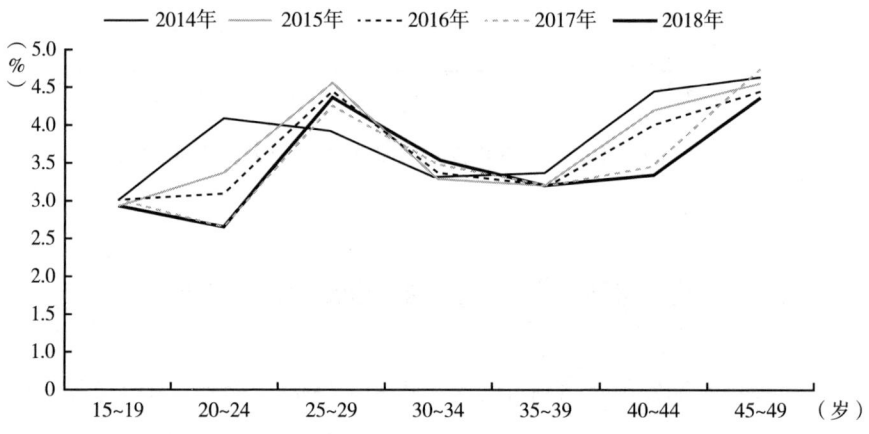

图9 河南省2014~2018年分年龄育龄妇女占总人口比例变动趋势

数据来源：河南省统计局。

未来，不论是从河南省还是从全国层面来看，育龄妇女数量还会持续走低。那么，伴随"生育基数"持续萎缩，未来与之匹配的出生人口数量也必然会相应减少。所以，这一定程度上也回应了公众对生育政策调整放宽后，二孩出生人口数量显著增加的状况下，出生人口总量却增长缓慢（甚至不增反降）的现实疑问。实践表明，在"全面二孩"政策实施后，生育二孩的妇女大部分都为25~34岁的育龄妇女,未来几年这部分育龄妇女的生育需求逐渐释放后,由于15~24岁较为年轻的育龄妇女规模相比25~34岁的育龄妇女规模小,那么未来新进入这部分年龄组的育龄妇女人数逐渐减少,二孩出生人数增长将进一步受到阻碍。所以,长期而言,由于生育基数持续减少,进入"潜在母亲少——下一代生育总量也相应减少"的循环,在生育水平没有大幅提升的情况下,未来出生人口总量持续萎缩将是基本态势。

(二)妇女一孩生育水平持续下降,并且一孩生育推迟明显

长期以来,政策性抑制致使目标人群具有明显的二孩"生育潜能",政策调整后,我们看到的一些"非常态"的人口现象,都是政策调整初期"出生堆积"释放的结果。由于人口再生产规律的制约,在一个稳定发展的人口环境中,一孩出生人口数会大于二孩出生人口数,一孩生育水平会高于二孩生育水平。据此可以推断,等到"政策潜能生育存量"的二孩生育基本释放结束,人口再生产回归"常态"之后,河南省二孩出生数量将会有一定的减少,二孩总和生育率也将会有一定的回落。所以说"非常态"不能代表政策调整的人口影响具有持续性。从人口自身发展规律而言,一孩生育情况对人口发展的影响具有更大的权重。也就是说,要对人口长期发展态势进行判断,更要关注一孩生育状况的变动。从河南省数据来看,最近几年一孩出生人口数量逐年减少,并且减少的幅度较大。除了与育龄妇女规模减小有关之外,还受到一孩生育水平和一孩生育模式变化的影响。从年龄别一孩生育模式变动趋势图中不难发现(见图10),以下几方面特征。

第一,低龄组育龄妇女一孩生育水平显著下降,一孩生育曲线由"高峰集中"转变为"分散宽平"。二孩政策放开后,低龄组妇女并没有因为要安排生育二孩而提前生育一孩,相反,一孩生育水平明显下降。同时,2011年河南省的一孩生育较为集中地分布在20~24岁这个狭窄的年龄区间。但是,近年来却出现了比较明显的变化,育龄妇女的一孩生育更加均匀地分布在不同的年龄段,一孩生育曲线变得更加宽平。

第二，一孩生育模式出现峰值转移，一孩生育推迟明显。图10显示，河南省的生育高峰由2011年的20～24岁，推迟至2017年的25～29岁。根据邦嘎兹等的分析，不同时期总和生育率的变化受到"进度"和"水平"两个方面因素的影响。基于河南省的数据来看，2016年和2017年一孩总和生育率分别下降至0.76和0.545左右，如果没有生育推迟（进度效应）的影响似乎是不可能的。那么，从生育时序上而言，如果一孩生育推迟比较明显，相应的育龄妇女二孩生育也必将推迟。

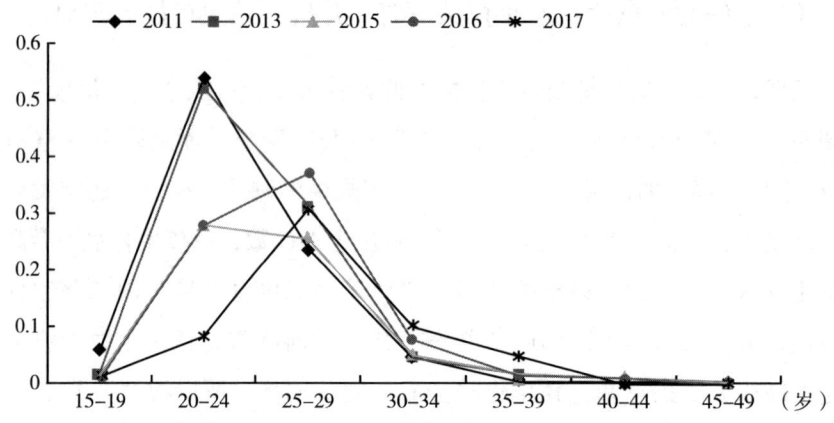

图10　2010～2017年河南省主要年份一孩生育模式变动

（三）未来几年河南省出生人口数量将持续减少

基于前文的分析可以发现，出生人口数量变动是由作用方向相反的两股力量构成的：一是导致出生人口数量增加的"阶段性"因素；二是导致出生人口减少的"趋势性"因素。

就"阶段性"因素而言，主要包括：二孩出生数量增加，甚至超过一孩出生数量；二孩生育率（主要是高年龄段妇女）升高，甚至高于一孩生育率。而这些因素反映的是政策调整初期"出生堆积"的结果，是数十年来以城镇"独生子女"政策、农村"一孩半"政策为主体的计划生育约束下，长期积累的"政策对象存量"的二孩生育潜能在政策调整初期的较为集中的释放。也就是说,"阶段性"因素主导了当前出生人口总量的增加。然而,生育政策调整的主要影响是较高年龄段的育龄妇女,高龄组育龄妇女的生育意愿相对较高,这预示着政策影响的持续性不会太久;同时,较低年龄队列的育龄妇女生育观念已改变,也暗含生育政策对二孩生育的影响缺乏持续性。就"趋势性因素"而言,主要包括生育基数减少(特别是生育旺盛年龄段妇女减少)、一孩生育率以及低龄组一孩生育率持续降低、一孩生育模式变动、生育政策调整对低年龄段妇女影响较小以及一孩生育推迟等。其中任意一个因素都是导致出生人口减少的重要力量,目前这些因素更是交织出现,呈现"叠加效应"。而且20多年来中国妇女未婚比例不断提高,在一定程度上助长了一孩生育水平不断走低。在人口惯性的作用机制之下,这些"趋势性"因素短期内难以扭转。

随着时间推移,"阶段性"因素将会不断削减,"趋势性"因素将逐渐成为决定人口出生形势的决定性因素。综合当前育龄妇女规模、结构变动趋势以及妇女一孩生育水平和生育模式变动特点判断,河南省二孩政策效应基本释放完成,出生人口数量已经进入持续下行通道。

四 研究结论与政策建议

(一)研究结论

1. 河南省生育水平高于全国总体水平,但面临内生性下行风险

2010~2017年全国总和生育率基本处于1.5~1.7,而河南省则基本在1.7~1.8,河南省的生育水平相比全国而言具有比较优势。同时,生育政策调整进一步稳定并抬升了河南省的生育水平。但是研究表明,政策调整的主要响应对象是具有较高生育意愿的中高龄组妇女,较低年龄队列妇女的生育响应不足,二孩总和生育率虽处高位但不可持续。同时,一孩总和生育率持续走低、妇女初婚初育推迟明显、适龄妇女生育的贡献率下降、妇女终身生育率呈现不断下降趋势,这些因素叠加将引致未来河南省生育水平面临内生性下行风险。

2. 生育政策调整初期效果明显，时期和队列生育水平出现"政策性反弹"

第一，二孩总和生育率明显反弹。2013年以后，河南省在一孩总和生育率持续下降的情形下，总和生育率保持稳定并小幅上升，其中二孩总和生育率的升高发挥了重要作用。2014年开始，二孩总和生育率出现明显反弹，表明政策调整后二孩"出生堆积"效应的存在。第二，部分年龄组平均活产子女数明显增加。第三，同2012年相比，2017年河南省一孩递进比变化不大，但25～39岁组的二孩递进比均有明显升高。这些生育度量指标的变化是生育政策调整放宽的正向激励效应的有效显现，反映生育政策调整初期效果显著。

3. 适龄妇女生育贡献率下降，生育年龄推迟明显

第一，2010～2017年，河南省妇女生育模式整体"向上偏移"，平均生育年龄有所增加，并呈现适龄妇女生育贡献率下降、中高龄妇女生育贡献率上升的态势。第二，低龄组妇女生育曲线基本没有变化，表明生育政策调整对低龄妇女的二孩生育影响较小。第三，一孩生育推迟明显并将持续存在。初育推迟的直接影响是一孩总和生育率大幅下降、低龄组妇女平均活产子女数减少以及一孩递进比下降，进而引致二孩生育推迟及终身生育水平下降。

4. 生育政策调整对城市妇女二孩生育的影响更为显著

生育政策调整前后农业户口妇女的平均活产子女数和二孩递进比变化不大。而非农户口中35～39岁组妇女在2017年的平均活产子女数和二孩递进比明显高于2012年。这一定程度上表明，生育政策调整对原本处于较高生育水平地区的影响不大。可能因为农村地区在男孩偏好的驱动下，很多在原政策规定下不符合生育二孩的妇女也通过"超生"实现自己的生育意愿，对于这样的地方，政策调整对很多人生育二孩而言仅仅是将原来的"超生"转变为合法生育，对整体生育水平的影响很小。而对于城市地区，妇女再生育的意愿被强有力的生育控制手段所压制，所以政策调整放宽对中高龄育龄妇女的二孩生育行为产生了显著的正向激励作用。

5. 未来几年河南省出生人口持续减少将是基本态势

未来伴随育龄妇女规模减小，"生育基数"持续萎缩和一孩生育率持续降低、一孩生育推迟等导致出生人口减少的"趋势性"因素相互叠加共同造成出生人口减少。生育政策调整导致出生人口增加的"阶段性"因素将会不断削减，当"趋势性"因素逐渐成为人口出生形势的决定性因素时，出生人口减少将成为未来生育的基本态势。自2017年开始，河南省出生人口持续减少，如果没有重大的利好政策出台，这一趋势将难以逆转。

（二）政策启示

1. 完善生育政策，逐步推动家庭自主生育

"全面二孩"政策实施已有五年，政策调整效果的高峰期基本过去，但低生育水平没有显著改变，出生人口数量持续减少。当前进一步提高生育水平应是我们的目标，限制三孩及以上的生育仍是一种"少生"思维，与我们的人口目标相悖。政府应进一步改革人口政策，提振生育水平，保护经济社会发展的原动力。毋庸置疑，"全面二孩"政策只是一个时期的过渡政策，未来的人口政策改革路径应是从普遍二孩到鼓励二孩再到自主自由生育。

2. 加大对生育的经济支持力度，探索建立育儿津贴制度

针对当前育儿成本过高，但公共支持政策缺位的情况，要切实提高生育福利水平，加大对生育的经济支持力度，降低群众生育成本。通过出台生育福利政策，做到生育福利包容化、均等化和最大化，助力公众实现应生尽生、愿生优生。第一，扩大生育保险支付范围，对男性因陪产假所造成的收入损失给予一定补贴，并提高生育医疗费用报销比例。第二，探索建立育儿津贴制度，省级政府可以自行探索安排适合本地区的津贴水平，出台养育津贴、托育津贴、教育津贴以及儿童糖果金和牛奶金等惠民政策。同时，改革个人所得税的征收方式，探索实行以家庭为单位征收所得税，或在以个人为单位的所得税征收过程中增加婴幼儿照护服务开支扣除项目，切实减轻家庭照护婴幼儿的经济负担。第三，加大对生育二孩家庭的住房保障力度，出台支持生育二孩家庭优先申请购买经济适用房、优先租用公租房等政策。

3. 精准施策构建城乡有别、差异化的生育支持服务体系

基于城乡二孩生育响应的差异，可以看出二孩生育的决策模式在不同户籍育龄妇女之间也存在明显差异。生育政策调整放开在给予个体和家庭更大生育空间的同时，也为群体间生育差异的显现提供了契机。在生育支持政策制定过程中，应考虑不同育龄人群在二孩生育决策过程中所面临的推力和拉力差异以及差异化的政策需求。为此，可以在育儿津贴、照料服务等方面给予差异性的政策支持，促使育龄妇女的二孩生育理想、生育意愿向生育行为转化。如针对农村育龄妇女可以探索通过发放现金补贴或婴幼儿照护服务代金券等形式，减轻家庭的照护负担。而针对城市育龄妇女通过探索在以个人所得税征收过程中增加婴幼儿照护服务相关的专项开支扣除项目，切实减轻家庭照护婴幼儿的经济负担。抑或在城市地区探索政府购买婴幼儿照料服务补贴等政策。

4. 进一步完善0～3岁婴幼儿托育照料服务体系

完善0～3岁婴幼儿托育照料服务体系，是推动实现"幼有所育"的重要制度保障。首先，完善托育服务发展的制度体系。健全相关法律法规，明确主体责任，使政府、社会组织、企业和个人在参与托育服务发展中有法可依；健全监管体系，确立行业标准，明确准入机制，对服务机构质量和服务人群进行常规检查和定期评估，消除服务监管盲区；统筹规划服务体系建设，在托育服务需求评估和预测的基础上，对资源配置和布局进行精准安排。其次，将0～3岁婴幼儿托育服务建设纳入国家民生发展规划和基本公共服务范畴，鼓励各级政府通过财政补贴、税费优惠、政府购买服务等方式，引导社会力量提供方便可及、价格合理的婴幼儿照护服务。再次，立足社区，构建婴幼儿照料服务设施与社区服务中心的有效衔接，创造可以提供夜间托管、日间托管、工作日托管和临时托管等的服务场所和功能，满足育龄家庭多层次的实际需求。最后，补齐托育服务体系短板，扩大服务资源供给。充分考虑城乡和地区差别，探索公办机构示范引导，拓展幼儿园服务范围，鼓励达到一定规模的企事业单位基于自主设立或联合设立等形式建立托儿所等多种方式，提供多样化的托育服务。

5. 从更高站位推动构建生育友好型社会

生育率稳定在更替水平是国家和民族发展的重要保障。要从更高站位推动构建生育友好型社会，促进人口长期均衡发展。要树立更加全面综合的建设目标，结合家庭发展目标、儿童发展目标和企业发展目标综合施策，推动构建有助于激发生育主体生育意愿、有助于满足生育主体生育需求、有助于促进生育主体未来发展、有助于促进儿童健康成长的整体性社会环境。具体推动路径可以是：卫生健康部门持续深化计划生育管理服务改革，围绕"孕、产、育"全周期，向婚育家庭提供普惠、定向、优质的生育公共服务和产品；群团组织、公司企业、社会组织、公益慈善等主体共同合作提供丰富多样的生育支持服务；人力资源和社会保障部门从产假、陪护假、孕产期职业保护、社会保险空挡或断档落实等方面着手，切实保障女性职业权益，减轻因生育产生的职业压力；同时社会各部门协同发力，加强鼓励适龄生育的文化宣传，逐步扭转少生晚生的生育观念。此类措施的根本目标是将生育支持政策作为综合性社会政策来建设。唯有如此，生育友好型社会建设才能得到全社会的响应和支持，才能产生更好的人口效果。

社会治理评价篇

Social Governance Evaluation

2019年河南省十八市宜居度综合评价

梁思源　蔺艳艳*

摘　要： 本报告基于2019年河南省宜居城市调查问卷和2019年河南省统计年鉴数据，从政治文明度、社会和谐度、经济发展度、环境优美度、生活便宜度、城市喜爱度六个方面出发，建立三级指标体系对河南省十八市宜居度进行评价分析。研究发现，河南省十八市宜居度水平整体有所提升、持续向好；政治文明度仍是薄弱环节，居民参与"短板"效应明显；社会和谐度稳中有升，社会保障"不均等化"凸显；经济发展是宜居城市建设的基础和有效引擎；城市"软环境"建设有待进一步加强；生活便宜度有所提高，绿色生活方式正在形成；城市喜爱度与文明城市建设、城市景观密切相关。建议鼓励基层民主参与，拓宽民意反映渠道；建立现代化社会保障体

---

* 梁思源，郑州大学政治与公共管理学院副教授，社会治理河南省协同创新中心研究员，研究方向为社会治理与社会发展、土地资源管理；蔺艳艳，郑州大学政治与公共管理学院2019级行政管理专业硕士研究生。

系，兼顾均等化与多样化需求；加强生态环境治理和保护，建设生态宜居城市；提升城市"软实力"，以文明城市建设推动宜居城市发展。

关键词： 宜居度　宜居城市　河南省

城市宜居度是指对城市适宜居住程度的综合评价，包括环境优美、社会安全、文明进步、生活舒适、经济和谐、美誉度高等基本特征。1996年，联合国第二次人居大会提出了"城市应当是适宜居住的人类居住地"的概念。此概念一经提出就在国际社会形成了广泛共识，成为21世纪新的城市观。宜居城市建设标志着中国城市发展观念的提升，是城市建设目标质的飞跃，具有极其重要的意义。党的十九届四中全会强调要"坚定走生产发展、生活富裕、生态良好的文明发展道路"，而宜居城市建设是这一精神的具体体现。随着黄河流域生态保护和高质量发展上升为国家战略，生态良好、经济高质量发展的宜居城市建设对河南省来说显得尤为重要。本报告以2019年12月社会治理河南省协同创新中心在省内18个地市开展的"河南省宜居城市调查"数据和2019年河南省统计年鉴数据为依据，对全省各地市宜居程度进行评价分析，并在此基础上针对提升城市宜居度提出具有可行性的对策建议。

一　数据来源和调查样本

本报告的数据来源主要分为调查数据和统计数据两部分。调查数据主要来源于2019年12月开展的"河南省宜居城市调查"，统计数据来自2019年《河南统计年鉴》。宜居城市调查数据主要用于政府公共服务、人居生活环境、居民社会参与等方面的评价，统计年鉴数据是经济发展和市政建设的重要信息来源。

社会治理河南省协同创新中心于2019年12月4～11日开展了"河南省宜居城市调查",此次问卷调查涉及全省18个地市,调查累计发放问卷4300份,有效问卷4065份,有效问卷回收率为94.53%。在问卷数量分布上,综合考虑人口、经济发展程度、城市面积等因素,郑州市和洛阳市单独发放问卷,分别回收有效问卷504份和300份;其余各地市两两一组,回收问卷都在200份左右。问卷内容主要涉及居民公共服务满意度、法治建设、社会参与意愿、政府建设、居民生活以及社会和谐等方面。

调查样本中,男性为1752人,女性为2313人,男女比约为43∶57。调研对象中,绝大多数为当地户籍人口,占总数的82.1%。大多数调研对象为当地常住人口,居住三年以上的人口占总数的84.4%。调研对象的文化程度主要集中在高中及以上学历,约占七成,初中及以下1061人,占样本总量的26.1%。调查对象以中青年为主,30～60岁占样本总量的63.7%。从职业分布来看,普通工人最多,有1190人,占总数的29.3%;还有22.4%的人员属于其他职业,其次是个体工商户(17.8%)、党政机关事业单位人员(10.3%)。从年收入来看,大多数人的收入集中在2万～10万元(见表1)。

表1 调查样本描述分析

单位:%

变量	指标	比例	变量	指标	比例
性别	男	43.1	年龄	30岁以下	22.9
	女	56.9		30～45岁	38.0
户籍所在地	本地	82.1		46～60岁	25.7
	外地	17.9		60岁以上	13.5
居住时间	半年以下	3.2	文化程度	初中及以下	26.1
	半年到一年	4.3		高中或中专	33.6
	一年到三年	8.1		大专	21.4
	三年以上	84.4		本科及以上	19.0

续表

变量	指标	比例	变量	指标	比例
职业	个体工商户	17.8	年收入	2 万元以下	13.4
	私营企业主	5.0		2 万~5 万元	30.5
	党政机关事业单位人员	10.3		5 万~10 万元	34.7
	专业技术人员或高级管理人员	5.6		10 万~20 万元	16.9
	普通工人	29.3		20 万元以上	4.5
	农民工或农民	9.7		—	
	其他	22.4			

二 河南省宜居城市评价指标体系

本报告采用的评价指标体系综合了2019年统计年鉴中的客观指标与实地调研掌握的居民满意度的主观指标。该体系的设计参考了中华人民共和国住房和城乡建设部于2007年4月颁布的《宜居城市科学评价标准》[①]和中央精神文明建设指导委员会于2017年7月颁布的《全国文明城市（地级以上）测评体系（2017年版）》，由政治文明度、社会和谐度、经济发展度、环境优美度、生活便宜度、城市喜爱度6个一级指标组成。为了简化评价指标体系，通过主成分提取和因子分析，本次指标体系在上一年度的基础上进行了精简与合并，共删减了14项三级指标。删减后，共包含18项二级指标、34项三级指标（见表2）。其中，近三成的指标及其数据来源于2019年河南省统计年鉴，其余来自2019年12月开展的"河南省宜居城市调查"。

本报告对全省及18个地市各项指数按百分制进行计算，其中调查问卷五分量表得到的数据以非常满意100分、比较满意80分、一般60分、不太满意40分、非常不满意20分的标准进行赋值计算，统计年鉴数据根据全国和河南省平均水平选取标准值，对指标进行标准化后赋值计算。以此得出全省及18个地市各项三级指标得分，通过加权计算进而得出二级指标及一

---

① 顾文选、罗亚蒙：《宜居城市科学评价标准》，中国城市网。

表2 宜居城市评价指标体系

一级指标	权重	二级指标	权重	三级指标	权重
政治文明度	0.2	政府建设	0.09	政府廉洁状况	0.030
				政府网站满意度	0.030
				行政环境满意度	0.030
		政治生活	0.11	参与本地公共事务状况	0.040
				法治环境满意度	0.040
				居民正当权利维护情况	0.030
社会和谐度	0.2	就业与保障	0.06	就业环境和就业机会	0.030
				社会保障满意度	0.030
		社区服务	0.02	社区服务满意度	0.020
		民间活动	0.02	民间组织发展	0.020
		社会稳定	0.10	每万人刑事罪犯人数	0.020
				社会治安评价	0.020
				矛盾纠纷化解	0.020
				社会公平评价	0.020
				社会诚信评价	0.020
经济发展度	0.1	经济发展水平	0.03	人均GDP	0.030
		经济富裕度	0.07	城镇居民人均可支配收入	0.035
				城镇居民消费水平	0.035
环境优美度	0.2	生态环境	0.10	人均绿化覆盖面积	0.050
				自然环境满意度	0.050
		人文环境	0.05	人文环境满意度	0.050
		城市景观	0.05	城市规划和市容市貌满意度	0.050
生活便宜度	0.2	城市交通	0.04	人均拥有道路面积	0.020
				交通服务满意度	0.020
		市政服务	0.02	市政设施和市政服务满意度	0.020
		教育文化休闲	0.04	每百万人健身场地设施数	0.015
				每百万人口公共图书馆数	0.015
				教育服务满意度	0.010
		居住满意度	0.02	住房满意度	0.020
		公共卫生与养老	0.06	每十万人口医疗卫生机构数量	0.020
				医疗服务满意度	0.020
				养老服务满意度	0.020
		绿色生活	0.02	绿色生活方式践行	0.020
城市喜爱度	0.1	城市认可	0.10	对城市的喜爱度	0.100

级指标得分，用以综合判定全省及各地市的宜居程度（见表3）。对城市的喜爱程度是市民对于所居住城市的总体感受，综合了市民对于城市政治文明、社会和谐、经济发展、环境绿化、生活便宜程度的总体考量，能够在很大程度上反映出城市的宜居情况，因而将其设定为重点分析指标，纳入评估体系中。

表3 宜居城市评价指标评分标准

指标	评分标准
满意度	非常满意100分；比较满意80分；一般60分；不太满意40分；非常不满意20分
每万人刑事罪犯人数（人）	100-每万人刑事罪犯人数（人）
人均GDP（元）	人均GDP/标准值×100
	标准值5.3万元
城镇居民人均可支配收入（元）	城镇居民人均可支配收入/标准值×100
	标准值3万元
城镇居民消费水平（元）	城镇居民消费水平/标准值×100
	标准值2.2万元
人均绿化覆盖面积（平方米）	人均绿化覆盖面积/标准值×100
	标准值10平方米
人均拥有道路面积（平方米）	人均拥有道路面积/标准值×100
	标准值3平方米
每百万人健身场地设施数（个）	每百万人健身场地设施数/标准值×100
	标准值85个
每百万人口公共图书馆数（个）	每百万人口公共图书馆数/标准值×100
	标准值2个
每十万人口医疗卫生机构数量（个）	每十万人口医疗卫生机构数量/标准值×100
	标准值80个

三 河南省城市宜居度总体状况

调查报告从河南省整体宜居度的比较、指标得分排名和影响因素分析等方面对调研数据和统计数据进行了量化和计算，并与2016年、2017年、2018年河南省宜居城市调查结果相比较，对河南省各地市宜居度进行评价分析。

（一）河南省十八市宜居度整体有所提升、持续向好

评价结果显示，河南省十八市整体处于比较宜居状态。2019年全省城市宜居度综合得分为76.29分，较2016年的73.57分、2017年的74.31分和2018年的75.73分有所提高，这说明河南省城市宜居度整体有所提升，城市宜居状况持续改善。

许昌、焦作、济源位居前列。分地市来看，许昌的城市宜居度居全省首位，其次为焦作、济源，宜居指数得分分别为81.46、81.19和80.63分。此外，三门峡、漯河、驻马店、洛阳、开封的宜居指数都高于全省平均水平；而平顶山、商丘、周口的宜居指数相对较低，其中平顶山、商丘、周口连续三年排名垫底，城市宜居度亟待提高（见表4）。

表4 2019年宜居城市评价指标得分及排名

单位：分

城市	宜居度		政治文明度		社会和谐度		经济发展度		环境优美度		生活便宜度		城市喜爱度	
	得分	排名	得分	排名	得分	排名	得分	排名	得分	排名	得分	排名	得分	排名
许昌	81.46	1	71.15	5	76.16	4	100.00	1	86.84	1	81.70	2	82.84	2
焦作	81.19	2	72.47	3	77.16	3	100.00	1	84.56	3	82.02	1	79.51	6
济源	80.63	3	71.13	6	75.42	5	100.00	1	84.58	2	80.21	5	83.66	1
三门峡	79.98	4	70.63	7	74.78	7	98.55	6	82.24	4	81.57	4	82.80	3
漯河	79.78	5	72.52	2	77.39	2	88.04	13	82.75	5	81.57	3	81.30	5
驻马店	77.59	6	76.24	1	80.60	1	83.80	15	76.27	12	71.63	17	82.67	4
洛阳	77.56	7	65.44	15	72.21	13	100.00	1	83.72	4	76.84	8	79.20	7
开封	76.73	8	68.33	10	73.18	11	92.54	9	81.05	8	75.77	9	78.05	9
郑州	76.28	9	66.34	14	71.22	15	100.00	1	81.41	7	72.87	15	79.13	8
鹤壁	75.97	10	66.87	12	70.15	18	96.19	7	79.25	9	78.01	6	74.90	16
安阳	74.78	11	67.57	11	73.23	10	88.07	12	73.83	14	77.67	7	75.10	14
信阳	74.72	12	69.47	8	73.47	9	81.55	16	77.91	10	73.05	14	77.82	10
新乡	74.04	13	69.18	9	71.27	14	92.87	8	75.42	13	73.12	12	77.50	11
濮阳	73.29	14	65.07	16	70.82	16	92.35	10	71.71	15	75.26	11	74.85	17
南阳	72.99	15	66.22	13	72.58	12	86.98	14	76.80	11	67.78	18	75.00	15
商丘	72.90	16	71.71	4	74.80	6	81.07	17	66.26	17	73.32	13	75.71	13
平顶山	72.15	17	64.69	17	70.68	17	90.76	11	68.05	16	75.68	10	72.55	18
周口	71.25	18	69.42	9	74.01	8	73.55	18	66.09	18	71.78	16	76.40	12
平均分	76.29		68.91		73.84		91.46		77.71		76.14		78.28	

政治文明度方面，驻马店、漯河、焦作得分较高，商丘、许昌、济源、三门峡、信阳、周口高于全省平均水平，濮阳、平顶山、新乡排名靠后。社会和谐度方面，驻马店、漯河、焦作表现突出，其中漯河连续三年位列全省第二名，濮阳、鹤壁排名连年下降，平顶山、鹤壁排名靠后。经济发展度方面，为了更加客观、真实地反映出河南省十八市经济发展的实际状况，全部采用2019年河南统计年鉴数据。其中，郑州、洛阳等领先于全省其他地市；许昌经济发展度得分排名较上年大幅提高；周口连续三年位列倒数第一，但得分较之前有所增长。环境优美度方面，许昌、济源、焦作位列前三，得分分别为86.84、84.58和84.56分，共八个地市得分低于全省平均值，其中商丘、周口连续四年排名最后，且与全省的平均得分差距较大。生活便宜度方面，焦作、许昌、漯河位列前三，其中焦作市的生活便宜度得分已连续三年位列全省第一名。城市喜爱度方面，济源、许昌、三门峡得分领先于其他地市，其中三门峡较2017年、2018年排名提升显著，驻马店、漯河、焦作、洛阳、郑州得分高于全省平均值，鹤壁、濮阳、平顶山的城市喜爱度较低。

（二）许昌、驻马店、郑州、濮阳等市排名和分值较往年变化明显

在城市总体宜居度上，共四个地市出现了较大变化：郑州近四年宜居指数排名和得分都处于上升趋势；而濮阳从2017年的76.4分位列第5下降至2019年的73.29分位列第14，名次连续下滑了9位；许昌和驻马店总体宜居度得分和排名出现波浪式起伏（见表5）。

具体分析来看，郑州市从2016年和2017年的第12名、2018年的第11名到2019年的第9名，一直处于稳步上升状态，对比数据结果表明，其政府网站满意度得分较上年提升10分，而在环境优美度下属三级指标自然环境满意度这一得分项中，郑州从上年的60.81分提升至74.84分，从这两项指标我们不难发现，郑州市一直在完善政务公开、加强生态建设等方面不断努力，但也存在短板，其在居民参与本地公共事务方面仅仅获得56.47分，在社会和谐度中得分也一直不高。因此，郑州市下一步的宜居城市建设应注

表5　历年河南各地市宜居度得分及排名比较

单位：分

城市	2019年		2018年		2017年		2016年	
	得分	排名	得分	排名	得分	排名	得分	排名
许昌	81.46	1	79.20	5	80.8	1	77.43	3
焦作	81.19	2	82.41	1	77.1	4	77.11	4
济源	80.63	3	80.71	2	78.1	3	80.71	1
三门峡	79.98	4	76.44	8	74.8	8	74.95	7
漯河	79.78	5	79.33	4	79.3	2	79.76	2
驻马店	77.59	6	72.93	14	75.0	7	71.53	13
洛阳	77.56	7	79.74	3	73.8	10	75.82	5
开封	76.73	8	78.00	7	73.2	11	72.94	11
郑州	76.28	9	74.62	11	72.9	12	72.81	12
鹤壁	75.97	10	79.11	6	75.9	6	74.89	8
安阳	74.78	11	75.54	9	72.1	14	68.32	16
信阳	74.72	12	72.31	16	71.9	15	75.18	6
新乡	74.04	13	74.56	12	74.1	9	71.45	14
濮阳	73.29	14	75.39	10	76.4	5	74.78	9
南阳	72.99	15	73.82	13	72.4	13	73.73	10
商丘	72.90	16	71.06	17	69.0	18	66.81	17
平顶山	72.15	17	72.76	15	71.0	16	70.26	15
周口	71.25	18	65.29	18	69.8	17	65.83	18
平均分	76.29		75.73		74.31		73.57	

重民主参与、社区服务、社会公平等方面。与之相反，濮阳的宜居度排名最近三年一直处于下滑趋势，在政治文明度指标中，所有三级指标得分均下降到全省平均水平之下，特别是参与本地公共事务状况这一指标仅有51分，其他地市如郑州、洛阳、安阳、新乡、平顶山、鹤壁、南阳、信阳均低于60分；在社会和谐度指标中，多数三级指标得分也低于全省平均水平；根据年鉴数据计算，每百万人健身场地设施数在常住人口增加的情况下由2016年的234个减少为2017年的197个，再到2018年的155个，得分由2016年的80.58分降低到64.21分，此外，人均绿化覆盖面积、人文环境满意度指标得分也较上年明显下降。

与前两者不同，许昌的城市宜居度近年来整体处于较高水平，但其出现波浪式的变化，排名由 2016 年（77.43 分）位列第 3 名上升至 2017 年（80.8 分）的第 1 名，又下降为 2018 年（79.20 分）的第 5 名，再升至 2019 年（81.46 分）的第 1 名。具体到指标上，其政治文明度排名处于下滑状态，但下属三级指标分数都有所上升，而社会和谐度、环境优美度、生活便宜度、城市喜爱度排名有不同程度的上升或下降，特别是环境优美度对宜居度影响较大，其人均绿化覆盖面积、自然环境满意度、人文环境满意度以及城市规划和市容市貌满意度得分上升。同样，驻马店由 2016 年（71.53 分）的第 13 名升至 2017 年（75.0 分）的第 7 名，2018 年（72.93 分）又下降为第 14 名直至 2019 年以 77.59 分位列第 6 名，导致这种变化的原因很多。通过对具体三级指标的分析，我们发现驻马店市每百万人口公共图书馆数这项指标得分仅 71.05 分，低于全省平均分 15.08 分，差距过大；环境优美度指标中，根据年鉴数据计算，驻马店市人均绿化覆盖面积 7.33 平方米，与全省均值相差 2.67 平方米。然而，在 2019 年的宜居度排名中，驻马店市上升至第 6 名，根据数据排名可知，其政治文明度和社会和谐度均位列第一，城市喜爱度位列第四，相较上年分别上升 5 名、3 名、2 名。具体分析三级指标，其法治环境满意度以 81.81 分排名第一，较上年增长 8.67 分；社会公平评价和社会诚信评价指标得分均高于全省平均水平，较上年也显著上升；自然环境、人文环境、市政设施和市政服务满意度三项三级指标分别获得 81.52、81.33 和 84.66 分，均高于其他地市得分。综合上述分析，驻马店市在今后的工作当中要吸取经验教训，要在经济发展、环境优美这两方面做出努力，将此作为提升宜居度的切入点。

四 河南省城市宜居度具体分析

（一）政治文明度不断改善，但仍是薄弱环节，居民参与"短板"效应明显

近年来，政治文明度一直是河南省宜居城市评价中得分最低的薄弱环节，

但处在不断改善之中。与社会和谐度、经济发展度、环境优美度、生活便宜度、城市喜爱度相比，政治文明度是唯一低于70分的指标，但其得分从2016年的66.23分增长到2019年的68.91分，虽有小幅波动，但整体呈现上升态势（见表6）。政治文明度作为评估城市宜居度的关键指标，依然是宜居城市建设中的着力点，需要进一步着重提升。

表6 2016~2019年宜居度一级指标得分比较

单位：分

一级指标	2016年	2017年	2018年	2019年
政治文明度	66.23	64.28	68.44	68.91
社会和谐度	71.89	71.41	73.33	73.84
经济发展度	78.52	79.82	93.39	91.46
环境优美度	73.98	80.37	75.67	77.71
生活便宜度	73.33	75.09	75.44	76.14
城市喜爱度	77.15	81.02	78.17	78.28

具体来看，参与本地公共事务状况是政治文明度中得分最低项，"短板"效应明显。政治文明度主要从政府建设（政府层次）和政治生活（公民层次）这两个维度来衡量，包含政府形象、政务公开、行政服务、居民参与、遵纪守法、权益维护六个方面。从表7中可以看出，政治生活中的参与本地公共事务状况这一指标的得分仅有58.82分，远低于其他指标得分。

表7 2019年政治文明度下属三级指标得分情况

单位：分

三级指标	平均分	三级指标	平均分
政府廉洁状况	70.79	参与本地公共事务状况	58.82
政府网站满意度	70.57	法治环境满意度	74.08
行政环境满意度	73.54	居民正当权利维护情况	71.32

2019年调研数据显示，居民参与本地基层公共事务的意愿率为65.06%（非常愿意占22.48%、比较愿意占42.58%、一般占26.00%、不太愿意占

7.92%、非常不愿意占 1.01%），居民的参与意愿只占六成，居民参与本地公共事务的积极性仍有待提高。参与意愿低和居民对政策的不了解存在一定关系，在问及居民对党的十九大和社会主义核心价值观的了解程度时，约52.03%的人表示对政府相关新闻、政策、条例等不会主动了解和关注，关注度和了解度的随机性较强。通过历年数据对比，从表8中可以看出，居民参与度随着居民政策了解程度和参与意愿得分的增加而增加，但其得分却一直处于60分以下，说明居民参与度确实还处于较低水平。政府在政策宣传、提升居民参与意愿、拓展居民参与渠道等方面的工作仍需进一步加强和完善。

表8　2016~2019年居民参与度相关因素得分比较

单位：分

调查内容	2016 年	2017 年	2018 年	2019 年
政策了解程度	63.50	63.50	65.47	70.60
居民参与意愿	72.06	72.06	74.92	75.93
居民参与度	51.33	51.33	54.95	58.82

（二）社会和谐度稳中有升，社会保障"不均等化"凸显

社会和谐度近年来处于小幅上升态势。2016~2019年，社会和谐度得分分别为71.89分、71.41分、73.33分、73.84分，呈现两年一个台阶的平稳上升趋势，但与经济发展度、环境优美度、生活便宜度、城市喜爱度相比差距明显，仍存在很大的提升空间。从社会和谐度下属的指标来看，与社区服务（71.25分）、民间活动（74.39分）、社会稳定（76.36分）相比较，就业与保障（70.32分）是相对劣势因素。这说明，居民对就业和社会保障的满意度相对较低。

根据统计年鉴数据，对河南省十八市人均就业与社会保障支出、基本养老保险参保率、基本医疗保险参保率、失业保险参保率等进行整理和计算发现，整体来看，除基本医疗保险参保率较高外，其他社保参保率较低，人均就业与社会保障支出各地市差异较大（见表9）。其中，郑州市人均就业与

社会保障支出以1463元列第1位,其次是济源市和焦作市,分别为1229元、1000元,而商丘市人均就业与社会保障支出仅有700元,不到郑州的一半;在参保率方面,十八市基本医疗保险参保率基本处于90%以上(鹤壁市除外),说明整体参保率较高;其次是基本养老保险参保率,只有郑州市为62.35%,其余地市在7%~32%,参保率较低;失业保险、工伤保险和生育保险的参保率比较接近,除了郑州市分别以24.91%、23.62%、22.39%位居第一,其余地市参保率大多处于10%以下。数据显示,河南十八市除基本医疗保险参保率和均等化水平较高外,其余均存在不同程度的差异化现象。结合主客观分析结果,全省在基本社会保障均等化方面还需要加大力度,同时还需满足不同群体多样化需求,以此提升就业与保障满意度以及社会和谐度。

表9 河南省各地市人均就业与社会保障支出和参保率汇总

单位:元,%

城市	人均就业与社会保障支出	参保率				
		基本养老保险	基本医疗保险	失业保险	工伤保险	生育保险
郑州市	1463	62.35	100.00	24.91	23.62	22.39
开封市	987	16.76	96.00	4.87	5.70	5.54
洛阳市	972	19.85	96.53	8.97	10.16	8.96
平顶山市	877	13.51	93.32	8.53	7.30	7.94
安阳市	719	16.62	97.37	7.23	8.69	5.36
鹤壁市	819	17.95	89.50	8.93	8.25	8.99
新乡市	866	20.25	94.80	7.52	9.90	5.68
焦作市	1000	19.73	92.45	9.56	9.68	8.89
濮阳市	937	10.53	94.10	7.98	5.71	3.81
许昌市	723	14.94	91.77	5.72	5.49	4.68
漯河市	806	15.44	90.41	6.41	8.38	6.16
三门峡市	939	19.00	95.36	10.22	9.92	9.53
南阳市	801	9.74	93.09	5.42	4.99	3.98
商丘市	700	9.26	95.04	3.97	3.21	2.75
信阳市	781	10.47	94.06	4.41	4.35	4.95
周口市	756	8.43	94.24	3.49	4.20	3.44
驻马店市	884	7.58	91.52	4.39	3.87	3.40
济源市	1229	31.69	98.78	16.13	16.70	16.03

（三）经济不断增长，是宜居城市建设的有效引擎

根据统计数据，近年来河南省地区生产总值和人均GDP不断增长，河南地区生产总值由2016年的40160亿元增长到2019年的54259亿元，年均增长量达到4700亿元；人均GDP由2016年的45154元增长到2019年的56388元，年均增长量为3745元，年均增长率为7.7%。由图1可以看出，随着经济的不断增长，城市宜居度相应增加。但2016~2019年河南城市宜居度年均增长率仅为1.2%，远低于人均GDP增长率。随着经济增长，财政收入增加，相应的市政设施投入也会加大，有利于宜居城市的建设与发展，可以说，经济增长已经成为宜居城市建设的坚实基础和有效引擎，但经济发展对城市宜居度的拉动将会是一个缓慢的过程。

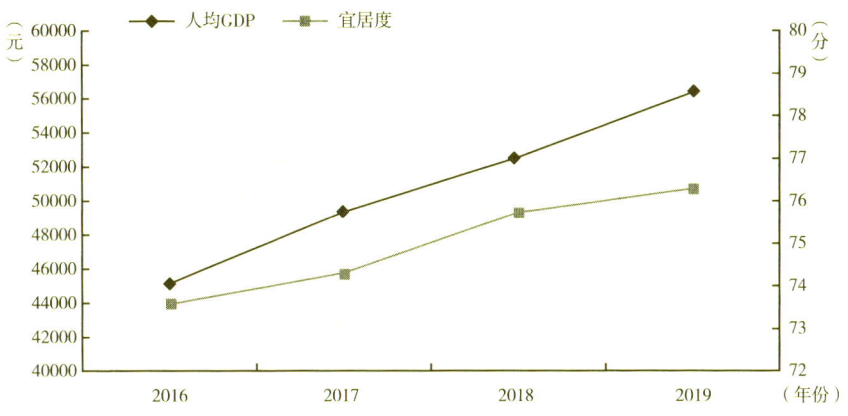

图1　2016~2019年河南省人均GDP与城市宜居度变化趋势

具体来说，经济发展度是利用人均GDP、城镇居民人均可支配收入、城镇居民消费水平三个客观指标来进行评估的，数据主要来源于河南统计年鉴。从六项一级指标得分来看，经济发展度得分呈上升趋势且优势明显（2016~2019年分别为78.52、79.82、93.39、91.46分），且2016年经济发展度得分位于90~100分区间的比例为22.2%，80~90分的比例为61.1%，80分以下的比例为16.7%，而2019年经济发展度得分处于90~

100分区间的比例为61.1%，80~90分的比例为33.3%，80分以下的比例为5.6%，这说明各个地市近年经济发展度也显现上升趋势。相应地，河南省城市宜居度整体也处于持续上升趋势。十八市经济发展度得分在2016~2019年增长明显，其中三门峡、鹤壁、平顶山、商丘等地市平均增长20分左右；郑州、洛阳、焦作、许昌、济源这五个地市整体经济发展处于较高水平且得分连年上涨，特别是焦作和许昌两个地市连年处于宜居度前五名，济源2019年也位列第3名，郑州排名连年上升；但周口经济发展度得分却连年垫底，相较其他地市差距过甚，其宜居度得分连续三年低于70分，2019年也仅有71.25分，其排名更是连续四年处于最后两名。因此，周口市政府未来在宜居城市建设方面要提升经济发展水平，增加人均可支配收入，提高人民物质生活水平，同时兼顾社会效益和环境效益。

（四）环境优美度整体向好，但城市"软环境"仍有较大提升空间

城市环境可以分为"软环境"（人文环境）和"硬环境"（生态环境、城市景观），衡量环境优美度也主要从这两方面出发。纵向上，环境优美度得分从2016年的73.98分提升到2019年的77.71分，整体环境有所改善；横向上，在六项一级指标中，环境优美度得分基本处于前三名，说明居民对城市环境是比较认可的态度。同时，从表10中可以看出，2019年人文环境指标得分为76.02分，为环境优美度中得分最低项，说明人文环境在宜居城市建设中属于限制性因素，政府在提升城市宜居度时，要关注人文环境这一软环境，注重人文精神塑造、城市共同体打造等。

表10 2019年河南省环境优美度得分情况

单位：分

一级类	二级类	得分	平均分	
软环境	人文环境	76.02	76.02	77.71
硬环境	城市景观	76.94	77.94	
	生态环境	78.93		

（五）生活便宜度有所提升，绿色生活方式正在形成

生活便宜度主要包括以下几个方面：城市交通、市政服务、教育文化休闲、居住满意度、公共卫生与养老、绿色生活。由表6可知，居民整体生活便宜度处于不断上升状态，从2016年的73.33分上升到2019年的76.14分，可以说居民对生活便宜的满意度越来越高。近年来，绿色生活（低碳出行、节能环保、绿色健康产品等）成为人们日益关注的话题，绿色经济和产业也不断发展壮大，因此，绿色生活方式的践行也成为城市宜居度评价的重要指标之一。如图2所示，2016～2019年居民对于当地绿色生活方式的满意度不断提高，说明其绿色生活方式正在不断形成。未来，政府、社会和居民要不断践行绿色理念，使绿色生活成为大众主流。

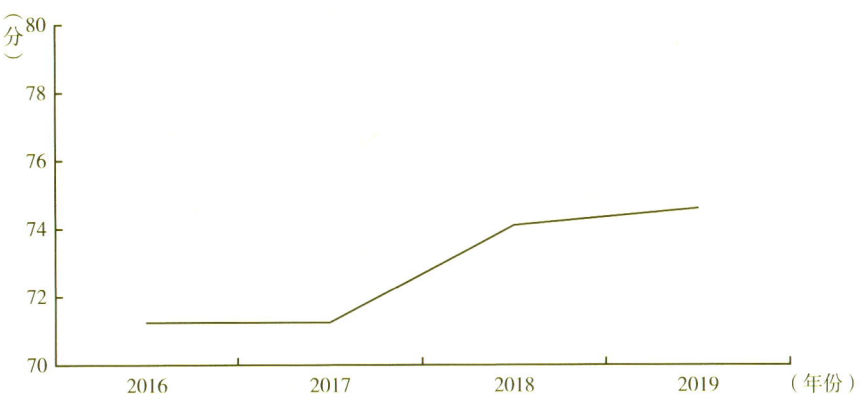

图2　2016～2019年河南省绿色生活指标得分趋势

（六）城市喜爱度与文明城市建设、城市景观密切相关

城市喜爱度是近年来相对较为稳定、变化较小的一项指标，主要衡量居民对城市的认可程度。城市喜爱度是衡量城市宜居度的重要指标，找到其影响因素是提升城市吸引力的重要途径，有利于宜居城市建设。因此，本报告

通过建立回归模型来分析城市喜爱度和不同因素之间的关系。数学表达方式为：

$$Y = b_0 + b_1 x + \varepsilon$$

式中，b_0 与 b_1 为回归常数和回归系数，ε 为随机误差。

其中，因变量为城市喜爱度。自变量根据居民自身需求和外在生活环境分为两个层次六大影响因素。其中，居民自身需求分化为就业环境和就业机会满意度、住房满意度、社会保障满意度、市政设施和市政服务满意度；居民外在生活环境分化为城市规划和市容市貌满意度、人文环境满意度。根据回归结果可以发现，六大影响因素均对城市喜爱度产生正向显著影响（见表11）。通过回归系数可以看出，在各类影响因素中，城市规划和市容市貌满意度对居民城市喜爱度影响最为显著，回归系数为0.193，这说明合理的规划、优美的城市景观环境，可以提升居民对所在城市的喜爱度。其次为人文环境满意度，回归系数为0.183，再一次证明了城市"软环境"建设的必要性。作为居民最基本需求的就业和住房因素，其回归系数分别为0.117和0.103，这些因素都显著影响居民对城市的喜爱度。上述结果表明，政府在宜居城市建设时，不仅要做好外在城市景观建设，以"城市名片"来提升城市知名度和关注度，还要从居民切身利益出发增强城市"软实力"，在提升本地居民对城市认可度的同时，提升城市对外来人口的吸引力。

表11 城市喜爱度相关因素回归分析结果

相关因素	回归系数
城市规划和市容市貌满意度	0.193***
人文环境满意度	0.183***
就业环境和就业机会满意度	0.117***
住房满意度	0.103***
社会保障满意度	0.099***
市政设施和市政服务满意度	0.091***

注：*** 表示相关系数通过0.001水平的显著性检验。

五 对策与建议

(一)鼓励基层民主参与,拓宽民意反映渠道

畅通民意反映渠道,推进基层民主参与是社会主义政治文明建设的重要基础,也是政治体制改革的必然要求。而推进和深化基层民主建设,畅通民意反映渠道,一是要求政府机构健全和完善公民政治参与的途径,比如市长电话、区长信箱、听证会、申诉制度、信访制度等,此外建立健全"两代表一委员"民情诉求机制,充分发挥党代表、人大代表、政协委员等的特殊作用,开辟一条群众通过代表、委员反映问题的渠道,建立起群众和代表、委员之间持久而稳固的直接联系,从而获取来自基层群众的信息。二是要把民主选举、民主决策、民主管理和民主监督的内容具体化和程序化,严格按照规定的程序办事,畅通民意反映渠道,保障基层群众在参与过程中的信息平等权,实现公开性和透明性。三是要建立民主监督的长效机制,充分发挥村(居)民代表会议评议村(社区)干部的作用,完善村民理财和重大村务"一事一议"等民主监督制度。

(二)建立现代化社会保障体系,兼顾均等化与多样化需求

新时代,我国社会主要矛盾变为"人民对美好生活的向往和不平衡不充分发展"之间的矛盾,"不平衡"在民生方面的表现主要是公共服务的城乡二元化,"不充分"则是目前满足不了群众的多样化公共服务需求。因此,我们要建立幼有所育、学有所教、劳有所得、病有所医、老有所养、住有所居、弱有所扶的现代化社会保障体系。目前形势下,首先要注重实现教育资源公平分配,对于教育资源匮乏地区要加大资金、人员、设备等投入,对于家庭困难学生,要建立完善的奖学金资助体系,做到学有所教。其次在医疗与养老方面,要完善社会医疗保险体系,全面实施全民参保计划,完善城镇职工基本养老保险和城乡居民基本养老保险制度,尽快实现养老保险全

国统筹，完善统一的城乡居民基本医疗保险制度和大病保险制度。此外，还包括失业、工伤保险制度，统筹城乡社会救助体系，完善最低生活保障制度，完善社会救助、社会福利、慈善事业、优抚安置等制度。最后在就业方面，既要对失业人员进行技能培训以实现再就业，也要构建当地人才劳务市场与企业之间的信息发布和沟通平台，对于初次就业人员进行就业指导。

（三）加强生态环境治理和保护，建设生态宜居城市

宜居城市，应当以生态为本。城市的现代化发展，"既要金山银山，又要绿水青山"，城市生态环境的高品质是一个城市健康生活的最基本的保障。生态环境的宜居性，包括城市生态涵养能力强、绿色景观丰富、空气和水体洁净、街道和城市社区环境清洁等要素，是自然环境和社会环境有机结合的产物。因此，优化人居环境，一是要求政府首先积极建设城市污水处理、垃圾分类处理等基础设施，同时为居民提供绿色出行的交通工具和活动场所，例如共享单车、节能汽车、绿色生态公园等，节能减排，提高城市绿地率；二是环保部门要加大监管力度和制定惩戒措施，建立负面清单，对于高污染的产业进行环保税收或者明令禁止，做到源头治理；三是积极运用新技术，实施信息化管理。全省各级生态环境部门要加快建立完善污染源自动监控体系和网格化监管制度，依托污染源自动监测监控、卫星遥感、无人机巡查等科技手段，充分发挥物联网、大数据、人工智能等信息技术作用，打造监管大数据平台，推动"互联网＋监管"，提高监管执法的针对性、科学性和时效性。

（四）提升城市"软实力"，以文明城市建设推动宜居城市发展

城市"软实力"，是指建立在城市文化、政府服务、居民素质、形象传播等非物质要素之上的城市社会凝聚力、文化感召力、科教支持力、参与协调力等各种力量的总和，是城市社会经济和谐、健康、跨越式发展的有力支持。这与文明城市建设的目标一致，因此，着力建设文明城市，不仅可以提高城市文明程度和市民素质，还能改善城市环境，打造城市形象，提升城市

宜居度。城市建设要坚持以人为本、为民服务的原则。居民是城市的主体，也是城市文明的受益者，他们发自内心地支持和参与，是城市建设的关键。政府层面，首先可以对照全国文明城市测评体系七大项目119个指标中涉及普通市民的内容，如"公共场所道德""市民交通行为""人际互助""见义勇为"等指标，测评市民的参与情况，向市民发出倡议；其次开通政府专线等民意反映渠道，欢迎广大市民向政府提出有关意见和建议，以便政府采纳和改进。居民层面，一是鼓励居民踊跃参与，做创建文明城市的倡导者，积极投身各类城市建设的公共活动；二是要积极践行社会主义核心价值观，传承中华优秀传统文化；三是要发展城市志愿者，将志愿服务作为城市建设的重要指标；四是鼓励居民做城市建设的监督者，努力消除有悖公德、有违诚信、有损形象、污染环境的不文明行为和现象，形成共建、共创、共享的浓厚氛围，共同打造宜居宜业的文明家园。

河南省城市居民幸福感及影响因素分析

梁思源　蔡子瑜*

摘　要： 本报告根据社会治理河南省协同创新中心2019年宜居城市调研数据，运用回归分析方法，从公共服务、政府建设、基层组织与社会参与和城市环境四个方面分析了影响河南省城市居民幸福感的社会治理因素，同时分析了居民自身非感知性因素对居民幸福感的影响。结果显示，中年人、高中或中专学历人群幸福感最低，高收入群体幸福感最高；公共服务、政府建设、基层组织与社会参与和城市环境均对幸福感有显著正向影响。未来河南省应重视绿色公共服务①供给质量，提升基层政府治理能力，努力构建多元参与的社会治理新格局，全力培育诚信的社会环境，以进一步提升全省居民幸福感。

关键词： 幸福感　城市居民　社会治理　河南省

人民群众"幸福感"是衡量党和政府工作业绩的重要指标。党的十九大报告提出，使人民获得感、幸福感、安全感更加充实、更有保障、更可持

---

* 梁思源，郑州大学政治与公共管理学院副教授，社会治理河南省协同创新中心研究员，研究方向为社会治理与社会发展、土地资源管理；蔡子瑜，郑州大学政治与公共管理学院2018级行政管理专业硕士研究生。
① 主要指为城市居民提供的低碳环保、垃圾分类、环境治理、雾霾治理等绿色环保类公共服务。

续。十九届四中全会再次强调，推进基本公共服务均等化、增强可及性，织就密实的民生保障网，让全体人民有更多、更直接、更实在的获得感、幸福感、安全感。2020年河南省政府工作报告提出"坚持以人民为中心的发展思想，办好群众所急所需所盼的民生实事，让人民群众有更多的获得感、幸福感、安全感"的发展目标。本文以2019年12月社会治理河南省协同创新中心开展的"河南省宜居城市调查"数据为依据，对河南省18个地市居民的幸福感及影响因素进行评价分析，为河南省推进社会治理现代化和提升居民幸福感、获得感、安全感提供决策参考。

一 居民幸福感影响因素分析框架

主观幸福感是个体对自身生活的主观感受，包括积极情绪体验与消极情绪体验以及生活满意度等方面，是客观生活条件与主观价值需求的统一体现，是对生活状态的总体评价，具有主观性、稳定性和整体性等特点。研究显示，个体的幸福感受到多重因素影响，既包括年龄、收入、性别等非感知性因素，也包括公共服务、环境、社会等感知性因素的影响。综合前人的研究，本文将非感知性因素设为对居民幸福感影响较大的年龄、性别、收入和文化程度等。对感知性因素，本文主要从社会治理的角度出发分析影响居民幸福感的主要因素，概括为公共服务、政府建设、基层组织与社会参与和城市环境四个方面。其中，公共服务满足居民生活的基本需求，是居民生活的最基础保障，对居民幸福感影响较大。政府是社会治理的重要主体之一，政府建设状况体现政府管理职能的履行情况，与居民生活质量相关度较高，故也是影响居民幸福感的重要因素。党的十八大强调建立共治共建共享的社会治理格局，这也体现了基层组织、社会组织和公众参与在社会治理中的重要作用，同时，基层组织影响居民日常生活方方面面，对居民幸福感影响较大。此外，居民生活质量离不开城市环境状况，故同时设立城市环境因素。具体指标体系见表1。

表1　城市居民幸福感影响因素指标体系

一级指标	二级指标	三级指标
非感知性因素	性别	
	年龄	
	收入	
	文化程度	
感知性因素	公共服务	教育服务满意度
		医疗服务满意度
		养老服务满意度
		社会保障满意度
		就业服务满意度
		绿色服务满意度
	政府建设	政务公开满意度
		政府廉洁状况满意度
		政府信任度
	基层组织与社会参与	社区党组织满意度
		社区居委会满意度
		社区物业满意度
		志愿者服务状况满意度
		民间组织发展情况满意度
		居民参与公共事务意愿
	城市环境	社会公平满意度
		社会诚信满意度
		社会治安满意度
		城市自然环境满意度
		城市人文环境满意度

本次调研数据将城市居民幸福感按照百分制进行划分，100分表示"非常幸福"、80分表示"比较幸福"、60分表示"一般"、40分表示"比较不幸福"、20分表示"非常不幸福"。对于满意度评价，也按照百分制进行划分，100分表示"非常满意"、80分表示"比较满意"、60分表示"一般"、40分表示"比较不满意"、20分表示"非常不满意"。

二 河南省幸福感总体分析

(一)2019年河南省城市居民幸福感总体较高且较之前有所提升

通过对全省城市居民幸福感进行赋值计算,2019年河南省城市居民幸福感总体得分为79分,处于中上水平,通过对有关幸福感的调研结果进行统计,全省城市居民选择"比较幸福"的占比最大,为47%;其次为"非常幸福",占比为27%,说明绝大多数居民对自身幸福感评价较高;选择"一般"的占比为21%;选择"不太幸福"和"非常不幸福"的占比最低,不足6%,说明幸福感较低的人群极少。全省居民幸福感水平整体较高。同时,2019年幸福感总体得分与2018年河南省城市居民幸福感总体得分(78.41分)相比,略有增长;幸福感平均得分由2015年的72.63分[1]、2016年的77.4分[2]、2017年的78.71分[3]、2018年的78.41分[4]增加到2019年的79分,近5年来,河南省城市居民幸福感总体处于不断增长之中,具体见图1。

(二)河南省18个地市城市居民幸福感差异不大,得分最高城市与2018年一致

2019年河南省城市居民幸福感总体得分较高,但18个地市幸福感得分之间差异不明显。通过对全省18个地市幸福感进行赋值计算可以发现,

---

[1] 梁思源、周勇振:《河南省城市居民幸福感调查》,《河南社会治理发展报告(2016)》,社会科学文献出版社,2016,第194~210页。
[2] 樊红敏、王艺、杜鹏辉:《河南省城市居民获得感调查分析》,《河南社会治理发展报告(2017)》,社会科学文献出版社,2017,第236~252页。
[3] 樊红敏、郭志会、陈诗轩:《河南省城市居民获得感调查分析》,《河南社会治理发展报告(2018)》,社会科学文献出版社,2018,第228~240页。
[4] 梁思源、蔡子瑜:《河南省城市居民幸福感调查》,《河南社会治理发展报告(2019)》,社会科学文献出版社,2019,第104~123页。

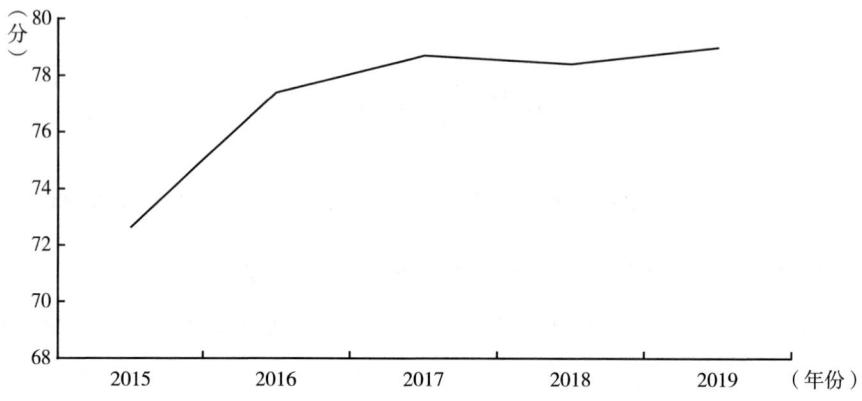

图1　2015~2019年河南省城市居民幸福感总体得分变化情况

2019年18个地市幸福感得分中前三位为漯河市、驻马店市、许昌市和三门峡市（并列），得分分别为83.2分、82.8分和81.6分；最低的为商丘市75.0分，次低为信阳市75.6分，倒数第三为鹤壁市75.8分；得分最接近平均分（79.0分）、处于中间档次的两个城市为郑州市、南阳市，得分分别为79.4分、78.6分（见表2）。总体来说，各地市的得分较为接近，得分最高的漯河市与得分最低的商丘市仅差8.2分，差距不太显著。与2018年相比，幸福感得分最高的城市前两位依然是漯河市与驻马店市。2019年得分

表2　河南省18个地市居民幸福感排名

单位：分

排名	城市	得分	排名	城市	得分
1	漯河市	83.2	全省平均值		79.0
2	驻马店市	82.8			
3	许昌市	81.6	11	南阳市	78.6
3	三门峡市	81.6	12	新乡市	78.4
5	济源市	81.4	13	平顶山市	76.4
6	焦作市	80.2	14	安阳市	76.2
7	周口市	80.0	15	濮阳市	76.0
8	开封市	79.8	16	鹤壁市	75.8
9	洛阳市	79.6	17	信阳市	75.6
10	郑州市	79.4	18	商丘市	75.0

较高的城市相较2018年变化不大。但幸福感得分较低的城市变化较大，2018年幸福感最后一名的是平顶山市，2019年因在政府建设和基层组织与社会参与方面得分排名较2018年进步了4名，幸福感上升至全省第13名；郑州市在公共服务、政府建设、基层组织与社会参与和城市环境方面得分相较2018年都有不同程度的上升，幸福感排名由2018年的倒数第二上升至全省第10名；上年幸福感得分倒数第三的三门峡市因在政府建设和基层组织与社会参与方面得分均在全省前列，2019年幸福感排名跃至全省第3。

（三）中年人幸福感最低，收入越高的人群幸福感水平越高

30~45岁中年人组幸福感最低。本文将全省年龄变量分层，分别设为30岁以下青少年组、30~45岁中年人组和45岁以上高年龄组，分别计算各年龄层幸福感得分，结果显示：30~45岁中年人组幸福感明显低于另外两个年龄层，这可能是因为中年人面临经济负担、赡养父母和抚养后代的压力且工作压力较大，承担社会责任较多，故幸福感低。幸福感较高的是45岁以上年龄层的人群，这类人群已经有一定经济基础，工作趋于稳定，生活压力较小，故幸福感较高（见图2）。

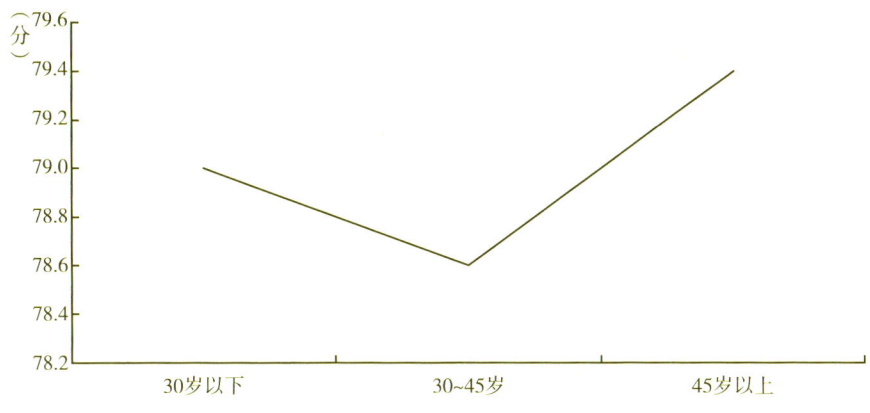

图2　不同年龄层幸福感得分

收入越高的人群幸福感水平越高。将非感知性因素中的收入变量与城市居民幸福感进行相关性回归检验，可以得出，收入与城市居民幸福感有显著

正相关关系。本文将样本收入分为五大组，分别为家庭年收入2万元以下、2万~5万元、5万~10万元、10万~20万元和20万元以上。这五组幸福感得分分别为3.77分、3.90分、3.98分、4.04分和4.25分，从数据结果可以明显地看出，居民收入越高，幸福感相应就越高。物质生活水平是幸福感的重要影响因素，应该把提升居民收入作为提升居民幸福感的重要措施。

（四）河南省18个地市感知性因素总体评价良好，提升居民幸福感途径各有侧重

本文计算了河南省18个地市在公共服务、政府建设、基层组织与社会参与和城市环境四大感知性影响因素的得分和全省排名（见表3），全省公共服务平均得分72.2分、政府建设平均得分71.6分、基层组织与社会参与平均得分71.4分、城市环境平均得分74.8分，总体上处于"一般"和"比较满意"之间，居民对感知性因素的评价整体上处于中上水平。从结果可以看出，河南省城市居民总体上对于城市环境的满意度最高，其次是公共服务因素，政府建设和基层组织与社会参与的满意度仍有提升空间。幸福感得分较高的漯河市、驻马店市、许昌市在这四大因素上的得分也处于前列；幸福感排名处于最后的三个城市鹤壁、信阳、商丘在四大感知性因素上的得分较低，排名仍处于后段，这也说明感知性因素对居民幸福感有显著影响。

根据幸福感得分的情况将各地市分为三类，一类城市幸福感得分较高，分别为漯河市、驻马店市、许昌市、三门峡市、济源市和焦作市，其中，驻马店市在四项感知性因素上的得分表现均较好；漯河市各项排名也比较靠前，但相较其他因素，该市基层组织与社会参与有较大提升空间；焦作市在公共服务得分排名上稍显落后，未来应提升公共服务水平。二类城市幸福感得分中等，分别有周口市、开封市、洛阳市、郑州市、南阳市和新乡市，其中，周口市在公共服务、政府建设和城市环境上得分排名均为全省中段，但基层组织与社会参与的评分明显落后，说明周口市未来需要在提升居民幸福感的过程中注重基层居委会党组织的表现、注意调动居民参与基层事务的积极性,加强民间组织、志愿者组织建设;洛阳市在其余三项上表现平平,但城市环境得分较高,处于前段;南阳市在公共服务方面表现较差,也需加大公共服务供给力度。三类城市幸福感得分较低,分别为平顶山市、安阳市、濮阳市、鹤壁市、信阳市和商丘市,这些城市在四大感知性因素上的得分排名大多较差,但其中安阳市在基层组织与社会参与因素上得分较高,说明该市在民间组织建设和调动居民多方参与方面表现较好;鹤壁市在公共服务、政府建设、基层组织与社会参与和城市环境四方面均表现较差,都处于全省最后几名,在提升居民幸福感的过程中各方面均需大力改善。各地市应把握自身优势、劣势因素,在未来提升居民幸福感的过程中有所侧重。

表3 河南省18个地市感知性因素得分及排名

单位:分

地市	公共服务	政府建设	基层组织与社会参与	城市环境
郑州市	69.6(13)	69.6(11)	69.0(11)	73.2(12)
开封市	70.6(11)	69.6(11)	72.0(7)	73.8(10)
洛阳市	69.2(13)	70.2(10)	67.0(13)	75.8(6)
平顶山市	67.0(15)	67.6(13)	67.0(13)	70.2(15)
安阳市	72.6(10)	70.4(9)	73.6(4)	73.2(12)
鹤壁市	68.4(14)	69.6(11)	68.6(12)	71.4(13)
新乡市	69.8(12)	68.0(12)	70.4(8)	71.4(13)
焦作市	75.2(5)	74.8(3)	74.6(2)	78.6(2)
濮阳市	69.2(13)	67.6(13)	70.0(10)	70.8(14)
许昌市	75.6(3)	73.6(5)	74.2(3)	78.4(3)
漯河市	75.8(2)	75.0(2)	72.0(7)	77.8(4)
三门峡市	73.8(7)	74.0(4)	72.8(5)	75.8(6)
商丘市	74.4(6)	72.6(6)	72.2(6)	74.0(9)
周口市	73.0(8)	71.4(8)	69.0(11)	74.2(8)
驻马店市	79.8(1)	80.4(1)	79.8(1)	81.4(1)
南阳市	68.4(14)	70.2(10)	72.2(6)	73.6(11)
信阳市	72.8(9)	72.2(7)	70.2(9)	74.6(7)
济源市	75.4(4)	72.6(6)	72.0(7)	77.4(5)
平均值	72.2	71.6	71.4	74.8

三 河南省居民幸福感感知性影响因素分析

(一)分析方法与数据选取

回归分析用来研究因变量与自变量之间的关系,研究内容包括探索和确定变量间的相关关系和相关程度,建立回归模型,检验变量之间的相关程度,进行评估和预测等。因此,本文在建立城市居民幸福感影响因素指标体系的基础上,通过建立回归模型来分析主观幸福感和影响因素之间的关系。数学表达式为:

$$Y = b_0 + b_1 x + \varepsilon$$

式中,b_0 与 b_1 为回归常数和回归系数,ε 为随机误差。

其中,因变量为18个地市居民的主观幸福感。自变量分为与居民自身属性相关的非感知性变量和根据社会治理的主要特征划分的公共服务、政府建设、基层组织与社会参与和城市环境变量。这四种感知性变量中,按照公共服务提供的主要类别将公共服务变量细化为教育服务满意度、医疗服务满意度、养老服务满意度、社会保障满意度,并根据近几年影响民生的热点问题,加入就业服务满意度和绿色服务(如垃圾回收等)满意度;政府建设与多种因素相关,在此细化为与居民信任感相关的政务公开满意度、政府廉洁状况满意度和政府信任度;基层组织与居民生活息息相关,在此细化为与居民日常生活关系密切的社区党组织满意度、社区居委会满意度和社区物业满意度,社会参与是社会协同治理的重要方面,在此细化为居民对志愿者服务状况满意度、民间组织发展情况满意度和居民参与公共事务意愿;城市环境主要细化为城市自然环境、人文环境和居民对于社会公平、诚信、治安的满意状况。

本报告采用的评价数据均来自社会治理河南省协同创新中心于2019年开展的"河南省宜居城市调查",对部分数据进行了整理。主要使用回归分析法，根据上文对影响城市居民幸福感的主要因素及其三级指标的细化，将指标体系中24组具体指标分为非感知性因素、公共服务因素、政府建设因素、基层组织与社会参与因素和城市环境因素五大类，分别与居民幸福感进行回归分析，以探究影响居民幸福感的具体因素，并对比不同因素分析哪类因素对幸福感的影响更大。

（二）居民幸福感感知性影响因素分析

根据上文的分析框架，本文对影响居民幸福感的感知性因素从公共服务、政府建设、基层组织与社会参与和城市环境四个方面，分别运用回归分析方法，对这四大类影响因素及项下子指标进行分析，具体结果如下。

1. 绿色公共服务的供给质量显著影响居民幸福感

本文将公共服务因素分化为与城市居民生活关系较密切的教育服务、医疗服务、养老服务、社会保障四项基本公共服务，关系居民生计的就业服务以及居民越来越关心的环境治理方面的绿色服务。根据回归结果可以发现，六大类公共服务指标均对幸福感产生正向显著影响。通过回归系数可以看出（见表4），在各类公共服务中，绿色服务（低碳环保、垃圾分类、环境治理、雾霾治理）满意度对居民幸福感的影响最为显著，回归系数为0.113，因此应该提高绿色公共服务供给的数量和质量，而其中供给质量又是最为重要的因素。其次为教育服务满意度，对居民幸福感的影响也非常显著，回归系数为0.089。养老服务满意度和社会保障满意度对居民幸福感的影响程度较为接近，回归系数分别为0.077和0.076。对居民幸福感影响相对较小的两类公共服务分别为医疗服务和就业服务，其中就业服务满意度对居民幸福感的提升效果最弱。上述结果表明，随着物质生活水平不断提高及养老、医疗等公共服务水平的提升，影响城市居民幸福感的因素从较为基础的养老、医疗等满足人们基本需求的公共服务转为社区垃圾分类、社区环境治理等与生活健康相关的更高层次的绿色服务，未来政府在保证基本公共服务供给质量的前提下，应该更加注重绿色服务的供给升级。

表4 公共服务与居民幸福感回归分析结果

公共服务指标	回归系数
绿色服务满意度	0.113***
教育服务满意度	0.089***
养老服务满意度	0.077***
社会保障满意度	0.076***
医疗服务满意度	0.065***
就业服务满意度	0.060***

注：***表示相关系数通过0.001水平的显著性检验。

2. 廉洁状况是政府建设中影响居民幸福感的最关键因素

十九届三中全会提出："转变政府职能，完善公共服务管理体制，强化事中事后监管，提高行政效率，全面提高政府效能，建设人民满意的服务型政府。"政府建设一直以来都是社会治理的重要方面，也必然是影响居民幸福感的重要指标。政务公开是政府接受监督的重要方式，能够有效提升政府公信度，自2016年中共中央办公厅、国务院办公厅印发《关于全面推进政务公开工作的意见》以来，河南省政府一直高度重视政府政务公开工作，逐年发布政务公开工作要点，稳步推进政务公开各项工作。廉政建设是政府长期健康发展的重要保障，与群众生活息息相关，也是政府建设的重要方面。政府信任建设是政府联系群众，一切工作为人民服务的重要保障，同时也最能体现居民对政府工作的认可程度。因此，本文将政府建设因素划分为政务公开、政府廉洁状况和信任建设三方面。

通过回归分析（见表5）可以看出，政府廉洁状况满意度、政府信任度和政务公开满意度与居民幸福感的相关关系，其中，政府廉洁状况满意度对

表5 政府建设与居民幸福感回归分析结果

政府建设指标	回归系数
政府廉洁状况满意度	0.192***
政府信任度	0.132***
政务公开满意度	0.122***

注：***表示相关系数通过0.001水平的显著性检验。

居民幸福感的影响力比政府信任度和政务公开满意度强；政府信任度相较政务公开满意度对幸福感的影响更显著。应充分重视政府廉洁状况满意度对居民幸福感的显著影响，在提升居民幸福感的过程中，将廉政建设放在政府建设的重要位置上。

3.居民参与是基层组织建设中影响居民幸福感的显著因素

十九届四中全会提出，基层治理是国家治理体系和治理能力现代化的有机组成部分和重要基础，推进国家治理体系和治理能力现代化，必须紧紧依靠基层、聚力建强基层。基层组织已经成为社会治理的重要基础力量，基层组织最贴近居民生活，直接影响居民生活的方方面面，这些组织的治理能力成为影响居民幸福感的重要指标。同时，十九届四中全会指出，我国亟须实现社会治理创新，实现多元主体合作共同治理，打造"居民自治"体系，以"全民参与"开启社会治理新时代。随着物质生活水平的提高，居民参与社会事务的心声越发强烈，主人翁意识不断增强，社会组织、居民等社会力量的参与状况也渐渐成为影响居民幸福感的重要指标。基于此，本文将基层组织与社会参与因素划分为与居民生活相关度最高的社区党组织、居委会、物业的满意度和志愿者服务、民间组织和居民自我参与状况。

将上述指标逐个与居民幸福感进行回归分析，可以看出，这些指标均与居民幸福感呈正相关关系，其中，志愿服务状况满意度对居民幸福感影响最为显著，回归系数为0.142；相较社区党组织、居委会等基层组织满意度对居民幸福感的影响，居民参与公共事务意愿和民间组织发展情况满意度对居民幸福感的影响力更大，这说明，城市居民主人翁意识不断增强，更加希望参与社会治理；同时，随着城市居民生活水平的不断提高，个性化需求的产生，未来政府应更加重视民间组织在提升居民幸福感中发挥的重要作用，建立多主体合作的社会治理新格局（见表6）。

4.城市"治安""公平""诚信"等软环境显著影响居民幸福感

人都存在于一系列相互影响的环境系统中，居民的生产生活都依附于社会这一大环境之中，任何活动都不可能脱离社会这一外部条件的影响，居民幸福感也一定会受社会环境的影响。城市环境从外部可以分为自然环境和人

表6 基层组织与社会参与和居民幸福感回归分析结果

基层组织与社会参与指标	回归系数
志愿服务状况满意度	0.142***
居民参与公共事务意愿	0.117***
民间组织发展情况满意度	0.091***
社区党组织满意度	0.061***
社区物业满意度	0.054***
社区居委会满意度	0.033**

注：**、***分别表示相关系数通过0.01和0.001水平的显著性检验。

文环境，本文中的自然环境主要是指由水、空气、气候等自然事物所组成的城市生态环境；人文环境指城市建筑特色、历史文物等有形环境和城市特色、城市文化等无形环境。随着经济水平的不断提高，人们越来越重视城市内部社会公平、社会诚信等能满足居民更高社会性需求的潜在社会环境因素。因此，本文在本部分将城市环境因素分为社会公平、诚信、治安和城市自然、人文环境五大方面，并运用回归分析法研究了各地市社会公平、诚信、治安和城市自然、人文环境与居民幸福感之间的关系，结果显示，这些指标均与居民幸福感呈显著正相关关系（见表7）。

表7 城市环境与居民幸福感回归分析结果

城市环境指标	回归系数
社会治安满意度	0.142***
社会公平满意度	0.130***
社会诚信满意度	0.114***
城市自然环境满意度	0.107***
城市人文环境满意度	0.085***

注：***表示相关系数通过0.001水平的显著性检验。

从表7中可以看出，相较其他社会环境因素，社会治安满意度对居民幸福感的影响最为强烈；接着是社会公平满意度、社会诚信满意度，相较而言，社会公平满意度略高于社会诚信满意度；城市自然环境满意度和城市人文环境满意度是对居民幸福感影响相对较小的两类因素，其中，城市人文环境满意度的影响力最弱。此外，河南省18个地市城市环境平均得分为74.8分，处于中上水平，整体状况较好。上述分析表明，相较城市自然、人文等具体环境硬指标，社会治安、诚信、公平等社会文明软指标对居民幸福感的影响更加深远。尽管我国已经通过创建文明城市等措施大力提升城市设施环境，但城市软实力改善才是增强居民幸福感更为有效的路径。

通过对各感知性因素和非感知性因素的相关性检验可以得到，本文假设的居民幸福感的影响因素分析框架是成立的，各感知性因素、非感知性因素都与居民幸福感有相关关系。非感知性因素中，不同性别幸福感的差距不大，中年人、高中或中专学历人群幸福感最低，高收入群体幸福感最高。感知性因素中，绿色服务能力的提升、政府廉政建设的完善、基层组织治理能力的提升、社会治安等软环境的改善均能显著提升居民幸福感。

四 对策建议

（一）努力提高居民的收入水平，保障人民共享改革发展成果

研究表明，居民收入、文化程度均对居民幸福感产生显著影响，二者呈显著正相关关系。其中，中低收入人群幸福感与高收入人群幸福感差距较大，中低学历人群也与高学历人群幸福感有显著差异。总体来看，2019年河南省经济高质量发展取得积极成效，各项数据保持总体平稳、稳中有进的发展态势。在河南省高速建设过程中，应努力提高城乡居民的收入水平和生活质量，保障低收入、低学历人群共享改革发展成果。首先，应坚持以经济建设为中心，推动经济持续健康发展，不断增加社会财富。加快转变经济发展方式，积极推进经济结构的战略性调整。同时也要把稳增长、调结构、控通胀有机结合起来。其次，应多渠道增加居民财产性收入，在加强市场监管和风险防范的基础上，尽力拓宽居民投资渠道。最后，应完善现有收入分配制度，建立工资正常增长机制，实现劳动报酬和劳动生产率的提高。同时，初次分配与再次分配都应重视公平与效率，保障低收入人群的利益。

（二）加大公共服务供给力度，尤其重视绿色公共服务质量

上文研究结果显示，公共服务对居民幸福感有显著正向促进作用，其中绿色服务（低碳环保、垃圾分类、环境治理、雾霾治理等）对居民幸福感的影响最为明显。近年来，随着经济的快速发展，物质生活水平的提高，居民更加重视生活环境的改善，尤其是与自身健康相关的雾霾治理等，政府提供的绿色公共服务越来越被居民重视。应优化基本公共服务供给，在教育方面努力实现教育资源优质均衡配置；医疗方面继续深化公立医院改革，促进医疗机构一体化改革提质增效；社会保障方面提高退休人员待遇和低保人群保障水平；养老保障方面要促进社会资本进入，实现多元养老格局。河南省未来应鼓励和发展新兴产业，打造世界优秀企业，增加就业机会；同时建立规则意识，放宽贷款条件，鼓励自主创业。另外，更要重视绿色公共服务的供给质量，大力宣传环保理念，将绿色环保教育落实到街道，重视垃圾的分类回收，出台各类措施推进环境治理。

（三）提升基层组织的治理能力，构建多元主体参与的社会治理模式

基层组织治理能力和社会参与状况与居民生活息息相关，对于居民幸福感影响较大，上文的回归分析结果也实证了这点。提升基层组织能力，首先应重视对基层组织干部的培养，学习把握中央关于基层组织发展的相关思想，落实中央关于基层组织发展的"四个全面"战略，理论与实践相结合，将学习到的知识落实到实际工作中去。其次，要发挥党员干部在基层组织和引导公众参与中的作用，发挥党员领导干部的"先行者"作用，树立标杆模范，更好地动员群众参与。最后，应建立社区内信息收集机制，增强业委会等居民自治组织在居民事务中的协调、沟通作用。构建多元主体参与的社会治理模式，应始终坚持社区党委"主心骨"作用，构建共治共建共享的社区治理格局。建立社区治理科学化保障机制，解决好更多资源、管理、服务向社区下沉问题。以党建创新引领基层善治，切实解决好社区群众共享治理成果问题。

（四）培育公平、诚信、治安良好的社会环境，重视城市信用体系的建设

河南省一直重视倡导"富强、民主、文明、和谐、自由、平等、公正、法治、爱国、敬业、诚信、友善"的社会主义核心价值观。上文回归分析验证了社会公平、诚信、治安和城市人文、自然环境对居民幸福感的积极影响。在未来实践过程中，首先，河南省应继续大力弘扬社会主义核心价值观，组织多种多样的群众学习活动，将公平、诚信变成民众自觉的行为选择。其次，应推进社会信用体系建设，加强诚信教育与诚信文化建设，弘扬诚信文化、树立诚信典型、加快推进信用信息系统建设和应用，建立自然人、法人和其他组织统一社会信用代码制度。最后，完善以奖惩制度为重点的社会信用体系运行机制，健全守信激励和失信惩戒机制。

河南省城市居民获得感调查分析

樊红敏　张文玥　刘东梅*

摘　要： 基于社会治理河南省协同创新中心2019年的"河南省居民获得感调查"数据，本文从安全感、尊严感以及满足感三个维度来测量居民获得感，同时对比2016年、2017年、2018年三年河南省居民的获得感情况，调查发现：2019年，全省城市居民获得感指数首次处于"比较高"的水平，较以往有了很大的提升；四年来，河南省社会治安指数和居民对生态环境的满意度逐年提高，社会治安和生态环境状况持续向好；群体比较发现，低收入群体的获得感最低；45岁以上群体的获得感指数最低，在老龄化背景下要重视老年人群体的生活和精神需要；普通工人和农民工及农民的获得感指数排名靠后。为提升河南省城市居民获得感，建议从以下几方面着力：一是改善民生，稳步提高居民收入水平；二是提升政府行政服务水平，强化居民政府认同感；三是打通社区服务"最后一公里"，提升居民获得感；四是强化居民参与，提升居民的尊严感。

关键词： 居民获得感　安全感　尊严感　满足感

党的十九大形成了习近平新时代中国特色社会主义思想，明确了新时代

---

* 樊红敏，郑州大学政治与公共管理学院教授，博士生导师；张文玥，郑州大学政治与公共管理学院2018级硕士研究生；刘东梅，郑州大学政治与公共管理学院2019级硕士研究生。

新的社会矛盾和发展要求，提出要不断满足人民日益增长的美好生活需要，使人民获得感、幸福感、安全感更加充实、更有保障、更可持续。2019年，习近平总书记在信阳市考察时指出"追求更加幸福的美好生活是永恒的主题，是永远的进行时"，获得感为评价改革的有效性提供了一个具体的民意标准，也为衡量人民的幸福程度提供了一个核心坐标。本报告基于社会治理河南省协同创新中心2019年开展的"河南省居民获得感调查"数据，从安全感、尊严感和满足感三个层面对河南省居民获得感进行测量分析，同时对四年来河南省居民获得感的情况进行比较。

一 获得感评价指标体系

"获得感"是指在经济社会发展过程中，居民在个人收入、社会安全、公共服务、权利保护以及社会参与等方面，通过实实在在的"得到"而产生的安全感、尊严感和满足感。从本质上来看，获得感是指"居民对美好生活的向往"。2020年获得感评价指标体系沿用了2019年的指标体系，二级指标由安全感、尊严感与满足感构成。安全感分为经济安全、社会保障安全、社会治安、社会环境四个三级指标；尊严感方面，由社会参与、依法行政、司法公正、社会公平四个三级指标构成；满足感由收入满意度、幸福感、信心感三个三级指标构成。在具体的评价方面，与上年度相比稍作调整，如环境安全状况从本地城市自然环境和社会环境满意度两个方面观测，具体见表1。

表1 河南省城市居民获得感评价指标体系

一级指标	二级指标	三级指标	观测点
城市居民获得感	安全感	经济安全	收入变化情况 家庭经济状况
		社会保障安全	本地教育、医疗、养老、社会保障服务状况
		社会治安	本地社会治安状况
		环境安全	本地城市生态环境满意度 本地城市社会环境满意度

续表

一级指标	二级指标	三级指标	观测点
城市居民获得感	尊严感	社会参与	参与本地公共事务的状况
		依法行政	本地政府在执行公务时遵守法律的情况
		司法公正	本地法院判决的公正程度
		社会公平	本地的社会公平状况
	满足感	收入满意度	对收入状况的满意度
		幸福感	对生活现状的满意度
		信心感	对未来的信心程度

二 数据选取与评价方法

（一）数据选取

城市居民获得感评价数据来源于"河南省居民获得感调查"。本次调查有效问卷4065份，考虑到收入对于居民获得感的影响，本报告剔除了学生受访者这一群体后，有效样本为3909份。职业、年龄、收入、文化程度等分布状况见表2。

表2 调查样本描述分析

单位：%

变量	指标	比例	变量	指标	比例
性别	男	43.2	年龄	30岁以下	23.4
	女	56.8		30~45岁	35.9
户籍所在地	本地	82.9		45岁以上	40.7
	外地	17.1			
居住时间	1年以下	7.1	文化程度	初中及以下	26.8
	1~3年	7.8		高中或中专	34.2
	3年以上	85.1		大专	21.4
				本科及以上	17.6

续表

变量	指标	比例	变量	指标	比例
职业	个体工商户	18.5	年收入	2万元以下	13.4
	私营企业主	5.2		2万~5万元	30.8
	机关事业单位人员	10.7		5万~10万元	34.8
	专业技术人员或高级管理人员	5.8		10万~20万元	16.8
	普通工人	30.4		20万元以上	4.2
	农民工及农民	10.1			
	其他	19.3			

（二）评价方法

本报告把全省及18个地市安全感指数、尊严感指数、满足感指数按五级量表进行分类，划分为"非常满意、比较满意、一般、比较不满意、非常不满意"5个等级。获得感感知度按照五级量表的形式进行赋值，1分表示非常不满意，5分表示非常满意，分数越高意味着满意度越高。依据层次分析和专家打分法，确定城市居民获得感评价指标体系中各级指标的权重。二级指标安全感、尊严感和满足感的权重分别为50%、40%和10%；安全感指标下三级指标经济安全、社会保障安全、社会治安和环境安全的权重分别为30%、30%、20%和20%；尊严感指标下三级指标社会参与、依法行政、司法公正和社会公平的权重均为25%；满足感指标下三级指标收入满意度、幸福感和信心感的权重分别为40%、40%和20%。居民获得感指数、安全感指数、尊严感指数和满足感得分的评定标准：20~40分为"低"，40.01~60分为"比较低"，60.01~70分为"中"，70.01~80分为"比较高"；80.01~100分为"高"。按照李克特量表，非常不满意、比较不满意、一般、比较满意、非常满意分别赋值为1、2、3、4、5分，换算为百分计算得出居民获得感指数。

三 河南省城市居民获得感状况分析

（一）河南省城市居民获得感指数连续四年稳中有升，首次达到"比较高"水平

通过对全省安全感指数、尊严感指数及满足感指数进行加权计算，转换得分，2019年全省获得感指数得分为70.3分，处于"比较高"的水平。与2016年、2017年、2018年河南省居民获得感指数相比，2019年城市居民获得感指数持续提升，首次迈向了"比较高"的水平，表明全省整体水平显著提升，得到广大居民的认可。其中，安全感指数和尊严感指数连续四年不断提高，效果突出（见表3）。

表3 2016~2019年河南省城市居民获得感指数

单位：分

类别	2019年	2018年	2017年	2016年
安全感指数	71.0	69.4	67.7	65.5
尊严感指数	69.2	65.7	64.2	63.0
满足感指数	70.8	69.2	69.5	77.3
获得感指数	70.3	67.9	66.5	65.7

（二）漯河、济源、许昌连续四年获得感指数排名靠前，驻马店、开封、新乡、平顶山获得感指数连续四年上升

从近四年各地市的获得感指数对比来看，漯河、济源、许昌3个地市连续四年获得感指数排名靠前，经济社会保持了良好的发展态势，赢得了广大人民群众的认可；驻马店、开封、新乡、平顶山4个地市获得感指数连续四年持续上升，民生得到不断改善；安阳、鹤壁和濮阳3个地市居民获得感指数起伏明显，应实施有效的策略提升居民获得感（见表4）。

表4 2016~2019年河南省18个地市城市居民获得感指数

单位：分

序号	城市	2019年	2018年	2017年	2016年
1	驻马店	76.4	69.6	68.5	67.5
2	漯河	74.2	70.8	71.0	69.7
3	焦作	72.7	72.8	67.0	66.7
4	济源	72.7	69.8	67.4	70.4
5	许昌	72.5	70.2	72.2	71.3
6	三门峡	72.2	65.7	65.0	67.8
7	商丘	71.0	66.9	64.3	64.6
8	周口	70.9	64.6	64.6	63.4
9	信阳	70.8	65.4	65.4	67.5
10	开封	69.6	68.8	64.4	63.0
11	洛阳	69.4	69.2	63.4	64.3
12	南阳	69.3	69.3	66.6	68.9
13	安阳	69.0	69.8	62.9	60.8
14	郑州	68.9	64.7	67.9	64.0
15	新乡	67.4	66.5	65.9	63.1
16	鹤壁	66.9	70.0	67.4	62.8
17	平顶山	66.5	65.0	63.3	62.6
18	濮阳	66.1	66.2	68.9	67.0

（三）四年来河南省城市社会治安和生态环境状况持续向好，居民评价较高

河南省城市2019年度社会治安指数得分为78.1分，社会治安评价为"比较高"，与2016年、2017年、2018年相比，全省社会治安指数保持持续增长，表明河南省城市总体社会治安状况好中有升。

在生态环境满意度评价方面，我们选取了"您对当地生态环境的满意度"来测量。2019年全省居民对生态环境的满意度得分为74.4分，与2016年、2017年、2018年三年的得分情况相比，生态环境满意度得分持续增长。总体来看，生态环境满意度得分从中等水平上升为"比较高"的水平，说明近年来河南省在环境保卫战中持续发力，效果明显，居民满意度也在不断提升（见表5）。

表5 2016~2019年河南省社会治安和生态环境评价情况

单位：分

类别	2019年	2018年	2017年	2016年
社会治安	78.1	75.6	74.0	71.5
生态环境	74.4	69.8	67.5	66.6

（四）机关事业单位人员获得感最高，低收入群体获得感最低，45岁以上群体获得感最低

首先，机关事业单位人员获得感指数最高。按照受访者职业的不同，将社会群体划分为机关事业单位人员、个体工商户、私营企业主、专业技术人员或高级管理人员、普通工人、农民工及农民6类。群体比较发现，机关事业单位人员的获得感指数最高，为75.3分；其他依次为私营企业主、专业技术人员或高级管理人员、个体工商户、普通工人、农民工及农民；农民工及农民获得感指数最低，为68.4分（见表6）。二级指标对比来看，机关事业单位人员安全感、尊严感、满足感指数均为最高，说明其社会地位仍处于较高层次。农民工及农民群体的获得感指数最低，相较于上年有较大幅度的下降，说明提高农民工及农民群体的获得感将是我们下一阶段的重点任务。

表6 2019年河南省不同职业居民获得感指数

单位：分

职业	二级指标			获得感指数
	安全感指数	尊严感指数	满足感指数	
机关事业单位人员	75.0	75.5	75.4	75.3
私营企业主	72.3	71.6	74.4	72.3
专业技术人员或高级管理人员	70.8	68.2	72.1	69.9
个体工商户	70.7	68.3	71.7	69.8
普通工人	70.5	68.4	69.3	69.5
农民工及农民	70.3	66.2	67.9	68.4

河南省城市居民获得感调查分析

从家庭年均总收入来看，不同的收入群体随着收入的递增，获得感指数呈现了逐渐增加的趋势（见表7）。低收入群体在社会保障、社会治安、权利维护、法治建设、社会公平等方面的需求没有得到满足。因此，要不断提高公共服务供给水平，满足各阶层居民的需求，尤其是低收入群体的需求。

表7 2019年河南省不同收入居民获得感指数

单位：分

家庭年均总收入	二级指标			获得感指数
	安全感指数	尊严感指数	满足感指数	
2万元以下	71.6	68.7	67.2	70.0
2万~5万元	71.3	69.0	69.2	70.2
5万~10万元	71.2	69.3	71.6	70.5
10万~20万元	71.4	69.7	73.3	70.9
20万元以上	70.6	69.9	77.3	71.0

最后，30~45岁群体的安全感指数最低。按照受访者年龄，本报告将社会群体划分为30岁以下、30~45岁和45岁以上三个类别。调查数据显示，30岁以下群体的获得感指数为70.7分；30~45岁群体的获得感指数为70.5分；45岁以上群体的获得感指数为70.3分。从年龄群体来看，45岁以上群体的获得感最低（见表8）。河南省45岁以上的城市居民在社会参与、法治建设和社会公平方面满意度较低。当前老龄化现象普遍，高龄老年人口持续增加，如何扩大其社会参与，是一个值得深入思考的问题。

表8 2019年河南省不同年龄组居民获得感指数

单位：分

年龄	二级指标			获得感指数
	安全感指数	尊严感指数	满足感指数	
30岁以下	71.6	69.7	70.2	70.7
30~45岁	71.2	69.5	70.6	70.5
45岁以上	71.3	68.7	71.3	70.3

（五）经济安全、收入满意度、社会参与指数得分排名靠后

河南省城市居民幸福感、信心感比较高，居民的幸福感代表对生活现状的满意程度，居民的信心感反映了居民对未来的态度。河南省城市居民幸福感指数和信心感指数得分别为79.0分和78.5分，处于"比较高"水平，说明河南人民的生活有盼头、有希望，对未来是充满期待的。

经济安全、收入满意度、社会参与指数的评分较低，分别为63.4分、58.7分、58.5分，而且与2018年数据对比，经济安全指数得分有所下降，说明人们对自己的经济状况整体而言不是很满意（见表9）。

表9 近两年河南省城市居民获得感三级指标指数

单位：分，%

三级指标	2019年	2018年	变化幅度
幸福感	79.0	78.2	1.0
信心感	78.5	78.1	0.5
社会治安	78.1	75.6	3.3
环境安全	75.2	71.5	5.2
司法公正	73.8	70.3	5.0
依法行政	73.2	69.8	4.9
社会保障安全	72.3	69.4	4.2
社会公平	71.4	66.2	7.9
经济安全	63.4	64.3	-1.4
收入满意度	58.7	55.7	5.4
社会参与	58.5	54.6	7.1

四 河南省城市居民获得感影响因素分析

本报告运用直线回归模型，分析居民获得感的影响因素，选取了政府责任心、政府服务、政府廉洁、政府信任、志愿服务、社会组织等9个项目，作为获得感影响因素的具体测量题目（见表10）。

表10　2019年河南省城市居民获得感影响因素

模型	非标准化系数		标准系数	t	Sig.
	B	标准误差	试用版		
（常量）	0.911	0.017		53.701	0.000
您认为当地政府工作是否具有责任心？	0.067	0.008	0.110	8.166	0.000
您对本地政府服务态度的满意度	0.115	0.009	0.187	13.390	0.000
您对本地政府廉洁状况的满意度	0.100	0.008	0.173	12.704	0.000
您对本地政府的信任程度	0.087	0.008	0.151	10.863	0.000
您认为本地开展志愿服务活动的情况	0.053	0.007	0.095	7.869	0.000
您认为本地民间组织（社区舞蹈队、书法协会、志愿服务队等）发展情况	0.039	0.007	0.067	5.454	0.000
您参与本地群众社会文化活动（节日庆祝、观看演出展览等）的情况	0.053	0.006	0.110	9.492	0.000
您对所在社区提供的社区服务（卫生服务站、社区图书室等）满意度	0.072	0.007	0.129	10.247	0.000
您认为本地传承优秀文化传统情况	0.049	0.007	0.080	6.632	0.000

注：因变量为获得感。

（一）政府服务、政府廉洁、政府信任对获得感影响显著

通过对获得感影响因素有效值的分析，政府服务对获得感的影响值（0.115）最大，其次是政府廉洁和政府信任对获得感的影响值（0.100和0.087）比较大。这三个因素属于政府行为，提高政府服务满意度，减少政府腐败，提升政府公信力，才能畅通政府和群众之间的交流互动，政府工作应该围绕群众所关注的问题展开，倾听群众的心声，把群众工作做好做实，才能激发人民群众的积极性和创造性，群众的问题得到解决，生活得到保证，才能全身心地投入生产生活中，提升获得感。

通过表10我们可以发现，社会组织对获得感的影响最小（0.039），这里的"社会组织"主要指社区舞蹈队、书法协会、志愿服务队等组织的发展情况，本报告认为社会组织对获得感影响小的原因主要是现阶段河南省的

社会组织发展并不健全，缺乏科学的组织和领导，社会组织并没有发挥应有的作用。在生活中比较常见的是广场舞舞蹈队，但是广场舞由于组织不规范，多次因噪声等问题与小区居民发生冲突，一度引起了社会的广泛关注，所以如果想要通过社会组织的发展来提升居民的获得感，就要加强对社会组织的管理和规范，发挥社会组织应有的作用。

（二）社区服务对获得感的影响较大

通过图1可以看出，除了政府行为（政府服务、政府廉洁、政府信任）之外，社区服务对居民获得感也发挥着重要的作用。研究表明，从生活层面考虑，社区是城市最小的单元，与居民生活密切相关，社区提供服务的质量直接影响居民的生活质量，应该进一步加强对社区服务的关注，提升社区服务水平，提升居民获得感。

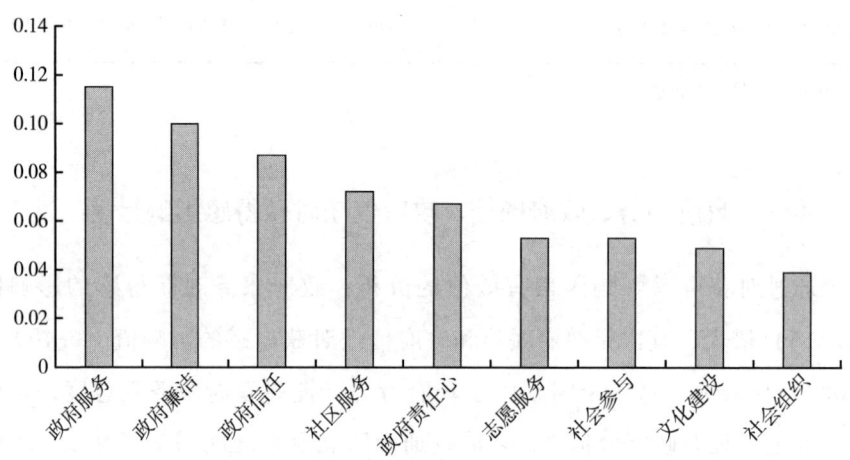

图1　2019年各指标获得感影响值

五　对策建议

河南省居民获得感指数首次达到"比较高"的水平，表明河南省居民获得感有了很大提升。基于以上调查分析，建议从以下几个方面着力提升居民获得感水平与层次。

（一）改善民生，稳步提高居民收入水平

居民收入满意度是影响居民满足感和获得感的重要因素。调查发现，近几年全省居民收入满意度指数在所有三级指标中一直处于"比较低"的水平，说明居民的经济获得有较大的提升空间。首先，完善最低工资保障和薪资增长机制，逐步提高最低工资标准，确保居民工资收入随着劳动生产率的提高和经济发展水平的提高而合理增长，不断提高居民收入水平和满意度。其次，加快完善各项社会保障制度，不断扩大社会覆盖面，提高城乡居民社会保障水平。最后，完善就业服务体系。出台政策，加强就业培训，强化就业政策咨询、职业指导及职业培训服务。增加就业岗位，通过营造良好的创业环境，搭建创新创业平台，激活创新资源，增强创新发展活力。

（二）提升政府行政服务水平，强化居民对政府的认同感

调查表明，政府行政服务水平在居民获得感中占有重要地位，是河南省下一步提升居民获得感的重点，建议从以下几个方面提升行政服务水平。一是着力于体制机制改革，提升办事效率。进一步深化行政审批制度改革，打造全流程一体化行政服务平台，针对居民的差异化需求实施行政服务的差异化供给；依托互联网技术，深化"互联网+政务服务"，以居民为中心，以"最多跑一次"、打通服务群众的"最后一公里"为要旨，推进行政服务便捷化、便民化和智能化。二是强化政府回应能力。深化网格化管理机制，以问题为导向，建立民众诉求和政府回应的双向回馈机制，加强政民互动，不断满足居民个性化需求。三是推进透明政府建设。探索多元化的信息公开和信息搜集渠道与方式，充分利用政务微博、微信、移动客户端灵活便捷的优势，做好信息发布、政策解读和办事服务工作，提高政府公信力。

（三）打通社区服务"最后一公里"，提升居民获得感

调查发现，"社区服务"对居民获得感影响较大，要从以下三方面提升社区服务水平。首先，深化社区便民服务中心建设。探索网络化社区服务模式，利用"互联网＋社区"行动计划，实现信息共享；加强社区工作协同，提高办事效率，以"一号申请、一窗受理、一网通办"的一门式服务为切入点，优化服务流程，提供规范化服务，实现行政服务社区化。其次，加大社区资源投入。加大社区服务建设的财政支持力度，探索成立"社区服务"建设专项基金。同时开展社区社会组织的培育和孵化工作，整合市场和社会资源，实现社区服务融合。最后，推进社区服务专业化。依托专业社会组织和市场中介组织开展社区养老、教育、社会救助等专业化服务；推进政府购买社区公共服务，合理配备社工岗位和专业化服务资源，引导专业化机构开展社区服务。

（四）强化居民参与，提升居民的尊严感

调查显示，河南省居民的尊严感指数最低，其中社会参与在所有三级指标中排名靠后，直接影响了居民的尊严感指数。因此，进一步提高居民社会参与度，才能让人民过得更有尊严。一是加强社区居民公共事务参与。要进一步创新和完善社区协商平台和制度，发挥社区党员、社区骨干、社区积极分子的模范带头作用，丰富居民参与的形式，吸纳更多居民参与社区公共事务，提高社区自主性。二是推进社区志愿参与。要大力培育社区社会组织，完善社区志愿服务网络，拓展居民参与的渠道和平台；建立志愿服务激励机制，如推动志愿服务积分兑换、"时间银行"等；加强志愿服务队伍建设，提升居民志愿参与能力。

2019年河南省突发事件舆情特点及应对建议

张彦帆*

摘　要： 本报告依托舆情监测系统，对2019年河南省突发事件舆情的特征进行分析。2019年，河南省突发事件舆情多发，部分事件发酵成为全国性热点舆情事件，引发舆论持续热议。从舆情走势来看，上半年舆情压力较大，4月出现舆情高峰；从地域分布来看，郑州、南阳突发事件舆情突出，热点舆情集中于河南北部、东部城市；从行政系统分布来看，涉公安系统突发事件舆情最多，治安、教育领域突出。2019年河南省突发事件舆情动向表现为：舆情下沉现象明显，县区级层面舆情压力较大；跨部门突发事件舆情多发，部门联动处置能力受考验；微博、微信为突发事件舆情主要源头，短视频多次引爆舆论。基于以上特点，本报告提出相应的舆情处置和工作建议：完善突发事件舆情应对机制，发挥联动处置优势；提升领导干部舆情应对能力，有效遏制舆情风险；掌握突发事件舆情回应技巧，提高官民舆论场共识度。

关键词： 河南省　突发事件　舆情动向　舆情处置

---

* 张彦帆，舆情分析师，在媒体、政府机关从事多年舆情工作，具有一定的政务舆情处置经验。

近年来，随着新媒体、短视频平台的迅速发展，突发事件引爆网络舆论的时间越来越短，给各级政府部门带来了前所未有的挑战。党的十八大以来，以习近平同志为核心的党中央高度重视新闻舆论工作，习近平总书记多次对新闻舆论工作作出重要部署。学习贯彻习近平总书记关于新闻舆论工作的系列重要讲话精神，做好突发事件新闻舆论工作，不仅直接关系突发事件的处置成效，也是检验党和政府治理能力和水平的一个重要标志。

《〈关于全面推进政务公开工作的意见〉实施细则》要求，对涉及群众切身利益、影响市场预期和突发公共事件等的重点事项，要及时发布信息。对涉及特别重大、重大突发事件的政务舆情，要快速反应，最迟要在5小时内发布权威信息，在24小时内举行新闻发布会。[①] 2019年，河南省突发事件舆情应对水平整体提升，回应率达94%，但同时存在"不同层级处置水平存在差异，县区级引导能力偏弱""个别热点舆情事件后续引导不足，未形成良好闭环"等问题。本报告对2019年河南省突发事件舆情进行分析，并提出相应的舆情处置工作建议，以供政府部门参考。

一 2019年河南突发事件舆情分布特征

笔者依托第三方舆情监测系统，对2019年河南省50起突发事件进行回顾，通过对新闻网站、新闻客户端、报刊电子版、微博、微信、论坛等平台舆情信息量以及互动量进行加权计算，得出事件的舆情关注度值，代表事件在网上受到的整体关注情况。舆情信息采集时间为2019年1月1日至12月31日。

2019年，河南省突发事件多发，部分事件发酵成为现象级舆情事件，引发全民关注。通过对这50起突发事件进行梳理，其舆情特征表现如下。

---

① 国务院办公厅印发《〈关于全面推进政务公开工作的意见〉实施细则》，中央人民政府网站，http://www.gov.cn/zhengce/content/2016-11/15/content_5132852.htm。

（一）上半年舆情压力较大，4月出现舆情走势高峰

从图1可以看出，2019年上半年，河南突发事件舆情压力明显高于下半年，4月出现全年舆情走势最高峰值，共8起；5~7月维持高位态势，每月各有6起；8月后，每月舆情事件在4起（含）之内，舆情整体压力呈降低趋势。

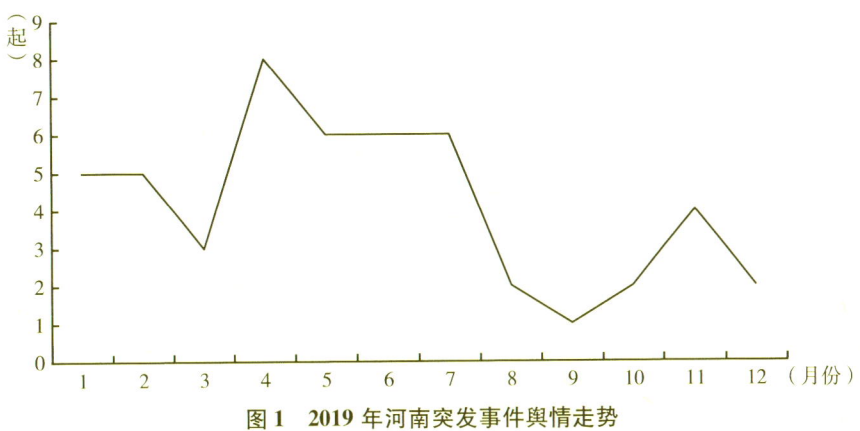

图1　2019年河南突发事件舆情走势

7月初，"永城一女子醉驾玛莎拉蒂撞宝马致2死4伤"一事引爆全国舆论，舆情关注度指数高达538308，成为全年关注度最高的河南突发事件。"周口男婴'丢失'事件""河南三全水饺被曝检出非洲猪瘟病毒""郑州一酒店多间客房发现针孔摄像头""河南一旅游大巴在湖南起火致26死28伤"4起事件均发生于上半年，舆情关注度位居第二至第五。下半年热点事件如"虞城中学生课间意外死亡，下葬后有人自称是凶手""河南义马气化厂爆炸致2死18重伤""半挂车在固始侧翻，村民搬空33吨井盖"等，舆情关注度同上半年相比有所降低（见表1）。

表1　2019年河南突发事件舆情关注度指数

序号	涉及地区	报道时间	舆情事件	舆情关注度
1	永城	7月4日	永城一女子醉驾玛莎拉蒂撞宝马致2死4伤	538308
2	周口	5月20日	周口男婴"丢失"事件	237529

续表

序号	涉及地区	报道时间	舆情事件	舆情关注度
3	省级	2月17日	河南三全水饺被曝检出非洲猪瘟病毒	152676
4	郑州	6月18日	郑州一酒店多间客房发现针孔摄像头	111720
5	省级	3月23日	河南一旅游大巴在湖南起火致26死28伤	70206
6	商丘	12月23日	虞城中学生课间意外死亡，下葬后有人自称是凶手	58124
7	三门峡	7月19日	河南义马气化厂爆炸致2死18重伤	41228
8	固始	8月3日	半挂车在固始侧翻，村民搬空33吨井盖	36329
9	新乡	9月7日	河南原阳一马戏团老虎表演时逃脱	33571
10	郑州	4月14日	7岁女童入学登封武校两天后死亡	33108
11	商丘	3月31日	虞城尘卷风刮飞蹦蹦床致2名儿童死亡	31272
12	焦作	4月2日	焦作一幼儿园教师投毒23名幼儿中毒	30428
13	开封	7月7日	网曝河南通许县一乡镇36名村医集体辞职	28058
14	南阳	10月18日	南阳一女子在车库内遭蒙面男强拖上车	21336
15	郑州	4月10日	中铝公司货运火车脱轨致6人死亡	16299
16	周口	10月15日	周口扶沟一学校老师逼学生吃掉垃圾	13115
17	郑州	2月16日	郑州一男子坐过站要强行下车遭拒后两次抢方向盘	11359
18	南阳	4月12日	南阳一幼儿园负责人涉强奸4岁幼童被刑拘	10604
19	郑州	2月25日	郑州街头一男子持斧砍人4人受伤被送医救治	8812
20	郑州	5月26日	郑州大学第一附属医院内一男子坠楼身亡	8326
21	焦作	1月10日	河南理工大学大四女生在宿舍自缢身亡	8124
22	郑州	1月9日	中原工学院宿舍失火校园广播禁止拍照	7936
23	南阳	6月11日	拒绝"村霸"骚扰，南阳女子和一儿一女遭杀害	7897
24	郑州	4月4日	郑州一初中生遭班主任批评后在家跳楼自杀	7726
25	南阳	4月24日	南阳一村支书家发生爆炸致妻子、岳母死亡	6543
26	濮阳	1月22日	濮阳油田第二高级中学一男生跳楼身亡	6503
27	安阳	2月17日	内黄县一村庄发生纵火事件6人身亡	6420
28	固始	3月20日	固始一公交车与货车相撞4死15伤	6108
29	信阳	11月19日	信阳光山一男子开车冲撞乡政府人员致2死1伤	5831
30	南阳	8月20日	南阳诊所整形致28岁妈妈死亡	5544
31	漯河	7月9日	河南漯河官员深夜带队拆迁被撞身亡	5046
32	郑州	4月26日	荥阳市一炭素厂窑炉坍塌致3死3伤	4637
33	郑州	5月27日	郑州一男子持刀伤人致1死3伤	4321
34	平顶山	2月28日	平顶山市财经学校学生持刀伤人致1死3伤	3420
35	汝州	5月7日	汝州一醉酒男子殴打妻子被反杀	3185
36	洛阳	12月6日	洛阳20岁失联女孩遇害	3077
37	郑州	6月1日	河南登封一工厂发生事故致2死8伤	3015
38	南阳	6月16日	南阳社旗县一男子在镇民政所自缢身亡	2873
39	周口	5月9日	周口太康一怀孕教师将11岁女童打到淤紫	2625
40	郑州	1月5日	郑州人民公园摩天轮出事，一男子当场身亡	2534
41	开封	6月27日	河南开封一公司厂房爆炸6人死亡	2433
42	郑州	4月7日	郑州一小区7层门口铁梯带电2人触电1死1伤	2229

续表

序号	涉及地区	报道时间	舆情事件	舆情关注度
43	漯河/许昌	7月6日	河南一男子涉嫌两天跨两地杀害2名女子	1968
44	许昌	11月5日	长葛一男子持砍刀追砍民警被枪击受伤后死亡	1887
45	郑州	11月17日	郑州一小区发生命案,一男子持刀杀害3人	1650
46	洛阳	6月17日	河南偃师一男子在法院跳楼身亡	1514
47	开封	11月27日	网曝河南杞县一诊所针灸致200余人皮肤溃烂	1440
48	开封	5月27日	开封一化工企业调试设备时发生爆燃致1死1伤	1311
49	濮阳	1月4日	濮阳发生6车相撞事故2人死亡3人受伤	1266
50	郑州	7月4日	河南28岁医学规培生被同学杀害	1110

(二)郑州、南阳舆情突出,热点舆情集中于北部、东部

从地域分布来看,省会城市郑州流动人口较多,社会治理面临的形势相对复杂,辖区内突发事件舆情频发,全年15起,明显多于其他地市;南阳作为千万人口城市,管理压力大,突发事件舆情次之,共6起;开封、周口次之,分别有4起、3起;商丘、焦作、洛阳、漯河、许昌、濮阳各2起;新乡、平顶山、安阳、三门峡、信阳各1起;省直管县(市)固始2起,汝州、永城各1起(见图2)。驻马店、鹤壁、济源2019年突发事件防控情况较好,未出现在网上引发较多关注的舆情事件。

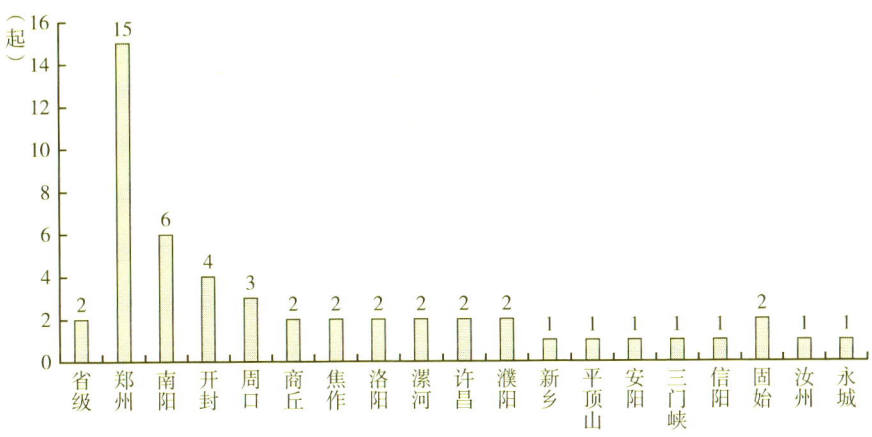

图2 2019年河南突发事件舆情分布地域

从热点舆情分布来看，2019年，河南省北部、东部地区易出爆点舆情，态势严峻，全省舆情关注度指数超过1万的突发事件共18起，其中，发生于河南北部、东部城市的有13起，包含郑州4起、周口2起、商丘2起、焦作1起、新乡1起、开封1起、三门峡1起、省直管县（市）永城1起。河南中部和南部城市突发事件热点舆情相对较少，态势平稳，其中，南阳2起，省直管县固始1起。分析其原因，一是北部和东部城市治安、交通、教育等类型突发事件多发，易触及社会痛点，公众关注度较高，形成了相关事件在网上广泛传播的前提条件；二是北部、东部城市互联网以及媒介资源相对发达，突发事件舆情曝光概率大，在各类媒体、新媒体推动下易演变成全国性热点舆情事件。

（三）涉公安系统舆情最多，治安、教育突发事件多发

从涉及的行政系统来看，2019年，河南突发事件舆情涉及公安系统的占比56%，在全部行政系统中居首位；涉及应急管理、教育系统的突发事件舆情次之，均占比12%；卫生健康系统占比6%，交通运输系统占比4%，纪检监察、法院、畜牧局、供电局、园林局、财政、民政、文化旅游系统均占比1%（见图3）。

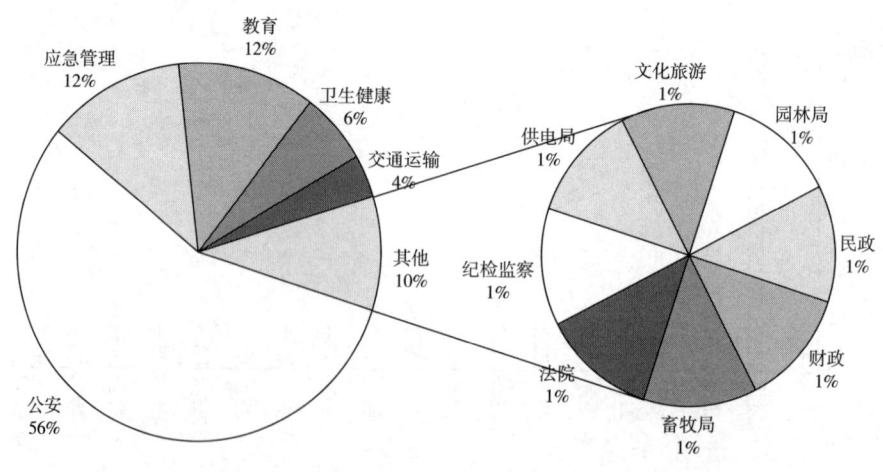

图3　2019年河南突发事件涉及行政系统占比

从事件类型来看,2019年河南突发事件舆情分布于9个领域,社会治安类突发事件舆情最多,共16起;教育类突发事件舆情次之,共11起;此外,生产安全、交通、非正常伤亡相关的突发事件舆情各5起,医疗卫生类突发事件4起,公共安全类突发事件2起,涉及征地拆迁、自然灾害方面的突发事件各1起(见图4)。

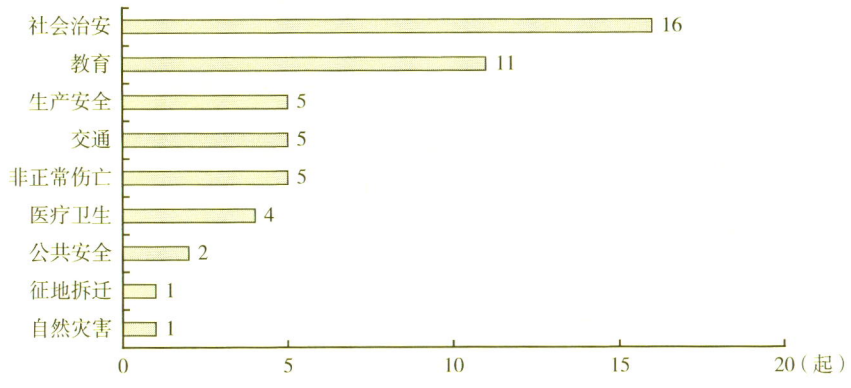

图4 2019年河南突发事件舆情分布类型

社会治安类突发事件涉及杀人、殴打他人以及虚假信息传播等方面,一些事件在网上持续发酵,引发全国舆论广泛关注。"周口男婴'丢失'事件"以"疑似盗婴案"在舆论场中先入为主,事发后周口警方发布通报,媒体和娱乐圈人士温情接力转发,随后事件被披露系家庭矛盾和策划虚假警情所引发的丢婴闹剧,舆情出现反转,公众呼吁严惩闹剧制造者。"郑州一酒店多间客房发现针孔摄像头"事件的舆论关注点突破案情本身,上升为社会治理层面,深入探讨如何根治偷拍乱象,维护公民的隐私权。"郑州街头一男子持斧砍人4人受伤被送医救治""长葛一男子持砍刀追砍民警被枪击受伤后死亡""拒绝'村霸'骚扰,南阳女子和一儿一女遭杀害"等故意杀人事件发生后,网民呼吁相关部门加强治安管控工作,提升治安防范能力。

教育类突发事件舆情涉及学生伤亡、食品安全、师德师风、学校管理等方面,发生于中小学、幼儿园内的突发事件,因涉及未成年群体,容易吸引媒体和公众的关注,成为热点舆情事件。"焦作一幼儿园教师投毒23名幼儿中毒""周口扶沟一学校老师逼学生吃掉垃圾""周口太康一怀孕教师将11岁女童打到淤紫"等事件引发网民对当前师德师风问题的强烈愤慨,对教师群体的形象造成损害。"虞城中学生课间意外死亡,下葬后有人自称是凶手""7岁女童入学登封武校两天后死亡"事件均因离奇的情节快速引爆网络舆论场,在这两起事件中,官方的多次通报并未让舆论得到平息,公众对真相的持续追问折射出当地政府部门公信力式微。

生产安全类突发事件舆情涉及工厂爆炸、坍塌、失火等严重事故,"河南义马气化厂爆炸致2死18重伤""荥阳市一炭素厂窑炉坍塌致3死3伤""河南登封一工厂发生事故致2死8伤""河南开封一公司厂房爆炸6人死亡"等事件的发生,让公众感到心痛,每一个冰冷的数字背后,是一个个支离破碎的家庭,公众呼吁相关部门完善安全生产监管机制并落到实处,堵住安全生产漏洞,多措并举筑牢安全生产防线,最大限度地保障工人的生命安全。

交通类突发事件舆情涉及多起重大交通事故,"永城一女子醉驾玛莎拉蒂撞宝马致2死4伤"一事在网上"霸屏式"传播,发酵成为现象级舆情事件,全国网民同声谴责肇事者并深挖肇事者家庭背景,形成"舆论审判"高压态势。"河南一旅游大巴在湖南起火"一事造成严重伤亡,舆论追问事故原因,并关注中央政府、湖南省政府、河南省政府应急处置工作情况。"中铝公司货运火车脱轨致6人死亡""固始一公交车与货车相撞4死15伤"等事故发生后,众多新闻媒体跟进报道,成为舆论场热点。

非正常伤亡类突发事件如"郑州大学第一附属医院内一男子坠楼身亡""南阳社旗县一男子在镇民政所自缢身亡""河南偃师一男子在法院跳楼身亡"等,此类事件发生的场所是医院、镇民政所、法院等,引发网民猜测和联想,导致舆情进一步复杂化,舆情处置难度加大。除此之外,2019年,河南突发事件热点舆情还涉及医疗卫生、公共安全、征地拆迁、自然灾害等方面,"河南三全水饺被曝检出非洲猪瘟病毒""河南原阳一马戏团老虎表演时逃脱""虞城尘卷风刮飞蹦蹦床致2名儿童死亡""网曝河南通许县一乡镇36名村医集体辞职"等事件均具有一定的爆点,在网上快速传播和发酵,引发舆论持续热议。

二 2019年河南突发事件舆情动向

（一）舆情下沉现象明显，县区级层面舆情压力较大

据统计，2019年河南突发事件涉及县区级（含县级市）层面的最多，共25起，占比50%。全省舆情关注度指数超过1万的18起突发事件中，由县区级层面主导处置的有10起，占比55.5%，舆情事件如"永城一女子醉驾玛莎拉蒂撞宝马致2死4伤""虞城中学生课间意外死亡，下葬后有人自称是凶手""半挂车在固始侧翻，村民搬空33吨井盖""河南原阳一马戏团老虎表演时逃脱"等。

可以看出，目前河南突发事件舆情整体处于下移状态，县区级政府部门是突发事件舆情压力的主要承担者，舆情处置能力颇受考验。以"永城一女子醉驾玛莎拉蒂撞宝马致2死4伤"一事为例，该事件是2019年舆情关注度最高的河南突发事件，同时也是2019年中国舆论场中影响力最广泛的热点舆情事件之一，事件舆情情况如下。

7月3日22时42分许，永城一女司机醉酒后驾驶一辆玛莎拉蒂追尾一辆正在等信号灯的宝马车，宝马车被撞飞数十米远后发生爆燃。当晚23时起，微信、微博平台针对此事的讨论陆续出现，"女子酒驾玛莎拉蒂撞飞宝马车"相关信息开始传播。

7月4日上午，网络对该事件的关注呈持续升温趋势。7月4日11时许，永城市公安局通过官方微博"@平安永城"发布情况通报：2019年7月3日22时42分左右，谭某（女，23岁）醉酒后（血液酒精含量167.66mg/100ml）驾驶豫NE××55越野车，行驶至永城市东城区地税巷路段时，相继与路边停放和正常行驶的多辆小型轿车刮擦后逃逸，至东环路与永兴街交叉口时，与王某驾驶等待绿灯的豫N0××2L小型轿车追尾，致使豫N0××2L车辆燃烧，造成2人死亡、4人受伤。谭某已被现场控制，伤者正在治疗中，事故处理正在依法进行。

7月4日20时44分许，永城市公安局通过"@平安永城"再次发布通报称：2019年7月3日22时42分，在永城市东城区东环路与永兴街交叉口，谭某醉酒后驾车，追尾撞击一辆等待信号灯的小型轿车，致小型轿车燃烧，车内2人死亡、1人受伤，肇事车内3人受伤。接警后，永城市公安局迅速处置，3名嫌疑人被当场控制。7月4日，公安机关以涉嫌危害公共安全罪对谭某、张某、刘某采取刑事强制措施。公安机关将依法处置，案件侦办结果适时向社会公布。

新华社、央视新闻、《人民日报》、《环球时报》、《中国青年报》、人民网、新华网、中国新闻网、澎湃新闻网、新京报网、千龙网、大众网、长江网等中央和地方各大媒体纷纷跟进报道此事，舆情热度快速飙升，引发亿万网民参与讨论。7月5日，该事件舆情走势达到最高峰值，当天相关信息76843条。

8月14日，永城市人民政府新闻办公室通报最新进展：目前，谭某某、刘某某、张某某3名犯罪嫌疑人已从重症监护室公安监管治疗转至公安监管场所羁押。8月13日，永城市人民检察院以涉嫌以危险方法危害公共安全罪对犯罪嫌疑人谭某某、刘某某、张某某批准逮捕。政法机关将按照法定程序、严格依法办理，切实维护法律尊严，切实维护公平正义。当天，舆情走势出现一轮次高峰，相关信息29516条。

事发现场监控视频直观呈现了这起事故的惨烈程度，在社交平台爆炸式传播，吸引了网民眼球，点燃了全国网民的愤怒情绪。在梨视频平台，"时间新闻视频"发布的视频《女子醉驾玛莎拉蒂撞飞宝马交警："已致2死4伤"》播放量4249.6万次，评论量5.7万条；"紧急呼叫"发布的视频《重走"女子醉驾玛莎拉蒂致2死4伤"逃逸路》播放量3715.9万次，评论量2万条；"澎湃新闻"发布的视频《女司机醉驾玛萨拉蒂撞人后逃逸连剐8车，再撞燃宝马致2死4伤》播放量3862.1万次，评论量2.5万条。

在微博平台，该事件相关的多个话题持续占据热搜榜前几位，话题总阅读量超过50亿次，其中，#河南玛莎拉蒂#话题阅读量15.5亿次，讨论数

30.6万条;#女子醉驾玛莎拉蒂致两死#话题阅读量15.1亿次,讨论数16.6万条;#醉驾玛莎拉蒂逃逸路线#话题阅读量9亿次,讨论数8.3万条;#警方通报玛莎拉蒂车内3人身份#话题阅读量6.7亿次,讨论数7.2万条;#醉驾玛莎拉蒂撞宝马#话题阅读量2.1亿次,讨论数2.9万条;#醉驾玛莎拉蒂嫌疑人父亲#话题阅读量2亿次,讨论数2.1万条。

舆情发酵过程中,疑似肇事女子谭某某的微博账号被曝出,账号内容多为炫富,引发广大网民对其身份、家庭背景的猜测和深挖,随后媒体跟进报道,陆续披露"谭某某家经营皮毛生意多年且疑似非法用地""车上一嫌疑人父亲为当地国土局干部"等信息,当地国土部门随之卷入舆论漩涡,舆论情绪进一步攀高(见图5)。

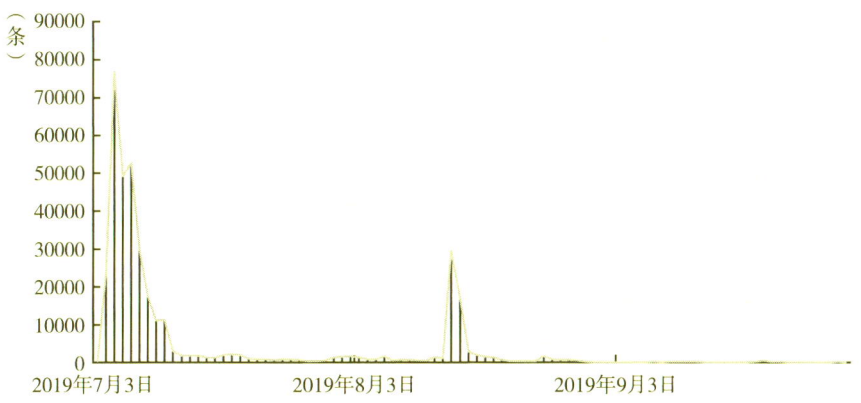

图5 "永城女子醉驾玛莎拉蒂撞上宝马"事件舆情走势

针对此事,"严惩肇事者"为舆论场最大共识。《人民日报》微博发声称,酒驾是交通安全一大杀手,血淋淋的教训并非没有。然而一些人仍以身试法,视他人生命为儿戏。唯有严惩肇事者,才能给无辜受害者一个交代,才能让酒后驾驶成为不敢碰的高压线。央视新闻评论称,"醉驾入刑"已实施8年,这些"亡命客"却仍处于"沉睡"状态。无论到何时,无视法律、践踏生命、拿他人生命当儿戏者,都应受到法律最严厉的惩罚。制止"马路杀手",必须果断!

该事件性质极其恶劣，舆论场愤怒情绪久久无法平复，微博、微信等社交平台中"严惩肇事者"的呼声居高不下。全国媒体和网民的持续聚焦关注，给永城市这一县级市瞬间带来了巨大的舆论压力，当地政府部门的一举一动在舆论高压环境下被放大审视，舆情风险指数持续攀高。

（二）跨部门突发事件舆情多发，部门联动处置能力受考验

2019年河南50起突发事件舆情中，同时涉及两个或两个以上职能部门的有30起，占比60%。其中，同时涉及应急管理和公安部门的共10起，事件如"河南义马气化厂爆炸致2死18重伤""虞城尘卷风刮飞蹦蹦床致2名儿童死亡"；同时涉及教育和公安部门的共9起，事件如"7岁女童入学登封武校两天后死亡""周口扶沟一学校老师逼学生吃掉垃圾"；同时涉及卫健委和公安部门的共3起，事件如"网曝河南杞县一诊所针灸致200余人皮肤溃烂"；其他同时涉及的还有交通运输、文化旅游、纪检监察、民政、财政等部门。

同涉及单个部门的突发事件舆情相比，涉及两个或多个部门的突发事件舆情往往更复杂，处置难度更高，不同部门因舆情处置能力或思路存在差异，内部联动时易出现分歧，导致舆情引导处置效率降低，甚至诱发次生舆情风险，部门间协作应对、联动处置面临诸多考验。

（三）微博、微信为舆情传播主要源头，短视频多次引爆舆论

2019年，微博、微信是河南突发事件舆情发源的主要平台，据统计，在50起突发事件舆情中，由微博、微信平台首发传播的共34起，占比68%；由新闻媒体首发报道的共12起，占比24%；以官方通报为传播源头的共4起，占比8%。可以看出，以微博、微信为代表的社交媒体平台，在舆情源头方面发挥的作用已超过传统新闻媒体，传统新闻媒体在舆情源头方面的作用呈现明显减弱趋势，"社交媒体平台首发曝光—传统媒体跟进"逐渐成为舆论场常态。从传播特征来看，微博作为完全开放的公共平台，舆论传播发酵的整个过程较为直观，微信因具有一定的隐蔽性，隐性舆论和显性

舆论互相交织，使得舆情的传播在源头上难以过滤和识别，管控难度较大。①

从传播载体来看，舆情源头以短视频形式生成并传播的现象凸显，其短平快、内容直观等特点，使其在社交媒体平台"病毒式"传播，导致舆情迅速发酵升温。2019年河南突发事件舆情中，由短视频作为舆情源头进行传播的共20起，占比40%。"永城一女子醉驾玛莎拉蒂撞宝马致2死4伤""河南一旅游大巴在湖南起火致26死28伤""河南义马气化厂爆炸致2死18重伤""虞城尘卷风刮飞蹦蹦床致2名儿童死亡"等突发事件发生后，拍摄于事发现场的短视频在社交媒体平台首发传播，给广大网民造成了较强的视觉冲击力，相关话题急剧升温，从而快速引爆舆论。

三 2019年河南突发事件舆情处置效果分析

（一）舆情回应意识显著增强，突发事件舆情回应率达94%

突发事件一般涉及自然灾害、社会安全、事故灾难、公共卫生等方面，与公众生命安全和切身利益紧密相关，公众关注度往往较高。在突发事件发生后，当地政府部门如果不及时发布权威信息，虚假信息和片面信息就容易在公众质疑声中不断被放大传播，误导公众，导致事态进一步扩大，甚至引发舆情危机，给政府的形象和公信力造成严重的负面冲击。

近年来，河南各级政府部门舆情回应意识和回应能力持续提升，对待突发事件舆情逐渐摒弃以往的"捂删堵"思维，通过权威回应的方式遏制谣言、扭转舆情态势、化解公众负面情绪，舆情处置态度朝积极方向发展。2019年，河南50起突发事件舆情回应率为94%，其中，涉事政府部门在5小时内回应的有11起，占比22%；在12小时内回应的共40起，占比

---

① 《从微信平台特性看社交自媒体危机舆情管控路径》，知网空间，http://www.cnki.com.cn/Article/CJFDTOTAL-ZGJZ201612019.htm。

80%。一些突发事件舆情出现后,当地政府部门通过政务新媒体、新闻媒体及时回应舆论关切,增进了与公众的互动,凝聚了舆论场共识,有效掌握了舆论引导的主动权。

(二)不同层级处置水平存在差异,县区级引导能力偏弱

从 2019 年河南突发事件舆情处置情况来看,省级、省会城市以及一些经济相对发达的地市,在舆情处置工作中往往能调动广泛的媒体资源,且不同部门之间联动能力较强,在防范突发事件舆情风险、化解舆情危机方面具有较多的成功经验。县区级政府部门能够调动的媒体和新媒体资源有限,且存在舆情风险意识不强、习惯于应付舆论等问题,容易让自身陷入舆论漩涡,舆情处置和引导能力整体偏弱。

在省级层面,以"河南一旅游大巴在湖南起火"一事为例,事故发生后,河南省委、省政府反应迅速,省委书记、时任省长作出批示,派出由公安、交通运输、应急管理、文化旅游等部门,及郑州市政府、开封市政府主要负责同志组成的专项工作组紧急赶往现场,开展事故处置,全力做好伤员救治和善后处理工作。针对此次事故,河南省政府积极联动湖南省政府做好事故救援、舆情引导处置工作,让官方权威信息占据舆论制高点,同时,严格部署线下整改措施,避免类似事故再次发生。由河南省交通运输厅、河南省公安厅负责落实的多项整改举措,充分展现了河南省政府部门的责任和担当,在很大程度上纾解了公众的不安和焦虑情绪,有效遏制了负面舆情的进一步发酵。

在地市级层面,例如"郑州一酒店多间客房发现针孔摄像头"事件发生后,郑州市公安局在媒体首发报道中表明"将依法严厉打击此类违法犯罪行为"的立场和态度,为公众吃下"定心丸"。嫌疑人被迅速抓获后,郑州市公安局通过官方微博"@平安郑州"发布警情通报,通报内容包含"嫌疑人被抓获,目前已被刑拘""偷拍视频未外泄""全市范围内住宿场所全面检查情况""酒店员工涉嫌散布谣言被行政拘留 10 日"等,权威回应舆论核心关切,成为各大主流媒体跟进报道的信源,充分展现了警方对此类

违法犯罪行为"零容忍"的态度,有效缓和了网民担心隐私泄露的负面情绪,得到舆论的点赞和认可。

在县区级层面,以"虞城中学生课间意外死亡,下葬后有人自称是凶手"一事为例,虞城县初中生张某上体育课期间在厕所晕倒后去世,当地政府及警方作出"排除校园欺凌、死因系意外"的认定后,一位自称张某同学的刘某,通过微信向张某父亲称,是他和几名学生打死了张某。张某家人为求真相起尸送检,经尸检鉴定,张某系因头部接触钝性物体致颅脑损伤死亡。媒体报道发出后,随即引发舆论热议,网民追问张某死亡真相,并怀疑是由"校园暴力"引发的悲剧。随后,"虞城公安"通过官方微信三次发布案情通报,提及"张某被打死"虚假信息系刘某编造,警方已将其刑拘。

但从舆论场反馈来看,在"虞城公安"多次发布案情通报后,网上质疑声依旧汹涌,一些媒体在报道时单方面采用死者家属提供的信源,也有媒体报道出现错误,将"死者家属做的尸检鉴定"表述为"警方做的鉴定",舆论对尸检鉴定结果"头部接触钝性物体致颅脑损伤死亡"依旧存疑,警方一度陷入舆论被动。12月23日,虞城警方表示将对张某的死因进行异地鉴定,随后,原本同意尸检的张某家属,在综合考虑后又暂时拒绝了警方二次尸检的提议。张某家属接受媒体采访时称,虞城县公安局在未提前通知的情况下,私自将张某尸体拉走,公安局一刘姓局长还称,在尸检之前,包括张某家属在内任何人不能见尸体。网上舆情再次掀起一轮高峰,不少网民质疑、猜测警方"抢尸"行为的动机。

可以看出,在这起突发事件中,死者家属向媒体提供的信源持续左右着舆情发展态势和舆情动向,当地政府部门舆情引导效果不佳,公众认可度不高,给自身带来信任危机,损害了政府部门的形象和公信力。

(三)个别热点舆情事件后续引导不足,未形成良好闭环

根据舆情的发展特点,可将舆情分为酝酿期、发生期、发展期、高潮期、回落期等几个阶段,政府部门只有把握好每个阶段的舆情特点,对症做

好引导工作，方能"釜底抽薪"，消除次生舆情风险。2019年，河南一些突发事件舆情发生后，涉事政府部门动态跟进引导能力不足，导致舆情未形成良好闭环，甚至产生"烂尾舆情"。

例如在"7岁女童入学登封武校两天后死亡"一事中，4月17日，登封市政府联合调查组通过央视新闻公布调查结果，"排除殴打等外力致死原因，家属均对死因无异议"，但这并没有起到"一锤定音"的作用，舆论质疑声依旧汹涌，不少网民追问女童身上出现瘀青伤的原因，认为对女童的死因应继续深入调查。此外，该事件在传播过程中引发"舆情搭车"现象，登封武校以往发生的学生伤亡事件密集曝光，舆论质疑当地教育监管机制不健全，政府为了短期的经济利益，对武校乱象睁一只眼闭一只眼。因后续引导乏力，当地政府部门成为舆论众矢之的。在周口男婴"丢失"事件中，婴儿找回后，周口警方并未及时对事件进行公开定性，也未公开发布对丢婴闹剧背后策划者的惩处情况，相关信息均由媒体从"知情人士"处获取并发布，警方权威声音后续缺失，导致舆情引导主动权丧失。

四 突发事件舆情处置工作建议

（一）完善突发事件舆情应对机制，发挥联动处置优势

当前，突发事件舆情呈现多发频发态势，舆情压力指数持续攀高，政府部门一旦处置不当，不仅损害自身公信力，也可能给社会和谐稳定造成负面冲击。因此，对于各级政府部门而言，应不断增强舆情意识，结合当前舆情特点完善突发事件舆情应对机制，提升突发事件舆情应对能力。

突发事件往往牵涉多个层级、多个部门，相关舆情涉及面广、特征复杂，健全突发事件舆情应对机制应充分发挥不同层级、不同部门协同处置优势。具体而言，可从"三个联动"着手：线上线下联动、同级部门联动、上下层级联动。

其一，线上线下联动是舆情成功处置的保障。突发事件舆情的根源在于线下，倘若线下工作不到位，必然大幅增加网上舆情处置难度，反之，网上舆情处置不当，也会给线下工作开展造成干扰。因此，突发事件发生后，应将线下工作开展推进和网上舆情回应引导同步进行，做到实事求是、言之有据、有的放矢。

其二，同级部门联动是舆情高效处置的助推剂。多数突发事件舆情涉及两个或两个以上部门，涉事部门倘若联动能力不足，会导致舆情处置水平降低或诱发次生舆情风险。《关于在政务公开工作中进一步做好政务舆情回应的通知》要求，对涉及多个部门的政务舆情，相关部门按照职责分工做好回应工作，部门之间应加强沟通协商，确保回应的信息准确一致，本级政府办公厅（室）会同宣传部门做好组织协调、督促指导工作，必要时可确定牵头部门。① 因此，针对跨部门突发事件舆情，各涉事部门应加强联动协调和信息共享，内部统一口径，确保发布时准确无误，增进公众的信任。

其三，上下层级联动是提升基层舆情处置水平的重要抓手。当前，突发事件舆情呈现明显的下沉趋势，县区级层面突发事件舆情多发，但同时县区级政府部门又普遍面临队伍薄弱、舆论引导资源有限的局面，在应对一些热点突发事件舆情时往往效果不理想。这就需要省、市层级部门加强统筹协调，将上下层级舆情处置工作联动常态化，形成媒体资源共享、舆情互通的局面，为基层政府部门舆情引导工作提供强有力支撑，切实提升基层政府部门舆情应对实效。

（二）提升领导干部舆情应对能力，有效遏制舆情风险

在当前环境下，正确处理网络舆情已成为领导干部自身能力提升的内在要求，同时也是领导干部进行社会治理创新的有效手段。② 在一些重大突发

---

① 国务院办公厅印发《关于在政务公开工作中进一步做好政务舆情回应的通知》，中央人民政府网站，http://www.gov.cn/zhengce/content/2016-08/12/content_5099138.htm。
② 《领导干部要提高舆情处理能力》，人民论坛，http://www.rmlt.com.cn/2018/0815/525957.shtml。

事件发生后，领导干部往往需要直面广大媒体和公众，回应舆论关切和质疑，领导干部的言谈举止，会直接影响舆情处置的效果，同时也会影响政府部门的形象和公信力。

从舆情应对方面进行考量，领导干部一是需要增强同媒体打交道的能力，始终以积极的态度与媒体进行沟通，争取媒体的支持，方能发挥出媒体正向引导舆情的作用。倘若领导干部对媒体持有敌对、排斥思维，往往会进一步激化舆情态势，引发舆情危机。二是要加强对舆情规律的把握。网络舆情应对是近年来互联网快速发展下催生的一门新学问，如今已成为社会治理的重要一环。目前，一些领导干部对于舆情规律的认识依旧很有限，舆情意识不强，在应对舆情时频频"踩雷"，加大了舆情处置的难度。三是要增强统筹协调能力，尤其在突发事件发生后，应具备第一时间调动各涉事部门或相关人员的能力，对舆情风险进行研判，制定应对措施，将舆情风险控制在可控范围。

（三）掌握突发事件舆情回应技巧，提升官民舆论场共识度

突发事件发生后，容易迅速引起网民和媒体的聚焦关注，如果涉事政府部门发布信息迟滞或发布内容不当，极易陷入舆论被动，丧失舆论引导主动权。政府部门在应对突发事件舆情时，应掌握一定的回应技巧，例如做到"及时准确""统一口径""公开透明""循序渐进"等。

第一，坚持及时准确原则。突发事件舆情应对，往往强调信息发布要"快"，业界提出"黄金4小时发布原则"，主要目的是让官方权威信息第一时间占据网络舆论场，避免谣言的滋生和传播。值得注意的是，政府部门在及时发布的同时，也应做到"不失语"，在调查结果出来前坚持"速报事实、慎报原因"原则，率先表明态度，抢占舆论引导先机。

第二，坚持统一口径原则。在回应突发事件舆情时，各涉事部门首先要做到统一口径、权威发布，避免多个出口、说法不一、自相矛盾，产生不良后果。其次，要以事实为依据，确保前后一致，避免前后回应出现逻辑问题，引发网民的误会和质疑。

第三，坚持公开透明原则。热点突发事件发生后，涉事政府部门应充分把握舆论关切，围绕公众关注的焦点、热点和关键问题一一进行回应，满足公众的知情权。反之，如果涉事政府部门一直漠视公众关切或避重就轻进行回应，则会导致舆情进一步发酵。

第四，坚持循序渐进原则。一些非正常伤亡事件因其离奇的情节，在网上传播时一波三折，网民质疑声强烈。针对此类突发事件，政府部门在回应时应考虑普通民众的心理认知，依据社会常识常理对事件舆情风险进行研判。一旦合法性和合理性有冲突，应充分预判公众的情绪化和心理承受能力，在不损害法律权威的情况下，调整舆情回应策略，以循序渐进的方式进行动态回应，并通过媒体、新媒体、专家进行巧妙引导，从而让官方舆论场和民间舆论场实现同频共振。

河南省居民阅读状况调查分析

刘海丽　肖先沛　曹龙盛　苏超萍*

摘　要： 本报告以网络调查为依据，对2019年河南省居民阅读状况进行分析并给出相应建议。从调查情况看，2019年河南居民阅读有以下特点：半数以上居民每天阅读不足1小时，家长、学校对未成年人的阅读行为影响最大；新媒介成为河南居民阅读的重要选择；购买和获取网上免费资源是获取阅读资源的主要选择；不同公共阅读设施的利用率有显著差异，公共阅读活动参与率不高；居民对公共阅读设施硬件环境评价高于服务软环境。2019年河南居民阅读存在的问题是：未成年居民阅读状况不理想；公共阅读设施作用发挥不足；公共阅读设施服务能力有待提升；农村公共阅读设施不足。鉴于以上问题，本报告提出以下建议：提升公共阅读设施服务能力；出台公共阅读设施与教育机构合作政策；制定面向商业性公共阅读机构的激励政策；颁布鼓励个人阅读的政策；加大农村地区公共阅读体系建设力度。

关键词： 阅读推广　公共文化机构　河南

---

* 刘海丽，郑州大学信息管理学院讲师，主要研究方向为公共文化服务；肖先沛，郑州大学信息管理学院2018级本科生；曹龙盛，郑州大学信息管理学院2018级本科生；苏超萍，郑州大学信息管理学院2018级本科生。

"全民阅读"对于提高国民综合文化素质具有重要作用。这一概念早在1972年就已由联合国教科文组织提出来,世界各国普遍重视对全民阅读的推广。我国于1997年提出了以全民阅读为基础的"知识工程",2006年3月中宣部、中央文明办、新闻出版总署、文化部、教育部等11个部门联合倡导"全民阅读活动",2017年"全民阅读"首次被写入政府工作报告,成为政府"大力推动"的事项。[①] 全民阅读调查对于制定阅读推广政策、开展全民阅读活动具有导向作用。现阶段,我国已经17次连续开展"全国国民阅读调查",本报告在参考"全国国民阅读调查"问卷的基础上,开展了河南省阅读情况问卷调查,为提高河南省居民文化素养提供了数据参照,为开展公共文化服务活动提供了决策参考。

本报告将河南省居民分为三个年龄段,主要参考了"全国国民阅读调查"的分类方法。在撰写建议时,考虑到政府、社会主体对不同年龄段居民有不同影响,所出台政策也有不同之处,因此以公共阅读设施、教育主体、商业机构、个人为政策建议切入点,同时考虑到农村地区的特殊情况,单列为一个主题。本文所涉及的公共阅读设施既包括图书馆、文化馆站、农家书屋、社区文化中心、阅报屏、报摊、流动图书点、自助图书馆等主要由政府供养的机构或设施,也包括书店、绘本馆等社会主体举办的商业机构。

一 样本描述

"河南省居民阅读调查"采用分层抽样的方法进行网络问卷调查,调查对象是2019年在河南省居住6个月以上的河南户籍或非户籍居民,共回收有效问卷243份。问卷内容分为三个部分:第一部分为河南省成年居民阅读情况;第二部分为河南省0~8岁居民(71位)阅读情况;第三部分为河南省9~17岁居民(57位)阅读情况。受调查方式及疫情影响,0~17岁居民的问卷由受访的成年人填写。

[①] 夏志萍:《中美最新国民阅读调查报告分析及启示》,《图书馆研究》2017年第5期。

本次调查样本为243位成年居民,其中女性参与人数多于男性,女性占比62.14%,男性占比37.86%;18～29岁受访者占比58.44%,30～39岁受访者占比32.92%,40～49岁受访者占比5.76%,50岁及以上受访者占比2.88%;其中128位成年居民代未成年人填写了问卷。243位成年居民中,本科及以上文化程度居民占比72.43%,大专占比8.64%,高中或中专占比8.23%,初中及以下占比10.7%;调查对象居住地为地级市的占比39.91%,乡镇或农村占比34.16%,县及县级市占比25.93%,三者基本持平。在家庭人均月收入方面,3500元以下者占比46.92%,3501～5000元者占比21.81%,5001～8000元者占比16.87%,8000元以上者占比11.94%,其他占比2.46%。

二 河南省居民阅读现状分析

(一)半数以上居民每天阅读时长在1小时以下,家长、学校(含幼儿园)对未成年居民的阅读行为影响最大

半数以上居民每天阅读时长在1小时以下。调查表明,6.47%的居民每天阅读时长为0小时,59.03%的居民每天阅读半0.5～1小时,26.68%的居民每天阅读1～2小时,阅读时间超过2小时的居民占7.82%。0～8岁和9～17岁未成年居民不阅读的比例分别为18.30%和14.04%,高于居民平均水平,这说明河南省未成年居民每天的阅读习惯有待培养。

家长、学校(含幼儿园)对未成年居民的阅读行为影响最大。64.78%的受访者认为家长对儿童的阅读行为影响最大,尤其在0～8岁居民中家长的影响力远远超出了其他选项。学校(含幼儿园)成为影响未成年居民阅读行为的第二位因素,但在9～17岁居民中,学校的影响超过了家长,这与0～8岁居民有所不同,说明随着未成年人进入正式求学阶段,学校成为主要影响因素。图书馆、朋友、网络在9～17岁居民中发挥了一定的作用,它们的重要性在0～8岁居民中表现较弱,说明随着年龄增长居民对社会机构、

网络的利用能力也在增强。

河南省居民对 0~8 岁儿童阅读习惯的培养意识较高。84.5% 的居民有意识地培养 0~8 岁儿童的阅读习惯，15.5% 的居民未曾有意识地培养 0~8 岁儿童的阅读习惯。

（二）新媒介成为河南居民阅读的重要选择，移动端、网络阅读、听书成为重要媒介

利用移动端、网络进行阅读已经成为河南居民的重要选择。整体上看，手机、平板电脑成为主流阅读媒介，73.05% 的居民使用手机和平板电脑进行阅读，66.31% 的居民仍保留阅读纸质文献的习惯，电脑（22.64%）和 Kindle 类阅读器（13.75%）分别居于后两位。成年居民对移动端阅读的依赖程度明显高于其他年龄段人群，0~8 岁居民使用手机、平板电脑阅读的比例为 36.61%，9~17 岁为 59.65%，成年居民为 86.83%。

一半河南居民在过去一年有过听书行为。整体来看，居民听书比例达到 50%；听书者大部分选择移动有声 App 平台进行听书阅读，公众号其次，选择广播及其他者最少；这一统计在河南省各年龄段中的表现差别不大，较为一致。

对纸质文献的依赖与年龄增长呈相反趋势，从 0~8 岁居民的 85.91% 到 9~17 岁居民的 75.44% 再到成年居民的 58.44%。这一方面说明随着居民年龄增长，其使用移动端阅读的比例会增长；另一方面说明纸质文献阅读在居民阅读媒介中仍占据重要地位，尤其是对未成年居民而言。电脑和 Kindle 类阅读器在居民中使用比例并不高，说明综合性电子设备使用率高于专门性电子设备。

报纸、期刊和杂志的利用情况不乐观。9 岁以上居民中，不阅读纸质图书的居民占比 22.76%，平均每月阅读 1~2 本的成年居民占比 64.14%，平均每月阅读 3 本以上图书的居民占比 16.55%。0~8 岁儿童阅读的文献多为绘本，采用年度总量计算方法，76.05% 的 0~8 岁儿童年阅读量在 50 本以下，年阅读量达到 200 本以上者不足 5.6%。期刊、杂志阅读量在全体居民中不乐观。整体上看，将近一半居民不阅读纸质期刊、杂志，是图书不阅读

量的2倍,各个年龄段表现差别不大;在阅读期刊、杂志的居民中,阅读量也不乐观,每月阅读1份期刊、杂志的居民占了多数。这说明纸质期刊、杂志阅读习惯处于低迷状态。

(三) 购买和获取网上免费资源成为河南省居民获取阅读资源的主要选择

调查表明,62.53%的居民将购买作为主要的获取阅读资源的方式,尤其是未成年居民对购买这种获取阅读资源的方式更为倚重。54.45%的居民以网上免费获取为主要阅读资源获取方式,这一方式在成年人中达到70.78%,在未成年中占比则低于书店、学校和公共图书馆,这可能与未成年人在网络设备占有、信息素养方面的不利地位有关。

(四) 不同公共阅读设施的利用率有显著差异,公共阅读活动参与率不高

公共阅读设施中,图书馆、书店利用率最高,农家书屋利用率最低。九成居民利用过某类公共阅读设施。不同年龄段居民在这方面的表现也有差异,未成年居民约八成利用过公共阅读设施。在公共阅读设施中,45.28%的居民去过图书馆,将近38.54%的居民去过书店,这是居民造访率最高的两个公共阅读设施,其余阅读设施的造访比例均低于10%,排在最末尾的是农家书屋。0~8岁儿童中,绘本馆造访率达到21.13%,说明这一设施对儿童的重要意义。9~13岁居民中,有21.05%曾利用文化馆、群艺馆,说明这类设施在阅读活动中也具有重要作用。

公共阅读活动参与率不高。半数以上被调查者表示从未参加过公共阅读活动,多次参与公共阅读活动(3次以上)的居民约有1/3,尤其需要注意的是,这些公共阅读活动包含了公共图书馆、学校、书店、绘本馆等所有机构所举办的活动;参与4次以上的居民不足6%。

家庭稳居多数居民阅读场所第一位,学校是第二阅读场所。家(77.36%)、学校(52.56%)、图书馆等公共阅读场所(35.85%)、工作场所(13.48%)、

其他（1.89%）都是居民使用过的阅读场所。学校作为教育场所也占有重要地位，超过半数未成年居民选择学校作为阅读场所，特别是9～18岁学龄青少年，家和学校具有同等重要的地位，占比均高于80%。0～8岁居民中，50.70%曾使用图书馆等公共阅读场所，这一比例高于9～18岁居民和成年居民各10个百分点，说明0～8岁居民对公共阅读场所的依赖度高于其他年龄段居民，也说明公共阅读设施的作用未得到充分发挥。

（五）居民对公共阅读设施硬件环境评价高于服务软环境

居民对公共阅读设施的外部环境要素更为满意。受访者对公共阅读设施的卫生和环境最为满意，46.50%的居民认为所造访的公共阅读设施具备这一特征，39.51%的居民认为公共阅读设施具有资源丰富、更新快的特点（见表1）。整体来看，居民对公共阅读设施的外部环境因素（卫生、便捷程度、费用）评价高于对内部服务（资源、阅读活动、工作人员）的评价。

表1　河南居民造访公共阅读设施特征

单位：%

序号	公共阅读设施特征	比例
1	卫生条件好、环境舒适	46.50
2	资源丰富、更新快	39.51
3	使用便捷	32.10
4	免费或使用价格便宜	32.10
5	阅读活动丰富有趣	27.98
6	工作人员素质高、服务好	12.35
7	其他	4.94

三　河南省居民阅读存在问题

（一）未成年居民阅读状况不理想

首先，河南未成年居民每天不阅读的比例高于居民平均水平，这意味着阅读在未成年居民中尚未受到足够重视。河南省有将近1/5的0～8岁儿童无每天阅读习惯,未成年阶段是养成阅读习惯的关键时期,对于家庭和社会来说,这都是非常值得重视的议题。

其次,儿童阅读启蒙有待重视。儿童的阅读启蒙时间分布不一,近70%的儿童在三岁以前就已接触阅读,但仍有30%的儿童在3岁以后才开始接触阅读,这与阅读理论所倡导的0岁开始阅读有一定差距。多数0~8岁儿童每月阅读绘本量不足5本,这与成年居民阅读指导能力不足、社会机构对儿童阅读介入不够早有较大关系。

(二)公共阅读设施作用发挥不足

1.公共阅读设施在居民阅读资源获取中的作用不突出

约1/3的居民将公共图书馆作为获取阅读资源的主要方式,学校和书店分别约占1/4,因此公共阅读资源的整体占比不高。购买是河南省居民获取阅读资源最为重要的方式,这种方式对居民的经济状况有较高要求,处于经济劣势地位的家庭在这方面会受到较大影响。第二种重要的资源获取方式是获取网上免费资源,这对于居民的信息素养、网络信息设备有较高要求,这已在未成年人身上得到体现,网上免费获取在未成年居民中占比低于书店、学校和公共图书馆。但问题是,公共图书馆、书店在居民公共阅读资源获取方式中占比也不够高(见表2)。

表2 河南居民阅读资源主要获取渠道调查

单位:%

序号	获取渠道	全体居民	0~8岁居民	9~17岁居民	成年居民
1	购买	62.53	78.87	63.16	57.61
2	网上免费获取	54.45	19.72	28.07	70.78
3	公共图书馆	32.61	22.54	31.58	35.80
4	学校	27.49	25.35	31.58	27.16
5	书店	25.61	28.17	35.09	22.63
6	朋友间借阅	11.32	7.04	19.30	10.70
7	他人赠送	7.28	8.45	8.77	6.58
8	其他	7.55	14.08	0.00	7.41

2. 公共阅读机构对未成年居民阅读行为影响不足

与家长、学校相比,图书馆、绘本馆和书店等公共阅读机构对未成年居民的影响明显不足。家长是影响 0～8 岁儿童阅读行为的最主要主体,这使得家长的阅读指导能力成为影响儿童阅读行为的最主要因素。幼儿园也在儿童阅读中发挥了重要作用,考虑到我国居民的入园年龄一般在三岁以后,那么显然幼儿园对儿童阅读行为的影响有滞后性。整体来看,图书馆、绘本馆和书店等机构在未成年居民阅读行为中发挥的作用明显不足(见表3)。

表3 影响未成年居民阅读行为的主体调查

单位:%

序号	主体	0～17 岁居民	0～8 岁居民	9～17 岁居民
1	家长	60.94	64.79	56.14
2	学校(含幼儿园)	41.41	19.72	68.42
3	图书馆	9.38	5.63	14.04
4	朋友	7.81	2.82	14.04
5	网络	5.47	0.00	12.28
6	绘本馆、书店	3.91	4.23	3.51
7	培训机构	3.91	2.82	5.26
8	其他	0.78	0.00	1.75

3. 公共阅读设施造访率不高

全体居民中,有近 10% 的居民在 2019 年未造访过任何公共阅读设施;在未成年人中,这个比例更高,达到将近 20%。2019 年,不到一半的居民去过图书馆,将近 40% 的居民去过书店,这是居民造访率最高的两个公共阅读设施,其余阅读设施的造访比例均低于 10%,排在末尾的是农家书屋。0～8 岁儿童中,绘本馆造访率达到 21.13%,说明这一设施对儿童的重要意义。9～17 岁居民中,有 21.05% 曾利用文化馆、群艺馆,说明这类设施在阅读活动中也具有重要作用(见表4)。

表4　河南居民利用公共阅读设施类型调查

单位：%

序号	公共阅读设施	全体居民	0~8岁居民	9~17岁居民	成年居民
1	都没去过	9.70	19.72	17.54	4.94
2	图书馆	45.28	56.34	56.14	39.51
3	书店	38.54	42.25	56.14	33.33
4	文化馆、群艺馆	7.55	14.08	21.05	2.47
5	绘本馆	7.28	21.13	7.02	3.29
6	社区文化中心	5.66	8.45	10.53	3.70
7	文化站	5.66	8.45	10.53	3.70
8	报摊	5.39	2.82	5.26	6.17
9	阅报屏	4.31	9.86	5.26	2.47
10	流动图书点	3.77	2.82	3.51	4.12
11	自助图书馆	3.50	5.63	3.51	2.88
12	农家书屋	0.81	0.00	3.51	0.41

（三）公共阅读设施服务能力有待提升

1. 成年居民对河南省公共阅读设施的满意程度整体一般

不到1/5的居民对公共阅读设施表示满意，对公共阅读设施表示一般的居民占44.03%，不满意者占40.33%。这充分说明河南省居民对公共阅读设施的满意度一般，公共阅读设施亟须建设完善。对公共阅读设施的不满意之处表现为居民利用率不高，面对众多公共阅读设施，约有1/10的人在2019年从未去过任何公共阅读设施，这必然会影响公共阅读设施在居民阅读习惯中发挥作用。在去过图书馆的受调查者中，79.14%的居民每月利用图书馆不足一次，15.51%的居民每月利用图书馆1~3次，5.35%的居民每月利用3次以上图书馆，说明居民利用图书馆绝大多数属于偶然利用。将近80%的居民每月去不了一次图书馆，图书馆在居民生活中的重要性、必要性体现不出来。

2. 公共阅读设施的可达性、资源和服务能力有待提升

受访者认为公共阅读设施的可达性亟须改善，52.26%的居民选择了这一项，排在首位。开放时间短或不合适、资源不丰富和更新慢、阅读活动不丰富、设施陈旧破损、管理效率低和服务不到位、网络环境差，这些因素都是影响公共阅读设施服务的核心要素，依次排在前列，说明河南省公共阅读设施的内部服务有较大的提升空间。河南省公共阅读设施的外部因素基本能得到居民认可，诸如卫生、残障设施、治安情况等（见表5）。

表5 公共阅读设施需改善之处调查

单位：%

序号	存在问题	全体居民
1	距离太远或交通不便	52.26
2	开放时间短或者不合适	37.04
3	资源不丰富、更新慢	32.10
4	阅读活动不丰富	25.51
5	设施陈旧破损	23.05
6	管理效率低，服务不到位	20.16
7	网络环境差	19.34
8	收费高	16.87
9	缺乏残障辅助设施或者使用不便	9.47
10	卫生条件差	8.64
11	治安不好	3.70
12	其他	3.29

（四）农村公共阅读设施不足

从城乡比较看，农村地区公共阅读设施尤其值得注意。河南省农村地区公共阅读设施类型少、资源不丰富是基本现状，农家书屋是其中的重要设施之一，调查发现农家书屋位列居民拜访率最后一名，这不由得让人为农村地区的阅读情况担忧。

四 改善河南省居民阅读状况的政策建议

基于以上河南省居民阅读调查,建议政府从以下方面着手改善河南省居民公共阅读状况。

(一)提升公共阅读设施服务能力

政府制定公共阅读设施服务标准,包括可达性、开放时间、人员素质、阅读活动覆盖面和场次、群众满意度等多个方面。标准对公共阅读设施的服务建设具有指导、引领作用,建议借鉴国际、国内经验制定符合河南实际情况的服务标准。

增强城乡公共阅读设施体系可达性。可达性排在各年龄段公共阅读设施需要改善之处的第一名,充分说明河南省公共阅读设施可达性不足。这也从侧面反映了河南省公共阅读设施体系尚未形成覆盖全民的服务网络。建立公共阅读设施体系需要综合考虑各级各类公共阅读设施的建设,政府设置、运营的公共图书馆、文化馆、文化站与社会主体举办的书店、绘本馆等均可纳入阅读设施体系中,这有利于充分利用社会资源。

政府主导开展面向公共阅读设施的专项培训活动。阅读推广是一项专业性的活动,目前河南省的阅读活动不能满足各个年龄段居民的需求,尤其是对于0~8岁缺乏阅读能力的居民而言,其家长也缺乏相应的阅读指导能力,因此开展阅读指导专项培训活动很有意义。举办公共阅读设施的阅读推广活动对社会也有很多意义,例如对社会重大事件的宣传、对地方文化的传承均可以通过阅读活动来实现。

建议面向不同年龄段群体开展有针对性的阅读活动。阅读活动对婴幼儿阅读启蒙尤其重要,英、美、加等国非常重视亲子阅读活动的开展。从河南省调查情况看,阅读活动开展得并不理想,因此有必要广泛开展阅读活动。父母对于婴幼儿的阅读行为具有最重要影响,因此公共阅读设施有必要开展面向婴幼儿父母的阅读培训。

（二）出台公共阅读设施与教育机构合作政策

教育机构对儿童阅读行为影响深远。在9~17岁居民中，学校高居影响力第一位，在0~8岁儿童中位于第二位。因此，对于公共阅读主体而言，与教育机构（幼儿园、中小学）合作推动阅读活动就成为一个非常必要而重要的选择。

出台公共阅读设施与幼儿园合作推广阅读的政策。幼儿园分为公立和私立两种，在阅读推广合作方面，政府应一视同仁，将这两类都纳入合作机构中，对其出台的奖励、补助、引导政策应无差别。

出台鼓励公共阅读设施与中小学共同推广阅读的政策。学校教育在中小学生的日常生活中居于非常重要的地位，合作推广可以起到事半功倍的效果。美国、加拿大中小学普遍设有学校图书馆，而河南省中小学普遍无此设施，因此公共阅读设施进入校园也可以弥补学校阅读资源之不足。

（三）制定面向商业性公共阅读机构的激励政策

制定面向书店、绘本馆等商业性公共阅读设施的激励政策。商业性阅读机构可以充分补充河南省政府所举办公共阅读设施在软硬件方面的不足。实体书店近几年受到网络经济的冲击，经营成本不断上升，大量实体书店倒闭，中央和河南省均出台了相应的扶助政策，但目前来看政策落实方面还需要加大力度。绘本馆是面向婴幼儿的书店，在河南省公办阅读力量不足的情况下，绘本馆对婴幼儿阅读习惯培养、阅读资源供给具有非常重要的意义，因此政府也应加大对其的扶持力度。

制定支持新型阅读媒介发展的政策。居民的阅读习惯已经发生了改变，除纸质图书外，河南省纸质报纸、期刊的阅读量都不高。同时移动阅读兴起，利用App、公众号等方式听书已经成为一些居民的习惯，它们在丰富居民阅读体验、补充阅读资源方面具有很重要的作用，而政府举办的公共阅读设施在这些方面还有一些欠缺，因此支持新型阅读媒介发展对于推广阅读也有重要意义。支持新型阅读媒介发展也需要相应的法规政策，以保障其良性发展。

（四）颁布鼓励个人阅读的政策

对居民的阅读消费行为给予补贴。购买高居河南省未成年居民阅读资源获取方式的第一位，居成年人阅读资源获取方式的第二位，这说明居民的阅读消费行为活跃。以购物券、消费补贴等形式补贴居民消费行为，可以大大提升阅读资源获取率，而且对于促进社会公平也有很重要的意义，因为经济弱势群体在购买能力方面可能存在欠缺。

提升居民网络信息素养。网络资源居河南省成年居民阅读资源获取渠道的第一位，应提升居民信息意识、信息技能等网络素养。

加强对婴幼儿阅读的早期介入。公共阅读设施有必要从婴幼儿出生就开始引导家长重视婴幼儿阅读行为培养，河南省80%的婴幼儿在一岁以后开始接触阅读，30%的儿童3岁之后才开始接触阅读，这与发达国家及我国发达地区均有一定差距。

（五）加强农村地区公共阅读体系建设

将农家书屋纳入河南省公共图书馆体系。农村公共阅读设施的缺乏表现在：政府和社会运营的公共阅读设施均不足以满足农村居民的阅读需求，现有农家书屋排居民使用率最后一位，这充分反映了政府在农村地区公共阅读设施方面投入不足。农家书屋缺乏专业人员管理，在资源供给、更新、服务方面都有短板，纳入公共图书馆体系既可以延伸城市优质服务资源，又可以盘活农家书屋现有资源，起到物尽其用的作用。

多方措施挖掘、整合农村阅读推广力量。农村的阅读推广力量缺乏，可以挖掘现有乡贤、教育体系资源、社会资本服务于农村居民，这需要政府发挥公共管理作用，将各方力量整合起来。对乡村能人的挖掘可以通过人才培训、人才奖励政策来实现；文旅部门与教育部门建立阅读推广联席制度，将阅读推广纳入农村地区的教育规划；对社会资源可采用民办公助、以奖代补、PPP等方式，从而激发社会资本在农村阅读推广方面的热情。

河南省县域老年人生活状况及服务需求调查报告

杨曦 韩虹谷 马婧萱[*]

摘 要： 本报告针对河南省濮阳等5县60岁以上老人开展老年人生活状况和服务需求调查，调查发现：留守老人居多，九成老年人日常生活自理能力较好，但仍有10%左右的老人存在失能情况；老年人存在多元生活服务需求，包括常见疾病预防、健康讲座、老年营养等信息咨询和健康服务需求。绝大多数老年人倾向于居家养老。建议强化传统孝道观念，鼓励家庭养老；培育养老照护机构，推动相关制度的完善；发展社区托老、养老机构，提升老人对养老机构的信心；改善照护环境，打造多元照护模式；加强社区养老照顾平台建设，提升社区服务能力；以社区为依托，满足老年人实质性需求。

关键词： 老年人生活 服务需求 养老观念

一 调研背景

2016年10月，全国老龄办发布《第四次中国城乡老年人生活状况抽样

---

[*] 杨曦，郑州大学政治与公共管理学院讲师，硕士生导师；韩虹谷，中央财经大学社会与心理学院2019级社会学类本科生；马婧萱，郑州大学政治与公共管理学院2019级社会工作硕士研究生。

调查成果》，报告认为老年人健康状况不断改善的同时，仍然有18.3%的老年人为失能、半失能状态，总数达4063万人。生活自理能力是老年人保证独立生活的最基本能力。目前，独生子女一代成为养老的中坚力量，而他们也面临工作、生活、抚育下一代的压力。为此，对老年人生活能力进行调查分析，评估老年人的生活自理能力和需求，不仅可以提高老年人晚年生活质量，同时对于社会或国家具有重要的医疗经济学意义。本报告在对老年人日常生活状况、服务需求状况及养老观念进行调查分析的基础上，为养老政策的制定和老年服务项目的开展提供科学的数据支撑。

二 数据来源与基本统计信息

（一）数据来源

本报告以2019年6月29日至8月20日在河南省濮阳等5县开展的老年人调查为数据来源，在县域开展调查时，对城区、城乡结合部、农村地区采取分层随机抽样的方式，调查对象为60岁以上老人。为保证调查数据的全面性和客观性，除了进行问卷调查获取定量数据以外，调查组成员还对部分被访者进行深度访谈，获得定性资料。本次调查共发放问卷3000份，回收有效问卷2821份，问卷有效回收率94.03%。

（二）样本基本情况

调查样本基本情况如下：在性别方面，男性占42.7%，女性占57.2%，女性受访者数量略高于男性。在年龄方面，61~70岁的受访者占总人数的49.7%，71~80岁的占34.3%，80岁以上的占15.7%。在婚姻方面，已婚有配偶的占73.2%，丧偶的占25.7%，离婚的占0.8%，未婚的占0.1%。在收入方面，月收入在1000元以下的占31.7%，1000~2000元的占12.3%，2001~3000元的占19.7%，3001~5000元的占23.0%，5001~1万元的占11.5%。在文化程度方面，文盲占36.0%，初中以下占 21.7%，高中/技校/中专占 21.6%，不详占 5.7%，具体参见表 1。

表 1 调查样本描述分析

单位：%

变量	指标	占比	变量	指标	占比
性别	男	42.7	收入	1000 元以下	31.7
	女	57.2		1000~2000 元	12.3
年龄	61~70 岁	49.7		2001~3000 元	19.7
	71~80 岁	34.3		3001~5000 元	23.0
	80 岁以上	15.7		5001 元至 1 万元	11.5
婚姻状况	已婚有配偶	73.2	职业	党政机关	10.5
	丧偶	25.7		企业	9.4
	离婚	0.8		事业单位	17.5
	未婚	0.1		社会团体	1.7
文化程度	文盲	36.0		自雇/自办（合伙）企业	2.3
	初中以下	21.7		军队	1.2
	高中/技校/中专	21.6		无单位	55.4
	不详	5.7		其他	1.9

三 老年人生活状况分析

（一）留守老人居多，经济收入水平较低

1. 老年人多与配偶和孙辈子女居住，独居老人接近10%

在老年人居住情况方面，与他人共同居住的比例为 90.6%，独居老人占比 9.3%。在与他人共同居住的老人中，与配偶同居的占 79.1%，占比最高；其次是与孙子女或其配偶同居，占 40.6%；与儿子同居占 36.4%，与儿媳同居占 34.2%。由于子女外出工作，老人需要照顾孙子女日常生活的情况较多。但是独居老人也有一定的比例，对独居老人应重点关注。

2.低收入老年人偏多导致养老负担较重

数据显示,老年人经济收入低于每月600元的占比为24.3%,低收入群体约占总体的1/4,比例较高。老年人主要收入来源占比最高的是离/退休金/养老金,为48.8%;其次是子女的资助,为24.4%;仍然有13.6%的老人以自己劳动或工作所得为主要生活来源(见表2)。由此可见,总体来说,近四成的老年人缺少稳定的收入来源,有1/4的老人主要生活来源依靠子女,另有1/4的老人属于较低收入群体,养老负担较重。

表2 您最主要的生活来源

单位:%

生活来源	占比	生活来源	占比
自己的离/退休金/养老金	48.8	其他亲属的资助	0.1
子女的资助	24.4	政府/社团的补贴/资助	3.9
自己劳动或工作所得	13.6	房屋、土地等租赁收入	0.5
配偶的收入	8.4	其他	0.3

(二)老年人日常生活自理能力总体较好,但缺乏多元社会服务

1.九成的老年人日常生活能力较好,仍有10%左右的老人存在失能的情况

评价老年人健康状况的常用指标是日常生活自理能力。日常生活自理能力主要是指完成吃饭、穿衣、洗漱、洗澡、室内活动等日常基本活动的能力,它反映了老年人躯体功能和最低层次的认知功能等基本的健康水平。此外,还有一个指标是工具性生活自理能力,强调的是生活中利用或借助工具完成生活活动的能力,包括洗衣服、做饭、理财、购物、吃药、乘车、打电话等活动,它反映个体更高层次的认知功能的健康水平。生理控制能力包括控制大小便,行动能力包括在平地上走动、独立上下楼梯。

数据显示,老年人生理控制能力较强,仅有1.5%的老年人无法完成。在日常生活自理能力方面,92.6%的老年人表示没有困难,但仍有2.5%的老年人还是无法完成。而体现较高层次认知功能的工具性生活自理能力中,

85.2%的老年人没有困难，8.3%的老年人还是无法完成（见表3）。在工具性生活自理能力无法完成方面，占比最高的是打电话（手机）和乘坐交通工具。13.6%的老年人无法使用电话，9.9%的老年人在乘坐交通工具时无法独立完成。同时，8.9%和8.7%的老年人分别在做饭和购物方面无法完成。说明老年人在借助工具完成生活活动方面仍存在弱项，需加强老年人使用工具的能力，同时对无法完成的老年人要加以关注。

表3　生活能力

单位：%

类别	没有困难占比	有困难占比	无法完成占比
日常生活自理能力	92.6	4.9	2.5
工具性生活自理能力	85.2	6.4	8.3
行动能力	87.8	7.8	4.3
生理控制能力	95.7	2.7	1.5

2. 老年人生活起居多由配偶和儿子照顾，社会照顾极少

数据显示，老年人在日常生活中最主要的受帮助对象为配偶的占比最高，为27.2%；其次是子女或其配偶，占25.8%；社会力量占比最少。通过数据可以得出，家人照顾仍然占据主要地位。通过调查发现，为老年人提供生活照顾的主体仍然比较单一，社会或社区层面的照顾较少，应该发动社区甚至社会团体的力量，为需要帮助的老年人提供多元服务。

（三）老年人总体健康状况良好，慢性病状况需加以重视

数据显示，老年人身体健康状况自评时，认为自己健康的比例为47.8%，身体状况一般的为20.4%，身体不健康的为24.8%。老年人身体总体比较健康，但在慢性疾病方面不容乐观。数据显示，患有慢性疾病的老年人占75.2%，没有患慢性疾病的为24.8%。由此可见，老年人普遍存在健康问题，需要家庭和社会在照顾老年人时对此加以重视。

慢性疾病的患病状况中，患病比例最高的慢性病为高血压，占46.7%；

其次是心脏病/冠心病和颈/腰椎病，占比分别为23.6%和17.2%；关节炎、糖尿病也是老年人常见慢性病，分别占12.6%和11.4%，均超过10%的比例。

（四）老年人综合能力评价较好，但仍有8.2%老年人为中度和重度失能

在老年人综合能力评价方面，根据民政部出台的老年人综合能力评级标准，包括日常生活活动能力、精神状态、感知觉与沟通能力、社会参与状况四个维度，在这四个维度中能力完好的样本分别占总体的88.6%、80.0%、80.8%、59.4%。在社会参与状况维度，能力完好的老年人占比较少，可见帮助老年人融入社会、提升他们的社会参与能力是老年人照顾过程中必须重视的一方面。

综合四个维度，老年人综合能力评价中能力完好的占比为78.0%，能力轻度受损、中度受损和重度受损的比例分别为13.9%、4.6%和3.6%（见表4）。也就是说，河南县域老年人中度和重度失能的比例为8.2%，本次调查从抽样到评价指标体系设计均较为严谨，这个结果具有比较好的代表性。

表4 综合能力评级

单位：%

类别	能力完好占比	轻度受损占比	中度受损占比	重度受损占比
日常生活活动能力	88.6	5.6	3.3	2.5
精神状态	80.0	8.4	10.6	1.0
感知觉与沟通能力	80.8	12.5	5.9	0.8
社会参与状况	59.4	32.3	6.0	2.2
综合能力	78.0	13.9	4.6	3.6

四 老年人服务需求状况分析

（一）老年人存在多元的生活服务需求

在生活照料、家政服务、代办服务、信息咨询等生活服务需求中，最受

欢迎的服务为信息咨询服务，包括常见疾病预防、健康讲座、老年营养等。老年人的年龄增加不可避免地会带来一些疾病，如何预防疾病的发生和保持良好的健康生活习惯是老年人对于信息咨询的需求，同时，也充分证明老年人重视健康与营养，不仅关注生命长度的延长，还关注生命质量的提高。其次是生活照料服务，通过调研发现，社区理发服务是老年人最直接的生活照料服务需求之一，社区可建立社区理发店或组织有理发技术的志愿者在规定时间为老年人提供理发服务。再次是家政服务，包括家具维修和家具清洁。最后是代办服务，有代缴水电费、燃气费和电话费的需要，水电是维持一天基本生活的必耗品，与水电相比，而燃气、电话的使用量较少。社区可提供便捷的途径帮助老年人缴纳水电费。基于老年人的生活需求，基层政府应提供相应的老年公共服务。

（二）关注"三高"注重"交流"，满足健康服务需求

健康服务需求将从身体和心理两方面进行分析，在医疗保健方面，老年人需求最高的是测量血压，需求比例为59.5%；其次是测量血糖，为53.2%。伴随生理器官老化而来的是一系列老年疾病，老年人最常见的疾病是高血压、糖尿病，包括由高血压和糖尿病引发的一系列并发症。因此，老年人有疾病预防的需求，多关注自己的血压血糖指数有助于预防老年常见疾病的产生。

除了关注身体健康外，同时还需要注重心理慰藉。15.9%的老年人的需求是交流谈心；其次是探望，为13.7%（见表5）。老年人的社会角色随着个体老化而转变，面对社会角色转变，老年人常见的心理疾病有孤独症、焦

表5　老年人健康服务需求

单位：%

需求项	占比	需求项	占比
医疗保健:测量血压	59.5	心理慰藉:探望	13.7
医疗保健:测量血糖	53.2	心理慰藉:交流谈心	15.9
医疗保健:测量体温	23.5		

虑症，帮助老年人处理情绪问题，有助于老年人接纳和识别自己的情绪状态，获得健康的心理。社区要关注老年人的心理状态，多与老年人交流，探望独居老人，进行情绪疏导等，满足老年人的心理需求。

（三）以健身需求为主，推动多元文化娱乐服务

老年人也有文化娱乐需求，需求最高的是健身，占比20.9%；其次是棋牌，为15.7%。而对于趣味活动、舞蹈、老年教育的需求量较低。老年人要想保持健康的身体，必须加强身体锻炼，数据表明大部分老年人有健身的意识，较为关注自己的身体健康。娱乐方面的需求主要是棋牌，棋牌既能丰富老年人的闲余生活，又能促成同辈群体间的交流、满足老年人交友的需要。同时，社区还应该开展多种文化娱乐活动，培养老年人的兴趣爱好，协助老年人顺利完成角色转换，促进身心愉悦。

五 养老观念调查

（一）绝大多数老年人倾向于居家养老，由子女承担养老责任

数据显示，在调查"老年人的照料应由谁来承担"时，有67%的调查对象选择了子女照顾，10.2%的调查对象选择了自己或配偶照顾，即传统的家庭照顾方式。但相比于家庭照顾方式与过往的政府照顾方式，有17.9%的调查对象选择了政府/子女/老人共同承担的更加灵活的多元性照顾方式。此外，谈及养老地点选择时，多数老年人选择了在自己家养老，占29.1%；在子女家养老的占13.5%，选择在社区或养老院养老的则较少。主要是因为老年人对养老院印象一般，还有就是养老院的条件并不能满足他们的需求。

（二）超过半数的老人不认同养儿防老观念，但是希望子女多关心自己

数据显示，在子女对父母的孝敬形式方面，大多数老年人认为主动关

心和生活上照顾周到最重要，分别占16.7%和14.9%；其次是儿女自己有出息，占14.4%。在养老观念上，有54.4%的老年人不同意"养儿防老"这一观点；有77.4%的老人不同意为实现自己的心愿让子女放弃自己的理想；有76%的父母认为子女的结婚对象只要他们自己喜欢就行，父母的意见不起决定性作用。在对于帮子女看孩子这一观点上，有53.7%的老年人认为自己有责任照顾孙子女。整体来看，老年人的思想相对比较开明，但仍有相当一部分老人认为"养儿防老"很重要。同时老人容易在精神方面产生寂寞感、空虚感，应该鼓励子女多关注老人的内心世界，给予精神安慰。

（三）多数老年人对自己的生活表示满意，小部分人对未来生活表示一定的担忧

调查发现，超过七成的老年人对自己的生活表示满意，在未来生活预期方面，老年人不担心养老问题的占比为86.7%；老年人不担心自己因养老给子女带来经济压力的为76.0%；老年人不担心因为养老给子女带来精神压力的为75.3%。整体来看，老年人对未来充满信心，不会担心因为自己的问题给子女增添麻烦。但有部分老人对因为自身疾病给子女带来经济、精神压力表示担心，对这类老人应该给予一定的关注。

表6 未来生活的担忧状况

单位：%

类别	"不担心"占比	"一般"占比	"担心"占比
担心以后自己的养老问题	86.7	5.3	8.0
担心自己以后在生活上会遇到困难	76.7	10.0	13.3
担心因为养老给子女带来过大的经济压力	76.0	8.2	15.8
担心因为养老给子女带来过大的精神压力	75.3	8.7	16.0
担心自己以后会卧病在床	74.9	7.4	17.7

六　对策建议

（一）强化传统孝道观念，鼓励家庭养老

"孝道"观念是中华民族优秀传统文化，也是我们必须坚持的核心价值取向，调查结果显示，有40.2%的老人认同"养儿防老、久病床前无孝子"等传统观念。此外，有29.3%的老人希望配偶或者子女照顾。但相比于家庭照顾方式与过往的政府照顾方式，有17.9%的调查对象选择了政府/子女/老人共同承担的更加灵活的多元性照顾方式。因此，我们要巩固家庭在老人生活能力培养和照护中的主导地位，从政府和家庭两方面发力，一是要强化传统的"孝道"观念，政府要加强对孝道的道德教育和宣传，通过大众传媒播放树立家庭养老新风的正能量微电影、标语等，积极倡导尊老、爱老、敬老、养老的思想观念。二是强调子女对父母的赡养义务，在子女爱老、敬老的基础上，保证老年人尤其是失能老人的晚年物质生活和精神文化生活。同时，重视家庭在失能老人长期照护中的重要地位，让子女在行动上、物质上、精神上给予失能老人全方位的帮助和爱护，强化子女的家庭观念。

（二）培育和发展养老照护机构，推动相关制度的完善

我国的养老照护机构起步较晚，发展规模与老龄化速度相比稍显滞缓，加强对机构的规范与扶持十分有必要。在具体的实践中，第一，政府可通过政策上的扶持，吸引更多社团、民间组织进入养老照护行业，为其创造发展空间，给予政策优惠。第二，政府要建立一套较为完善的规章体系对养老照护机构服务、建设等方面进行监督，机构在筹建过程中，需严格遵守各项标准，正式投入运营后，也需遵守各类服务管理规范。规章制度的制定须建立在与各地现实状况相匹配的基础之上，加快制定老年长期照护的服务标准并提高整个照护机构的护理和管理水平，从而形成一套相对完善的制度。

（三）发展社区托老、养老机构，提升老人对养老机构的信心

社区托老、养老机构不仅为老人提供专业的养老服务，还能极大地减轻家庭养老负担。调查结果显示，有22.9%的老人对养老机构没有任何印象，有10.6%的老人对养老机构的印象一般，导致部分失能老人、缺乏照顾的老人不愿意去机构养老。因此，我们可以从以下几个方面入手：第一，加大机构养老宣传力度，使社区养老观念深入人心。第二，引入专业化、专职化的养老服务人员进入社区，提升养老服务质量。第三，推动养老机构服务多样化，可根据所处地区老人需求，满足老年人生活中方方面面的需要。

（四）改善照护环境，打造多元照护模式

调查结果显示，老年人多数患有高血压、心脏病、颈/腰椎病，占比分别为46.7%、23.6%、17.2%。慢性疾病使得老年人日常生活中行动不便且增加了生存风险。此外，受到传统养老观念影响，老人倾向于在家养老、照护，数据显示，选择在自己家养老的占29.1%，在子女家养老的占13.5%。但是，也有一部分老人认同政府/子女/老人共同承担的多元性照顾方式。因此，我们可以从以下几个方面入手：第一，村镇、社区完善基础设施建设，为老人提供一个活动区域，在此区域内提供日常照护、医疗救助等相关服务。第二，通过宣传，从法律和道德层面来规范、强化子女等家庭成员赡养、照护老人的责任和义务。第三，政府适当介入，根据地区实际情况制定相关政策，为多元化养老模式提供制度支持。

（五）加强社区养老照护平台建设，提升社区服务能力

社区是老年人晚年生活的重要空间，是居家养老服务的核心。加强社区养老照护平台建设，增加社区服务项目，将分散家庭照护压力，促进家庭和谐。第一，加强社区基础资源建设、硬件设施建设，基础设施完善是社区养老照护平台完善的基础。社区管理者应加快社区照护的社会化服务建设，增加生活区内老年无障碍设施，在社区内增加小型照护与托老机构等，强化家

庭照护的社会服务职能。第二，引进第三方机构，社区提供平台，第三方机构提供服务，家庭支持专业服务的渗透，形成社区-机构-家庭多元化的照护体系。第三，社区开展丰富、多元的活动，满足老年人的文化娱乐需求。

（六）以社区为依托，满足老年人实质性需求

由于老年人的特殊性，老年人的照护需求多而复杂，在为失能老人及其家庭提供服务的同时，更重要的是要提供具体的、实质性的资源。调查结果显示，老人在生活照料、家政服务方面的主要需求为理发、家具维修等日常照料。在医疗保健、紧急救助方面，老人的主要需求为测量血压、测量血糖和紧急救援。在文化娱乐、心理慰藉方面，老人的主要需求是健身和探望。所以根据老人实际需求，可以从以下几个方面入手。第一，村镇、社区可以定期组织开展义剪、义诊活动，为老人提供日常和医疗方面的服务。第二，村镇、社区适当开展文化娱乐活动，例如戏曲或电影放映、联欢等活动，满足老人精神文化娱乐需求，间接满足老人心理慰藉和沟通交流的需要。第三，发掘并培育老人志愿者和服务队，通过对相关服务人员和剩余劳动力进行培训，组建非正式照护队伍，上门为老人提供相关服务。

河南省十八地市绿色发展质量指数评价研究

王淑英　寇晶晶　卫朝蓉*

摘　要： 本报告以2019年《河南统计年鉴》和河南省环境统计年报的客观数据为依据，从环境承载力、环境管理力、环境友好性、环境抗压力四个维度构建河南省绿色发展质量指数评价指标体系，着力探寻影响河南省各地市绿色发展质量提升的因素。研究发现：河南省十八地市绿色发展形势同步，但同一地市各分项指标得分差异较大，优势和劣势因素各有不同；环境管理力、环境友好性整体水平相对较高；环境承载力、环境抗压力整体水平相对较低，是提升河南省整体绿色发展质量的主要施力点；十八地市在环境抗压力方面发展不均衡。为提升河南省绿色发展质量、推动经济高质量发展，需从以下几个方面着手：充分发挥政府作用，因地制宜采取措施；竭力保护自然资源，提高各地市环境承载力；提高资源利用效率，加强各地市环境抗压力；促进地区合作交流，缩小区域绿色发展差距。

关键词： 绿色发展质量　环境承载力　河南省

---

* 王淑英，郑州大学管理工程学院教授，研究方向为区域创新与战略投资决策；寇晶晶，郑州大学管理工程学院2018级硕士研究生；卫朝蓉，郑州大学管理工程学院2018级硕士研究生。

习近平总书记多次提出绿水青山就是金山银山，保护生态环境就是保护生产力。绿色发展的实质是通过协调人类经济社会发展与资源环境的关系达到两者的共生共荣，在确保资源环境受到人类经济活动最小破坏与冲击的前提条件下，以尽可能少的环境牺牲获取最大的经济效益，是实现经济高质量发展的基本途径。近年来，河南省把绿色发展放在经济社会发展的突出位置，将生态文明建设融入经济建设中去，在绿色发展方面取得较大成效。但总体来看，河南省经济社会与资源环境之间的矛盾依然存在，环境污染、资源浪费等问题未能得到根本性解决，准确把握河南省绿色发展质量提升的优势、薄弱环节和关键因素，有针对性地提出政策建议，对河南省推进绿色发展具有重要理论和现实意义。

一 河南省绿色发展质量指数评价指标体系

对于绿色发展评价，国内外学者从多个角度提出过不同的评价指标体系，国家也有一套绿色发展指数评价体系，相关领域的研究逐渐丰富和完善，在构建思路和评价方法上有许多成功的经验可以借鉴。张欢、罗畅等从绿色美丽家园、绿色生产消费、绿色高端发展三个维度构建绿色发展水平评价指标体系，运用熵权法和多层次评价方法测度湖北省各地市绿色发展水平；[1]黄跃、李琳采用投影寻踪模型、变异系数等方法，从经济发展、社会进步、生态文明三方面构建中国城市群绿色发展测度指标并分析其发展时空特征及异质性；[2]赵细康、吴大磊等提出将区域经济发展阶段性作为影响地区资源利用和污染物排放水平的重要变量纳入绿色发展评价中，结合环境库兹涅茨曲线假说构建评价模型，对广东省21地市的绿色发展水平进行测度；[3]焦士兴、

---

[1] 张欢、罗畅、成金华等：《湖北省绿色发展水平测度及其空间关系》，《经济地理》2016年第9期。

[2] 黄跃、李琳：《中国城市群绿色发展水平综合测度与时空演化》，《地理研究》2017年第7期。

[3] 赵细康、吴大磊、曾云敏：《基于区域发展阶段特征的绿色发展评价研究——以广东21地市为例》，《南方经济》2018年第3期。

张崇崇等从经济发展、社会进步、生态文明三个维度构建绿色发展指标体系，采用基于熵权的综合评价法对河南省绿色发展综合水平进行评价，并分析其时空演化特征；① 郭付友、吕晓等从社会绿化度、环境绿化度、政府支持度三方面构建绿色发展评价指标体系，并利用熵值法、全局莫兰指数等多种计量方法对山东省各地市绿色发展水平时空异质特征与驱动机制进行综合研究②。以上研究为河南省绿色发展质量评价指标体系的构建提供了较好的借鉴和思路，但由于时空的差异性，一个地区的评价指标体系能够很好地反映这个时间段内该地区的绿色发展水平，但未必能对另一个地区的绿色发展状况做出科学、全面、客观的评价。因此，本报告在参考徐楠楠、陈晓雪等相关研究的基础上，③ 结合河南省十八地市的实际情况与发展特点，基于数据可获得性原则，设计河南省绿色发展质量指数评价指标体系，包含环境承载力、环境管理力、环境友好性、环境抗压力四个一级指标（见表1）。其中环境承载力衡量环境和自然生态对人类经济社会活动的承受能力，下设五个二级指标，人均耕地面积、人均公园绿地面积反映土地资源和公园绿地的丰富程度，人均天然气供应量和人均液化石油气供应量反映清洁能源的供应能力，城市经济密度反映建成区土地资源的利用状况；环境管理力是指通过各种有效合理的手段协调人类活动与自然环境之间关系的能力，下设五个二级指标，节能环保支出占公共预算支出比重反映量政府对环境的保护力度，当年新增造林面积反映环保工作的进展程度，城市公用设施燃气普及率反映清洁能源的使用情况，生活垃圾无害化处理率和城市公用设施污水处理率反映固体废物处理能力和水质量管理状况；环境友好性衡量人类对自然的索取状况以及人类通过改变生产生活方式、提高资源利用效率或者新旧动能转换等方式弥补对环境造成的损害，下设五个二级指标，城镇人均水资源消费量

---

① 焦士兴、张崇崇、王安周等：《河南省绿色发展水平综合测度与时空演化研究》，《安全与环境学报》2019年第6期。
② 郭付友、吕晓、于伟等：《山东省绿色发展水平绩效评价与驱动机制——基于17地市面板数据》，《地理科学》2020年第2期。
③ 陈晓雪、徐楠楠：《长江经济带绿色发展水平测度与时空演化研究——基于11省市2007~2017年数据》，《河海大学学报》（哲学社会科学版）2019年第6期。

反映水资源的消耗情况，建成区绿地率和绿化覆盖率反映绿化情况，规模以上工业企业重复用水增长率和一般工业固体废物综合利用率反映工业企业资源循环利用情况；环境抗压力衡量环境应对人类活动等外界干扰时的耐受能力，下设四个二级指标，万元GDP能耗增长率和电耗增长率反映资源产出效率，万元工业增加值能耗增长率和规模以上工业企业用水总量增长率反映工业企业资源产出效率。

表1 河南省绿色发展质量指数评价指标体系

一级指标	二级指标	属性
环境承载力	人均耕地面积	正
	人均公园绿地面积	正
	人均天然气供应量（清洁能源）	正
	人均液化石油气供应量（清洁能源）	正
	城市经济密度（GDP/建成区面积）	正
环境管理力	节能环保支出占公共预算支出比重	正
	当年新增造林面积	正
	城市公用设施燃气普及率	正
	生活垃圾无害化处理率	正
	城市公用设施污水处理率	正
环境友好性	城镇人均水资源消费量	负
	建成区绿地率	正
	建成区绿化覆盖率	正
	规模以上工业企业重复用水增长率	正
	一般工业固体废物综合利用率	正
环境抗压力	万元GDP能耗增长率	负
	万元GDP电耗增长率	负
	万元工业增加值能耗增长率	负
	规模以上工业企业用水总量增长率	负

本报告以地市为研究对象，对地市的绿色发展质量进行评价并提出改进策略，可以为政府协调经济发展与环境保护关系、实现两者和谐共生提供可靠依据，使政府在更广的范围内发挥宏观调控作用，增强管理职能。数据来源于2019年《河南省统计年鉴》及河南省环境统计年报，基于截面数据将

各观测点指标表现最优的地市得分记为 100 分，其他地市按其指标值与该项最高值的比例计算得分，各指标得分 f_{ij} 计算公式如下。

$$f_{ij} = X_i/X_{max} \times 40 + 60$$

其中，i 代表各观测点，j 代表河南省十八地市。

对于负向属性的指标，本报告先将其转化为正向指标后再加权求得分，转化公式如式下。

$$r_{ij} = (X_{jmax} - X_{ij})/(X_{jmax} - X_{jmin})$$

此外，为保证评价结果的客观性，对各级指标赋予相同的权重，根据十八地市二级指标得分及权重计算其加权平均值，得到一级指标得分，四个一级指标的加权得分即为十八地市绿色发展质量指数值。本报告中绿色发展质量指数和各分项指标的评定标准：60～70 分为"较差"，70.01～85 分为"一般"，85.01～100 分为"优"。

二 河南省绿色发展质量指数评价

（一）河南省十八地市绿色发展形势同步，优劣势各有不同

本报告从环境承载力、环境管理力、环境友好性、环境抗压力四个维度综合测度河南省十八地市绿色发展质量指数及各分项得分。从表 2 可以看出，河南省十八地市绿色发展质量指数分布区间为 81～90 分，由高到低排布较为均匀，最大指数值与最小指数值相差 7.56 分，两者差别较小。信阳、许昌、郑州、济源、洛阳、三门峡、开封、焦作等八市绿色发展质量指数高于平均值，其余地市绿色发展质量指数低于河南省平均水平，可见，高于均值的地市和低于均值的地市数目大致相当。绿色发展质量指数方差为 4.49，数值波动性整体上表现不太明显。从以上分析可以发现，河南省十八地市绿色发展水平相当，整体上发展形势相对同步，没有出现明显的区域性偏差。

表 2　河南省十八地市绿色发展质量指数及各分项得分与排名

单位：分

地市	绿色发展质量指数 排名	绿色发展质量指数 得分	环境承载力 排名	环境承载力 得分	环境管理力 排名	环境管理力 得分	环境友好性 排名	环境友好性 得分	环境抗压力 排名	环境抗压力 得分
信阳	1	89.26	4	86.62	4	89.81	6	91.91	2	88.68
许昌	2	89.13	1	90.07	12	86.99	2	93.71	4	85.74
郑州	3	89.09	11	80.94	3	92.28	5	92.31	1	90.83
济源	4	87.59	3	87.10	9	87.71	9	91.29	6	84.24
洛阳	5	87.30	14	80.23	6	88.08	4	92.91	3	87.97
三门峡	6	86.55	7	84.90	5	88.35	12	89.76	8	83.20
开封	7	85.96	10	81.97	8	87.78	11	90.87	7	83.22
焦作	8	85.74	13	80.58	7	87.79	13	89.70	5	84.90
商丘	9	85.40	8	83.25	16	85.85	1	99.66	15	72.84
周口	10	85.05	5	86.07	18	85.29	17	85.78	9	83.08
南阳	11	84.98	15	79.90	1	93.50	10	90.98	14	75.54
驻马店	12	84.59	6	85.19	13	86.69	16	88.41	13	78.09
鹤壁	13	84.43	17	79.21	2	92.91	3	93.05	16	72.55
新乡	14	83.98	9	82.61	11	87.26	18	85.17	10	80.87
漯河	15	83.89	16	79.36	17	85.71	7	91.74	12	78.75
安阳	16	83.89	2	88.96	15	86.67	15	89.10	17	70.81
平顶山	17	83.68	18	79.10	10	87.49	14	89.33	11	78.80
濮阳	18	81.70	12	80.77	14	86.68	8	91.34	18	68.00
均值		85.68		83.16		88.16		90.95		80.45
方差		4.49		12.31		5.89		10.06		42.35

根据表 2 中各分项得分及排名可以看出，各地市在不同方面发展水平存在差别。信阳在环境抗压力方面排名靠前，在环境友好性方面排名略微靠后；许昌在环境友好性、环境承载力方面排名靠前，但其环境管理力较差；郑州在环境抗压力和环境管理力方面表现较好，但在环境承载力方面表现较差；济源环境承载力排名靠前，环境管理力和环境友好性排名靠后；洛阳、焦作在环境抗压力方面表现较好，在环境承载力方面表现较差；南阳、鹤壁环境管理力较强，商丘在环境友好性方面排名处于全省前端，周口在环境管理力和环境友好性方面排名处于全省下游。可以发现，不同地

市在绿色发展方面优势和短板各有不同，相关政府部门应当充分认识制约本地区绿色发展质量提升的关键因素，在保持优势因素的前提下，将工作重心向短板和制约因素转移，以期实现本地区绿色发展质量的全方位提升。

（二）环境友好性、环境管理力评定等级为"优"，整体水平相对较高

从表2可以看出，在绿色发展质量指数的四个一级指标中，环境友好性的得分均值为90.95分，评定等级为"优"，高于绿色发展质量指数平均值，说明十八地市环境友好性的整体水平相对较高，环境友好性是河南省绿色发展质量的优势因素。表3给出了十八地市环境管理力、环境友好性各分项得分，从表3可以看出，在环境友好性的五个二级指标中，建成区绿地率、建成区绿化覆盖率和一般工业固体废物综合利用率的平均得分均在90分以上，说明十八地市政府注重对城市的绿化建设，各地市工业企业对固体废物的综合利用效率相对较高，在人均水资源消耗、工业企业重复用水方面平均得分略低，水资源消耗量大、重复利用率低，说明城镇居民和工业企业的节水意识和水资源循环利用能力有待提高。此外，固体废物综合利用率虽整体均值较高，但方差较大，地区间差异较为突出，尤其是三门峡在这方面处于全省最低水平，应当引起当地相关部门的高度重视。

环境管理力的平均得分为88.16分，评定等级为"优"，在绿色发展质量指数的四个一级指标中居于第二位，仅次于环境友好性，且平均得分高于绿色发展质量指数均值。从表3可以看出，在环境管理力的五个二级指标中，城市公用设施燃气普及率、生活垃圾无害化处理率和城市公用设施污水处理率三项指标得分均在99分及以上，节能环保支出占公共预算支出比重、当年新增造林面积指标得分在70分左右，十八地市需增强节能环保意识，加大节能环保财政支出，通过增加造林面积的方式改善当前的自然环境，为绿色生态空间格局奠定基础。

表3 河南省十八地市环境管理力、环境友好性各分项得分

单位：分

地区	环境友好性					环境管理力				
	城镇人均水资源消费量	建成区绿地率	建成区绿化覆盖率	规模以上工业企业重复用水增长率	一般工业固体废物综合利用率	节能环保支出占公共预算支出比重	当年新增造林面积	城市公用设施燃气普及率	生活垃圾无害化处理率	城市公用设施污水处理率
郑州	98.52	96.76	96.31	81.71	88.23	100.00	64.06	98.06	100.00	99.28
开封	80.23	95.17	94.14	87.23	97.56	73.87	67.31	99.36	100.00	98.34
洛阳	96.59	96.29	96.20	84.45	91.03	70.62	70.05	99.97	100.00	99.78
平顶山	75.06	98.93	96.24	85.51	90.91	69.47	68.87	99.36	100.00	99.74
安阳	73.17	97.24	97.00	91.51	86.56	68.85	65.75	99.53	100.00	99.74
鹤壁	89.39	96.86	97.31	84.58	97.12	99.99	67.37	98.92	100.00	98.26
新乡	60.00	98.97	95.66	82.08	89.12	71.39	67.99	99.64	100.00	97.30
焦作	85.07	96.65	96.48	82.39	87.91	74.39	66.01	99.68	99.68	99.62
濮阳	77.99	97.09	96.10	86.83	98.70	73.43	62.27	99.44	100.00	98.27
许昌	90.42	96.95	96.71	85.14	99.34	72.21	63.92	99.54	100.00	99.27
漯河	80.23	97.28	96.58	84.63	100.00	70.02	60.96	98.69	100.00	98.86
三门峡	98.89	93.25	92.43	89.30	74.94	69.42	75.47	98.62	99.51	98.74
南阳	97.09	94.56	93.40	77.99	91.87	69.61	100.00	99.26	98.64	100.00
商丘	100.00	99.98	98.65	100.00	99.66	67.87	63.22	99.49	99.20	99.49
信阳	92.59	97.94	98.95	87.43	82.65	67.06	84.97	98.59	100.00	98.45
周口	80.00	94.72	94.30	60.00	99.89	65.20	63.63	99.20	100.00	98.35
驻马店	65.42	100.00	100.00	82.82	93.81	64.99	69.70	99.21	100.00	99.53
济源	79.31	98.72	97.29	88.09	93.06	75.25	63.75	100.00	100.00	99.54
均值	84.44	97.08	96.32	84.54	92.35	73.54	69.19	99.23	99.84	99.00
方差	140.06	3.45	3.62	59.52	46.60	101.10	90.24	0.25	0.14	0.52

（三）环境承载力、环境抗压力评定等级为"一般"，整体水平相对较低

从表2可以发现，绿色发展质量的四个一级指标中环境抗压力的均值为80.45分，环境承载力的均值为83.16分，略高于环境抗压力，两者的评定等级为"一般"，得分均值都低于环境管理力和环境友好性，且在河南省绿

色发展质量的平均水平之下，说明河南省十八地市提高绿色发展质量的两大施力点在于提升环境抗压力和环境承载力。表 4 是十八地市环境承载力和环境抗压力的分项指标得分，从根据表 4 可以看出，在环境承载力的五个二级指标中，人均公园绿地面积平均得分最高且地区间发展较为均衡，人均天然气和液化石油气供应量的平均得分相对较低且方差较大，不同地区供给力度存在较大差异，各地市相关政府部门应当明确制约自身环境承载力建设的因素，提高清洁能源供给能力，减少传统燃料燃烧对环境造成的损害，进而提升环境承载力。在环境抗压力的四个二级指标中，万元 GDP 电耗增长率平均得分最低，其余三项指标均值略高，但平均得分仍低于 90 分，且四个分项指标的方差都比较大，说明河南省十八地市在环境抗压力方面的整体表现以及各分项指标的表现都不尽如人意，没有突出的优势因素，各分项指标发展水平存在明显的地域偏差，这提醒各级政府部门在提高分项指标发展水平的同时应当考虑地区间均衡发展问题，避免出现"优者更优、劣者更劣"的恶性循环。

表 4 河南省十八地市环境承载力、环境抗压力各分项得分

单位：分

地市	环境承载力					环境抗压力			
	人均耕地面积	人均公园绿地面积	人均天然气供应量	人均液化石油气供应量	城市经济密度	万元GDP能耗增长率	万元GDP电耗增长率	万元工业增加值能耗增长率	规模以上工业企业用水总量增长率
郑州	75.41	98.15	79.21	71.10	80.83	100.00	88.82	91.36	83.14
开封	90.73	89.46	72.59	80.47	76.63	91.01	75.49	86.63	79.76
洛阳	83.52	89.03	75.54	70.25	82.82	98.32	86.58	83.01	83.98
平顶山	82.55	91.49	68.97	60.00	92.49	88.64	66.07	80.07	80.41
安阳	86.67	91.65	100.00	75.75	90.72	60.00	80.59	60.00	82.67
鹤壁	87.89	97.99	69.98	65.18	75.01	76.89	76.20	77.13	60.00
新乡	89.77	91.30	79.29	70.04	82.62	86.96	71.96	83.26	81.28
焦作	80.14	97.51	81.86	60.00	83.38	94.17	81.06	82.64	81.73
濮阳	87.22	99.60	67.72	60.00	89.33	65.23	60.00	72.29	74.48
许昌	86.21	99.46	75.14	100.00	89.55	92.00	69.77	92.71	88.49

续表

地市	环境承载力					环境抗压力			
	人均耕地面积	人均公园绿地面积	人均天然气供应量	人均液化石油气供应量	城市经济密度	万元GDP能耗增长率	万元GDP电耗增长率	万元工业增加值能耗增长率	规模以上工业企业用水总量增长率
漯河	85.87	100.00	65.42	65.11	80.41	74.72	74.03	79.85	86.39
三门峡	90.09	94.65	89.09	62.80	87.89	93.48	79.38	79.69	80.26
南阳	94.05	88.39	67.25	64.87	84.93	68.10	66.69	79.67	87.69
商丘	89.89	87.51	75.26	64.94	98.67	89.63	72.15	64.87	64.72
信阳	97.14	97.83	84.56	66.99	86.57	89.33	77.22	88.16	100.00
周口	88.57	95.61	81.68	64.51	100.00	78.77	63.47	100.00	90.07
驻马店	100.00	98.02	72.09	66.44	89.41	76.89	72.90	75.70	86.86
济源	84.93	94.35	93.26	89.95	73.02	88.74	100.00	65.91	82.30
均值	87.81	94.56	77.72	69.91	85.79	84.05	75.69	80.16	81.90
方差	33.64	18.19	89.67	114.40	54.35	133.90	93.66	102.40	80.14

（四）十八地市环境抗压力发展不均衡

根据表2，在十八地市绿色发展质量四个一级指标中，环境抗压力的方差为42.35，远大于环境承载力、环境管理力、环境友好性三者的方差，说明十八地市在环境抗压力方面发展最不均衡。排名第一的郑州市环境抗压力得分为90.83分，与排名居末的濮阳相比高出22.83分，足见两者差距之大。除郑州市得分在90以上之外，其余地市环境抗压力得分均低于90分，郑州市在环境抗压力方面"一枝独秀"，表现比较优异，表现较差的商丘、鹤壁、安阳、濮阳等地市得分在75分以下，拉低了河南省环境抗压力的整体水平，这些地市应当加强对环境抗压力的管理，提高工业企业生产活动中水、电等能源的利用效率，以最小的资源消耗达到最大的经济效益，尽可能减少人类经济社会活动对自然环境带来的危害，提高环境抗压能力，争取向河南省平均水平靠拢。

三 对策建议

提升河南省绿色发展质量，应在国家相关政策方针的指导下，按照因地制宜、适度倾斜、发挥优势、弥补劣势、明确分工、协调发展、共同进步的原则，因地制宜，逐步推进。不同地市要基于绿色发展实际，充分认识自身建设优势和不足，实现跨越式发展。本报告基于评价结果提出以下对策建议。

（一）充分发挥政府作用，因地制宜采取措施

政府作为绿色发展战略的制定者，要做好绿色发展的总体设计与规划，各地市在突出本地区优势条件的同时，弥补劣势因素带来的影响，合理借鉴其他地区的政策措施，但不能简单地重复、模仿其他地区的做法，必须从实情出发，因地制宜地采取政策措施。同时，由于地市绿色发展质量指数评价指标体系中各指标之间并不是孤立的，而是相互联系、相互促进的，因此，政府需要从系统的角度协调好各方面的关系，科学合理地制定政策方针，确保优势因素继续发挥效用，劣势因素尽快得以弥补。此外，政府需发挥好宏观调控职能，保证资源在十八地市之间合理分配，通过政策倾斜的方式对发展处于弱势地位的地市进行有力指导和合理监管，彻底解决地区发展不平衡问题。

（二）竭力保护自然资源，提高各地市环境承载力

人类是以自然资源为基础开展生产活动的，各地市在对自然资源进行索取的同时，也应通过实施生态修复治理工程对自然资源和环境加以保护和修复，以此提升各地市环境承载能力。相关部门须制定科学合理的资源利用计划，在对资源环境进行保护的同时合理开发和利用，不可因过度开发导致生态失衡。政府可通过强制性政策严禁占用耕地面积，保障农业生产和林业生产有充足的耕地面积，确保有足够的土地后备资源，通过科学化、合理化手

段对土地利用方式进行规划，减少甚至杜绝土地使用过程中的浪费行为，提高对土地的利用效益。加强园林绿化建设管理，提高绿化质量和绿化水平，健全城市生态平衡系统，强化政府环保职责，健全城市环境保护目标责任制，不断提高工业污染防治水平，以"绿色GDP"代替GDP纳入政府考核体系。保障清洁能源的供给力度，减少由于传统能源燃烧带来的环境污染问题，从源头上掐断废弃物的产生和排放，形成清洁能源供给的长效机制，通过清洁能源供给与应用倒逼能源结构转型，实现从以煤炭、石油为主的能源结构向以清洁能源和可再生能源为主的能源结构转型，形成高质量能源供给制度和体系。

（三）提高资源利用效率，加强各地市环境抗压力

在经济发展水平提高的同时，提高资源利用效率，降低能源和物资消耗，减少人类对自然的索取，提高各地市环境抗压能力。围绕资源的综合高效利用，各地市政府应坚持开发、节约、保护三者并举的资源利用模式，对现有资源进行合理开发和高效利用，发展循环经济与低碳技术，由粗放型经济发展模式向集约型经济发展模式转变，由"资源—产品—废物"模式向"资源—产品—废物—再生资源"循环模式转变。优化产业布局，推进污染型、资源浪费型企业向现代化、高科技企业转变，大力发展节能环保产业和战略性新兴产业，推动传统落后产业向科技含量大、产品附加值高、环境效益好的优势产业转型升级，实现新旧动能转换，降低工业生产能耗和GDP能耗，使资源利用效率达到最大化，推动"资源节约型""环境友好型"社会发展，实现经济由高速发展向高质量发展迈进，推进各地市绿色发展进程。

（四）促进地区合作交流，缩小区域绿色发展差距

河南省十八地市绿色发展质量各分项指标发展不均衡，不同地市的优劣势因素各有不同，在环境抗压力方面地区间发展不均衡程度更为严重。各地市政府部门应当加强对短板因素的管理，短板不除、瓶颈不破，木桶效应就会出现，整体发展水平就难以提升，因此有必要根据短板因素适时调整短期

发展目标，将工作重心转向制约绿色发展的关键因素上，尤其在环境抗压力方面需加大指导和支持力度。各地市之间须打破制度性交流障碍和壁垒，构建区域协作平台，加强互动沟通和交流合作，实现信息、资源的交互流动，发展较好的地区应当积极发挥带头作用，通过形成联动效应带动周边地市发展，发展略差的地区应当积极主动地借鉴其他地市先进理念和成功经验，制定与本地区发展现状相匹配的政策制度，消除发展不均衡的现象，促进绿色发展质量全方位提升。

案 例 篇
Cases

技术赋能下开封市大数据治理探索

于海利 王鑫鑫[*]

摘 要： 开封市以"大数据""互联网+"为抓手和技术工具，基于"一中心四平台"和网格化管理两大网络，通过延伸基层党组织的触角、实施以大数据为支撑的智能精准服务、双向吹哨实现联防联控联办以及"互联网+"助力复工复产，实现了党建引领基层社会治理多层次整合、技术赋能以及政府即时回应。就下一步地方社会治理发展，宜从发挥政党整合功能、强化信息化运用能力、实现基层赋权赋能、加强以大数据为支撑的公共危机预防管理着力，推动疫情防控基层社会治理创新。

---

[*] 于海利，郑州大学政治与公共管理学院助理研究员，研究方向为社区组织与社区治理；王鑫鑫，郑州大学政治与公共管理学院2019级硕士研究生。

关键词： 技术赋能　疫情防控　大数据治理　开封市

以数字化、网络化、智能化等为特质的信息技术对社会的全域性渗透，为基层社会治理提供了技术基础。尤其是运用大数据系统，通过长期收集、统计、整合和分析所积累的社会数据，推动治理主体间的协作共治以及基层社会治理的精细化，让技术成功嵌入现有治理体制，通过技术赋能的方式创新社会治理，优化城市治理的新模式。[1] 当前，"技术赋能"的相关研究主要有政府改革和社会创新两大类[2]，技术应用可以有效推动政务服务的数字化和一体化，提高政府的行政效率和加强部门联动[3]，促使个体和组织获取信息的能力和范围大幅提升和扩大，降低了获取门槛[4]，有助于公众参与，对政府形成有效的外部压力以增强政府回应性[5]，促进政府决策的科学化、智慧化和精准化[6]。开封市作为第三批国家智慧城市试点，也是中组部确定的全国基层党建工作示范市。开封市以"一中心四平台"为抓手，基于"大数据+网格化"的实践逻辑持续强化基层社会治理，对于推进社会治理精细化和提升基层社会治理的质效具有重要的工具意义。

一　平台建设概况

开封市的平台建设包括两个部分，一个是"一中心四平台"社会治理网络，另一个是全覆盖的网格化管理网络。

---

[1] 张康之、姜宁宁：《社会治理变革中的公共管理研究》，《中国行政管理》2017年第2期。
[2] 关婷、薛澜、赵静：《技术赋能的治理创新：基于中国环境领域的实践案例》，《中国行政管理》2019年第4期。
[3] 郁建兴等：《"最多跑一次"改革——浙江经验，中国方案》，中国人民大学出版社，2019。
[4] Arthur P. J. Mol, *Environmental Reform in the Information Age: Contours of Informational Governance*, Cambridge University Press, 2008.
[5] 陈星平：《新媒体时代地方治理创新中的技术化倾向》，《行政论坛》2014年第2期。
[6] 范如国：《公共管理研究基于大数据与社会计算的方法论革命》，《中国社会科学》2018年第9期。

（一）"一中心四平台"概况

2018年8月以来，开封市启动基层社会治理"一中心四平台"建设，着力构建"统一指挥、协调联动、即时响应、有效处置、精准考评"的运行管理机制，以"互联网+"背景下的基层社会治理实践探索提升基层社会治理质效。"一中心四平台"中，"一中心"是指自上而下的市、县、乡、村四级社会治理综合指挥中心，其中开封市综合指挥中心是全市社会治理工作的大脑和中枢，主要职能是对全市社会治理工作进行调度、指挥、分析研判，并辅助市委、市政府决策；"四平台"是指综合治理平台、执法监管平台、便民服务平台和综合监督平台。目前，开封市已经建成了一个市级指挥中心、10个县区指挥中心、118个镇间指挥室和5811个全科网格，实现全市覆盖。"一中心四平台"主要涉及56个职能部门，借助覆盖全域的基础网格，根据事件类型和各部门的职能划分，对平台流转事件进行分析研判、及时交办，努力打牢基层社会治理工作基础。

（二）网格化管理平台概况

开封市探索建立了由网格长和全科网格员构成的横向到边、纵向到底的标准化无缝管理网络。网格设置方面：开封在全市10个县区、118个乡镇（街道）划分5811个一级网格，其中基础网格5332个、专属网格479个。基础网格以行政区划的社区为基础区域，城镇社区原则上以常住300～500户或1000人左右为单位划分网格，农村将行政村划分为1个网格或者多个网格。专属网格是指社区内较大的商务楼宇、各类园区、商圈市场、学校、医院及有关企事业单位。根据县区实际情况和此次防疫工作需要，正在组织对一级网格（原基础网格和专属网格）进行优化调整，筹建连片网格，细化二级网格。网格员配置方面：根据开封市确定的网格"1+1+1+N"人员配置模式，每个网格设置1个网格长、1个网格指导员、1个全科网格员、若干名兼职网格员和志愿者。网格党支部书记和网格长由村（社区）"两委"中的一人兼任。全市现有网格工作者1.6万人，其中专职网格员1299人；体制内兼职网格员（乡镇、街道下沉网格干部和村干部、社区工作人员等）1.35万人，含网格直报信息员5811人。

此外，开封市将涉及社会治理的各类事项，分为"56+N"大类、"314+N"小项，涵盖党委政府的绝大部分工作。在网格党组织的带领下，全科网格员、兼职网格员第一时间发现问题，通过各级指挥中心上报事项、分类处置。

二 "一中心四平台"疫情防控具体做法

"一中心四平台"工作机制被概括为"党建引领、网格为基、技术整合、资源下沉、哨响人到"的上下呼应、双向流转的闭环工作模式，其具体做法主要包括四个方面，具体如下。

（一）"三找、三派、三建"，延伸社区党组织的触角

开封市坚持党建引领，依托"互联网+网格"的社会治理模式，强化基层基础。开封市在疫情防控方面建立了"横向融合、纵向延伸"的组织全覆盖网络。横向上，开封市、区分别成立了由组织部牵头，政法、民政、住建等部门共同参与的疫情防控领导小组或工作专班，全面开展排查摸底、组织动员、社区管控等工作；纵向上，建立区、办事处、社区三级党区党建联盟，依托区域、乡（街道）、村（社区）三级党建联席会议，把党小组直接延伸到小区，连接到居民。在全市所有疫情防控交通卡点成立临时党支部，临时党支部由公安、医护、交通执法、农林局、乡镇办事处等的党员和入党积极分子组成。以网格责任区为单位，发挥网格化管理的功能，组织县（区）直单位不在防控一线、不直接承担疫情防控任务的党员干部到社区报到，作为疫情网格协管员全部下沉编入网格片区或具体网格，下沉社区开展疫情防控服务工作。

以开封市城乡一体化示范区为例，面对"三无"小区占比62%以上的复杂形势，示范区防疫工作专班对全区233个"三无"小区，通过"三找、

三派、三建",建立临时党支部,发动党员参与,把社区党组织的触角拓展深化到每个小区、楼宇。"三找"是指"找出居住在小区的党员、找出小区内的优秀党员、找出能力威信高的党员",发挥党员的先锋模范作用;"三派"是指"街道选派、社区选派、双联双创单位选派"人员下沉社区开展志愿服务,动员党员、积极分子志愿参与;"三建"是指"人数多的单独建、人数少的联合建、无党员的社区建",明确基层党组织建设的方式。示范区在"三无"小区建立了27个临时党支部和109个临时党小组,吸纳党员554名,完善了区、街道、社区、小区党组织四级微信沟通平台,把各项防控措施覆盖到户、落实到人。

(二)实施以大数据为支撑的智能精准服务

借助"一中心四平台"这一技术工具,加强网格数据挖掘和动态监测,强化事件研判和大数据预测预警,推进了以大数据为支撑的智能精准服务。

一是借助"一中心四平台",联动城市大数据系统,实现疫情信息监控和数据共享。开封市利用"一中心四平台"建立市、县、乡综合指挥系统,线上线下结合,下发排查任务,组织网格员持续开展对疫区返乡人员的拉网式排查和隔离巡查,摸清防控对象底数,实时掌握疫区返乡人员动态,建立具体准确翔实的疫情防控大数据资源。实现数据共享和联动,与市疫情防控指挥部办公室各专项工作有机结合,坚持"日报告""零报告",每日定时统计、汇总、上报防疫及治安维稳等相关信息数据,确保关键人、关键事、关键点信息互通,实现了疫情实时动态管控。据了解,截至3月15日,四大平台上报各类事件484.5万件,办结421.86万件,平均办结率达到了87.07%,初步形成了智能化分析、精准化管控的大数据治理体系。

二是率先上线疫情防控"健康服务一码通"。早在2月20日,开封市将前期疫情防控"便民一码通",升级为疫情防控"健康服务一码通"。比河南省的"健康码"上线正式运行(3月17日)早了26天,和其他地市相比也走在前列。开封市升级后的健康服务码包含健康服务"二维码"和"汴捷办"App,健康服务"二维码"包括单位复工登记、来汴登记、单位/

小区登记、健康码、疫情查询、发热自报和门诊上报、疫情举报、实时疫情地图、商场超市和菜价公示等。"汴捷办" App 具有疫情防控、政策咨询、政务服务、医院门诊、在线教育等功能。"一码通"助推开封市群众健康监测和疫情管控服务工作，其中上线当日访问量就达到367637人次，实现疫情防控全人群覆盖、全流程掌办、全领域联防。同时，"一码通"有效助力企业复工复产，实现了从封闭管控向智能精准服务的转变。

三是线上建立信息沟通三级微信群。结合城市社区疫情防控网格，组建疫情防控社区、小区、楼栋三级微信群，选派责任心强、擅长表达、会做群众工作的支部书记、党小组组长、楼栋长或年轻党员担任各级群主，负责及时宣传科学防疫知识、传达上级防疫精神、统计居家隔离人员状况、在线解答群众问题等，利用全面入户摸排工作契机，通过在线邀请、当面扫码等方式，让辖区党员和居民全部分级进群，引导群众安心居家、科学防疫。以城乡一体化示范区为例，截至3月1日，示范区已建立一级微信群61个1262人，二级微信群290个11925人，三级微信群1096个44162人，实现了"一个信息插到底，直接就到单元里"的效果。

（三）双向吹哨，实现联防联控联办

开封市以网格化管理平台为依托，采取线上线下结合的方式，建立网格和职能部门"双向吹哨、双向报到"机制，通过网格系统实现了条块间的联防联控和网格事件的双向联办。

一是吹好"基层哨"，让网格问题"浮"上来。吹响"基层哨"是指通过基层网格系统让基层问题浮出来，努力夯实基层基础。目前，辖区各网格员每天通过"网格通"、微信群汇报交办任务和排查情况，各县区网格员队伍逐渐壮大，并积极开展数据比对、走访巡查和事件上报等工作，完成了全市人、房、企基础数据的网格认领，排查完善各类基础数据，网格员日常每天报送事件量在5000件左右；防疫期间，系统注册网格员每天在线4000人左右，平均每天报件量3.2万件左右。

二是吹响"交办哨"，让上级任务部署"沉"下去。吹响"交办哨"

主要是指通过平台形成事件自动流转至市、区、乡各职能部门,迅速传达分解,逐级办理反馈。一方面,建立黄灯催办、红灯督办、双色灯限时办结的督办机制,设置办理时限,系统在时限的最后一天前会亮黄灯进行提醒,如果逾期会亮红灯,并且自动转至督察局和纪委监察委依规依纪督办;另一方面,运用考核督办、综合监督等手段,调动职能部门工作积极性。制定并印发了职能部门考核办法和涉及职能部门的任务事项清单,上线后系统自动积分考核,主要是强化对部门事件办理等工作的量化考核,并推动部门将工作事项全口径通过平台交办、落实。

(四)"互联网+"助力复工复产

早在2月下旬,开封市就将"保运转"作为统筹推进疫情防控的重要方面,运用"互联网+"统筹推进企业复工复产。

一是明确复工复产的相关要求和制度安排。出台了开封市支持企业复工复产十六条政策措施等,围绕"全域统筹、应复尽复"的目标,明确了复工复产的具体条件,制定了帮助企业和项目解决用工、防疫、运输、融资等问题的服务措施。

二是运用"互联网+",实现"不见面"业务办理。开封市借助"互联网+"系统,利用远程视频,建立重点企业、重点项目的业务办理机制。以开封市祥符区为例,2月14日通过网络办理的方式签约了总投资21.3亿元的两个重点项目。面对疫情造成的农产品销售、运输等难题,开封市政府及时建立农产品生产、运输、销售网络对接机制,搭建起"农户—合作社—政府部门—大型商超"的无缝对接网络。协助蔬菜种植合作社、冷库储存等农产品相关企业与超市、农贸市场对接,实行网格化定向销售;建立本地商超与蔬菜种植大户的微信群,即时在群内互通供需信息。

三是打造"就业服务不打烊、网上招聘不停歇"的就业服务办理机制,推行"网上办、掌上办、不见面、不打烊"的公共就业服务,通过网络平台渠道收集用人单位岗位需求信息,引导职工合理有序复工返岗和居民就业。截至2月25日,全市规模以上工业企业复工超六成。

三 经验与价值

（一）党建引领实现基层社会治理多层次整合

开封市依托基层党组织，建立了疫情防控"横向融合、纵向延伸"的组织全覆盖网络，把党小组直接延伸到小区、楼栋，连接到居民，临时党支部整合了行政、委局、乡镇、社区等单位和部门人员，有效延伸了疫情防控的组织网络和空间格局，实现了多层次整合。一是条块整合，通过基层临时党支部建设，打破了条条框框的专业分工和部门本位，实现了条块之间的整合。二是党对社会力量的渗透和整合，通过党组织发动社区骨干、党员和积极分子、辖区单位、社区居民等社会力量参与，实现了对社会力量的整合，有效发挥了党的凝聚、引领和整合功能，凸显了党的政治优势和组织优势。

（二）大数据治理实现技术赋能

开封市利用"互联网+""大数据"推动智能化、精准化治理，运用移动互联网、云计算、大数据等技术，高效采集、有效整合、深化应用政府数据和社会数据，大数据治理实现了技术赋能的作用，不仅激发了治理主体自身的能力，而且有效拓展了信息公开渠道，促进政府各部门、政府与社区及居民等主体间的交流与沟通，打破不同行业部门间的信息孤岛壁垒，加强了全市各部门疫情信息的互联互通，提升了既有数据与信息在决策场景中的应用价值，推动社会治理由"精细管理"向"精准治理"升级，提高社会治理的精准性和有效性。

（三）"双向吹哨"实现政民即时互动

"双向吹哨、双向报到"发挥网格化管理的功能，将社情民意传达上去，政府围绕网格浮现的问题即时回应，实现了市、县、乡政府和条块之间的联防联控和融合，有效地提升了政府的回应能力。一是体现以人民为中心的价值导向，基层社会治理的核心是"人"，"双向吹哨、双向报到"做到了"访民情、听民意、解民难"，以群众需求和诉求为中心，建立了多部门联合的回应机制，体现了以人民为中心的社会治理理念。二是实现了政府即时有效回应，开封市利用大数据平台，采取智能化手段，即时掌握疫情动态，针对问题发现和问题处置建立了有效的联控联办回应机制，提升了复杂公共问题的解决能力。

四　对策建议

（一）坚持党建引领，发挥政党整合功能

一是牢固树立党建引领理念，把党的政治优势转化为社会治理优势。发挥党委总揽全局、协调各方的政治优势，将党建思想落实到每个支部、每名党员，补齐党建短板，推动党组织结构优化；发挥党密切联系群众的优势，着力提升基层党组织融入群众、服务群众的能力，在社会治理实践中不断凝聚党建与治理共识，形成基层社会治理的强大合力。二是提升基层党组织的引领力。要全面开展党支部标准化规范化建设，通过统筹协调、规范引导、组织动员、支持服务、凝聚骨干等方式，充分运用区域化党建的优势，重构基层党建组织架构、完善基层党建运行机制以及整合基层党建治理资源，确保党的基层组织有形有效覆盖，有效拓展基层党组织的各项功能，实现与基层社会治理机构的有机融合。

（二）依托"互联网+社会治理"，强化信息化运用能力

"互联网+社会治理"体现的是一种新的信息化、智能化社会治理模式，其核心在于主动运用互联网思维、技术，形成高效快捷的信息化治理手段，真正建立起与互联网治理相适应的制度环境。一是强化技术支撑。以社会治理综合信息中心为平台，加大硬件基础设施的建设力度，注重包括微博、微信、社区App等在内的各种技术工具的创新开发，整合政法、教育、

民生等多部门基层信息数据平台，注重各种功能的统筹联动，做到设施联通、信息互通、资源共享、条块互补，形成统一的政务服务数据平台，实现互联网技术对社会治理的全覆盖。二是强化信息化平台的运用能力。要形成一支大数据分析与运用的专业队伍，能够准确把握国家和省市有关大数据政策，以及大数据技术发展前沿趋势。同时，围绕大数据治理建立完善的考核管理机制，加强大数据在地方政府绩效管理中的应用。

（三）提升社区能力，实现基层赋权赋能

开封市"三无"小区疫情防控取得了巨大成效，主要归因于行政人员和资源下沉以及临时党支部建设。从长期来看，要提升社区能力，夯实基层基础。一是加强社区干部队伍建设，选优配强社区党支委书记和社区主任，出台激励措施，解决社区干部的晋升和激励问题。吸引大学生、优秀党员干部到社区挂职、任职及交流。二是强化社区服务。以党群服务中心建设为依托，全面提升社区便民服务，落实"最多跑一次"或"一站式办理"服务；加大社区服务资源投入，将养老、医疗等服务落脚到社区、落实到社区。三是加强社区自治能力。进一步完善居民自治机制，创新公共参与的方式和渠道，如完善线上投票、协商议事平台建设等。加大社区组织培育力度，推动居民组织化参与，完善激励机制，引导兴趣型、服务型、任务型组织培育，给予培训指导和资金支持，提升社区组织化水平；推动建立社区志愿者服务队伍，综合运用"积分管理""荣誉激励"等措施，通过招募、培训等方式建立一支稳定的社区志愿服务队伍。

（四）大数据支撑，加强公共危机预防管理

预防管理是公共危机管理的基础和关键。开封市疫情管理最有价值的经验在于依托"一中心四平台"建立了疫情防控指挥系统。要进一步发挥数据的治理功能，强化公共危机预防管理中的大数据运用。一是利用大数据建立公共危机管理技术平台，包括监测预报平台、综合信息平台、综合通信指挥系统、专家辅助决策支持系统、应对不同危机类型的专业子系统等。尤其

要推动建立以大数据为基础的指挥调度中心,将各种专业或非专业救援机构都纳入一套智能化信息处理和通信平台中。二是强化大数据监测和预警功能。大数据的核心是其预测能力,要以全数据为基础,强化对公共潜在危机的实时分析和响应,建立以大数据为中心的公共危机管理日常工作机制,开展应急管理的经验总结、理论研究和危机预防活动,发挥大数据分析、预测和研判功能,把危机扼杀在潜伏期和萌芽状态。

焦作市山阳区"党群360工作法"社区治理新探索

李晓芳*

摘　要： 焦作市山阳区面对老旧、失管社区治理存在的一系列难题，探索了"党群360工作法"社区治理新机制，构建了法治、自治、德治的社区基层治理新思路。其具体做法包括探索建立"三官两员一律"机制、成立社区党群议事会、加强社区服务项目化运作、发挥志愿自治组织服务优势四个方面。但焦作市山阳区社区基层治理仍面临着社区基层治理机制矛盾较多、社区服务问题突出治理效果不明显的困境。山阳区在基层社区治理方面的经验主要体现为坚持党委的核心领导、整合多方资源、项目化运行机制以及充分发挥社会力量四个方面，为河南省有效提升基层综合治理能力、社区服务水平和社区自治能力，提供了有益的借鉴和启示。

关键词： 山阳区　社区治理　"党群360工作法"

"社会治理的重心必须落到城乡社区，社区服务和管理能力强了，社会治理的基础就实了。"党的十九届四中全会作出加强和创新基层社会治理的

---

* 李晓芳，郑州大学政治与公共管理学院讲师，研究方向为社区社会工作、社区治理。

重要部署。进入新时代,人民群众对美好生活向往的同时,对社区治理能力和社区服务水平也提出了更高的要求。焦作市山阳区面对诸多社会矛盾以及老旧、失管楼院治理难题,探索建立了全方位的"党群360工作法"。

一 焦作市山阳区的基本情况

焦作市位于河南省西北部,北倚太行,南邻黄河,是中国旅游城市。山阳区是焦作市的核心城区,区位优势突出、交通快捷便利,是焦作市经济、商贸、文化、教育、金融中心。山阳区辖9个街道办事处、19个行政村、35个社区,常住人口近30万人。截至2019年11月,山阳区一般公共预算收入完成13.8亿元,位居城区第一,同比增长10.5%,其中税收完成11.2亿元,位居六县五区第一;城镇居民人均可支配收入同比增长8.8%,增幅居全市第二;第三产业占比达到73%,经济结构和发展质量持续优化。焦作市山阳区属于老城区,存在大量老旧小区,这些失管社区面临着一系列社区治理难题,如社区配套设施老化和年久失修,基础设施陈旧、缺乏和损坏以及社区服务水平不高等问题,出现了"干部干、群众看""有活没人管"的困扰社区基层治理的尴尬局面。

二 焦作市山阳区社区基层治理的困境

(一)社会问题和矛盾较多,社区基层治理机制需调整

新时代背景下,随着市场经济体制继续深化,焦作市山阳区人民群众的利益诉求趋于多元化、权利维护意识提升,房屋拆迁、环境污染、经济纠纷以及信访工作等社会问题不断增加,给辖区治安和社会稳定带来极大的挑战。在矛盾化解机制方面,依赖于行政指令的执法手段,缺乏柔性和社会化的处理办法,造成干群关系紧张,给社区基层治理带来沉重的负担。

（二）社区服务问题突出，社区基层治理效果不理想

社区是居民重要的生活场域。随着市场改革的深入和"单位制"社区管理模式的淡化，老旧、失管楼院的治理存在较多困境，这成为当前山阳区基层治理的一个重要难题。山阳区是焦作市的老城区，老旧、失管楼院较多。由于缺乏科学的治理手段，小区历史遗留问题复杂，基础设施欠账多、人居环境脏乱差、无主楼院无人管、群众缺乏归属感。全区302个居民楼院中，仅无主楼院就有99个。从治理模式来看，以往的社区治理是一种自上而下的行政式管理模式，政府主动，居民被动；从治理关系来看，是一种领导和服从的干群关系；从治理途径来看，主要靠运动式、突击式治理。这种传统的治理方式导致了"政府干、群众看，少数人还不满意"的治理困境。

三 焦作市山阳区社区基层治理的具体做法

"党群360工作法"是山阳区社区基层治理创新的新探索，该探索主要包括政法综合治理中各组织单位协同的"三官两员一律"工作机制，旨在提升群众自治能力的党群议事会平台，提高社区服务效果的"党群360民生服务项目"，以及发挥社区志愿自治组织在基层治理中的重要作用四个方面。

（一）探索建立"三官两员一律"机制，夯实基层治理之基

"三官两员一律"主要是指法官、警官、检察官，网格员、民调员及律师。"三官两员一律"工作机制是"党群360工作法"的重要组成部分，主要是指山阳区政府依托各级调解平台、调解组织和专兼职调解队伍，以区、街道、村（社区）三级综治中心为平台，创新"微法庭"模式，以"三官两员一律"（法官、警官、检察官，网格员、民调员，律师）工作协作机制为抓手，把政法综治工作重心下沉到基层，排查化解矛盾纠纷，引导群众理

性依法维护自身权益,表达利益诉求,化解社会矛盾,把法治贯穿于协调各方利益的始终。

"三官两员一律"的目标主要是区委、区政府依据有关规定,建立和完善法官、检察官、警官和律师下沉基层社区联系制度,使其与社区(村)干部、人民调解员、网格员等基层综治维稳队伍充分融合,共同开展安全隐患排查、矛盾纠纷化解、法律咨询服务、普法宣传活动等工作,引导群众树立遇事找法、办事依法、解决问题用法、化解矛盾靠法的法治意识。"三官两员一律"的运作手段主要是组织54名法官和118名社区民警(辅警)对接社区(村)综治中心,9名检察官对接街道综治中心,20名律师分包社区、村,充分发挥职能作用,与村(社区)干部、调解员、网格员等基层队伍一道,采用服务宣传联动、基础信息联采、特殊群体联管、矛盾纠纷联调、社会治安联防、平安建设联创"六联"工作模式参与社区治理工作,提高民众解决问题的法治化水平。该模式有利于预防和减少违法犯罪,有利于把矛盾纠纷解决在基层,推动社区基层治理的法治化建设。

(二)成立社区党群议事会,确定基层治理自治之基

山阳区以"党委全方位引领、群众全方位参与,以民生项目实施实现党群深入融合,绘就党群同心圆"为工作思路,在各个社区成立了社区党群议事会,议事会是"党群360民生服务项目"的重要载体,是为群众提供360度全方位服务的重要平台。从党群议事会的形成和管理情况来看,首先,由街道社区组织,通过党员自荐、群众推荐和居民代表会议,逐楼院推选党群议事会成员,选准党群"代言人"。推选时,严把政治关,强调党员在党群议事会成员中的比例,确保政治方向;严把参与关,注重群众对推选工作的知晓率、参与率和"党群360民生服务项目"实施时的居民捐建率,把推选党群议事会过程变成居民自我教育、齐心共治的过程。其次,山阳区委、区政府将党群议事会的工作作为街道部门工作质量的考核内容,每季度组织一次观摩推进活动,交流经验做法,定期组织居民对党群议事会成员开展测评,考准压实"责任人"。

从工作机制方面来看，党群议事会依托"党群360民生服务项目"，建立了"三全六步同心圆"工作机制，"三全"是指党建全引领、群众全参与、项目全支撑；"六步"是指老旧、失管楼院等民主问事、党群议事、依法定事、承诺办事、公开晒事、群众评事"六步议事"；"同心圆"是指绘就党群融合同心圆。以具体的"党群360民生服务项目"为支撑，运用该工作机制，让群众全过程参与社区事务，最终实现自我教育、自我服务、自我管理、自我监督，提升群众的自治能力。

从功能方面来看，党群议事会的重要功能是"双联双帮"，一是联系群众，定期收集居民的意见和建议；二是联系党委、政府，随时将基层的建议和意见收集起来传递给党委、政府。党群议事会是一个连接平台，最大限度地激发和调动社会资源参与，全面地激发群众的家园感和主人翁意识，实现党群深度融合。

（三）加强社区服务项目化运作，奠定基层治理的科学之基

山阳区依托党群议事会，以"党群360民生服务项目"为支撑，用项目化、规范化、可量化的方式推进民生实事办理。从项目筛选、项目认领、资金保障、项目评估四个方面建立项目化运作机制。

一是做好项目筛选，解决"干什么"问题。山阳区确定每月10日为党群议事日，引导广大居民群众通过党群议事会反映诉求、研究讨论、解决问题，做到"居民事居民议、居民事居民管"。推广运用"五步工作法"，即"党群问事—党群议事—民主定事—承诺办事—群众评事"，开展协商议事，鼓励党群议事会自下而上，积极申报民生项目。对居民迫切需要解决的民生问题，党群议事会协商解决不了的，形成"党群360民生服务项目"方案上报社区和街道审核后，由社区办负责审批立项、资金拨付、项目实施监管等工作。

二是推行项目认领制度，解决"谁来帮"问题。根据民生项目类别，如楼院设施改造、群众文化需求、心理服务、为老服务等内容，由党群议事会牵头协商，动员街区商家、学校、培训机构等驻区联建单位认领，并组织

区直单位、区属企业、社会组织主动承接，实现辖区资源整合下沉，确保"党群360民生服务项目"的有序推进、有效实施。

三是确保项目运行，解决"资金哪里来"问题。从资金筹措方面，区委、区政府每年拨出专项引导资金，以党群议事会申报为前提，按照居民自筹、街道补贴、社会资助、财政兜底"四步法"，拓宽资金筹措渠道。从项目启动方面，按1∶1∶4的比例，即居民自筹启动资金占1/6，办事处补助资金占1/6，区财政匹配资金占4/6，并负责兜底。当集资捐建的楼院居民户数达到总户数的70%时，启动项目实施。从资金拨付方面，通过社区申报、街道审核、采招办实地察看立项、第三方工程评估造价、财政评审五个环节后，核拨项目预算申请补助资金的30%。项目完工，经第三方审计通过后，拨付财政补助资金的70%。

四是规范项目评估流程，解决"谁监管"问题。通过聘请第三方监管机构，对民生项目进行前期评审，并由楼院党群议事会对楼院项目实施进行中期监督。项目完工后，由街道办事处组织审计验收，并由区级评审委员会邀请老干部、"两代表一委员"、相关专家，对项目质量、资金管理、社会满意度等情况进行最终评估验收。

（四）发挥志愿自治组织服务优势，弘扬基层治理的德治之基

针对辖区无主楼院较多、管理混乱等社会矛盾，山阳区积极引导群众自我管理，大力培育社区社会组织，发挥志愿自治组织服务优势，让居民互帮互助，提升社区的自治能力。目前，山阳区已组建了矛调服务、义务巡逻、普法宣传、安全排查队、心理咨询队等46支平安志愿者队伍，打造了一大批具有鲜明特色的自治组织。如李玉香家事调解室、老魏工作室、葛慎士老兵义务巡逻队等群众志愿自治组织已经发展成为促进家庭和睦、推动和谐社会的重要力量。其中，"冬香好妈妈"工作站党支部被评为全国离退休干部先进集体。这些群众志愿组织引领更多热心公益的居民代表广泛参与社区基层治理，活跃在基层矛盾调解、治安巡防、文明创建一线，有效增强了广大群众的认同感、归属感和获得感。

四 焦作市山阳区社区基层治理的成效

焦作市山阳区探索的"党群360工作法"老旧楼院治理模式，走出了社区基层治理"真管用、能持续、可复制"的好路子，有效预防和缓解矛盾纠纷，提高了社区服务水平和社区自治能力，较好地解决了党建虚化、党建与业务"两张皮"等问题。

（一）有效预防和化解了矛盾纠纷，提高了基层治理的社会效果

山阳区围绕一系列社会问题，切实解决群众身边看得到、摸得着的民生难题，转变治理理念和党建路线，从区组织的孤军奋战到各单位的协同作战，提高了社区治理的整体性、协同性、精准性和高效性。2019年，全区入户走访12088次，六必访家庭6136次。区三级综治中心共受理群众各类诉求913件（次），各个"微法庭"即"三官两员一律"平台有效化解矛盾纠纷1362件，为群众提供法律咨询、法律援助和法律服务事项1289人次，为各级各部门和基层组织提供法律顾问服务280余件（次）。除此之外，山阳区排查整治社会治理重点地区22处，达到验收标准21处，化解矛盾纠纷517件。从信访工作效果来看，2019年，赴京信访和赴省信访分别下降54%和62%，这在一定程度上反映了"三官两员一律"工作机制带来的积极效果。

（二）积极链接多方社会资源，改善了基层社区治理环境

山阳区以楼院党群议事会为平台，以"党群360民生服务项目"为基础，以发挥党员的先锋作用和调动群众积极性、主动性为抓手，最大限度地激发和调动社会资源参与，打通了服务群众"最后一公里"。截至2019年，山阳区共成立党群议事会296个，成员达到1362名，其中党员682名。山阳区各楼院成立党群议事会的占楼院总数的98%，其中99个无主楼院实现全覆盖。在充分发挥党群议事会功能的背景下，山阳区政

府通过层层监管,确保"党群360民生服务项目"有序、有效推进落实。截至2019年,全区已先后实施了5批201个民生项目,带领居民集资100余万元,争取区里投入5600万元,撬动社会资金1160余万元。山阳区通过对43个老旧、失管楼院等社会治理难题进行整治,解决了老旧楼院基础设施薄弱和群众身边灯不明、路不平、气不通等民生问题30000余个,基本实现了老旧住宅小区楼院基础设施配套、地面硬化平整、便民设施完善、环境整洁优雅、管理井然有序、安全宜居怡人的小区楼院建设目标,一大批老旧、失管楼院旧貌换新颜。

(三)有效提高了社区自治能力,扩充了社区基层治理力量

山阳区充分发掘辖区资源,最大限度地将社会力量发动起来,让"两代表一委员"、"五老人员"、法律工作者、新闻媒体以及热心公益的居民代表广泛参与基层治理,壮大了社区治理志愿者团队。目前,各种志愿社区组织多样化,如矛盾调解服务队、义务巡逻队、普法宣传队、安全排查队、心理咨询队等,他们积极开展美化家园、矛盾调解、义务巡逻、安全排查、普法宣传、文明新风、关爱老幼残弱等志愿服务活动。这种社区自治组织参与社区治理促使治理机制由"管理"向"治理"转变,由"大包大揽"向"共同参与"转变,有效提升了社区自治能力。

五 经验与启示

焦作市山阳区积极推行"党群360工作法"的生动实践,丰富了社区治理的新内涵,赋予了治理体系创新的新理念,也带给我们一些启示。

(一)发挥党委核心作用,建立健全协同治理体系

新时代背景下,群众对社区治理和社区服务提出了更高的要求。首先,焦作市山阳区委坚持发挥领导核心作用。把基层社会治理作为最重要的工程,区委常委会、政府常务会专题研究部署,强力推进,组织部门具体牵头

抓总，组织实施。制定了《山阳区楼院党群议事会工作规范》《山阳区党群360民生服务项目实施方案》，助推"党群360民生服务项目"实施。其次，发挥政府主导作用。在原有社区办的基础上，借助党政机构改革契机，区委、区政府专门成立山阳区城乡社区发展治理服务局，具体负责协调落实城乡基层治理工作。政府各民生部门按照各自职能，向楼院、社区下沉政策、力量、资源，主动认领本行业范围内的民生项目，具体指导社区、楼院治理建设任务。各街道办事处统筹运转，确保各类民生项目实施，确保党委政府各项政策落实到社区楼院、居民群众身边。

（二）加强资源整合，提高基层治理水平

从福利多元主义理论和资源整合理论来看，政府在提供福利上扮演着重要角色，但绝不是唯一的提供主体，市场、家庭、社会组织都可以作为多元福利的提供者。随着群众对社区服务要求的提高，单靠政府提供公共服务的工作机制面临着极大的挑战。这要求政府部门必须转变社区基层治理理念，从单一行政化模式向市场多元模式转化，在提高群众参与积极性的同时，有效整合政府各个方面的资源，以及部分市场主体和社会组织的力量，形成"党委领导、政府负责、社会协同、公众参与"的新型基层治理格局。这不仅可以提高社区基层治理的效率，降低治理成本，还可以有效提高治理效果，提高群众参与治理的"主人翁"意识。

（三）发动群众参与，增强基层自治能力

从新公共服务理论和共同体理论来看，推动居民参与社区基层治理是可行性的路径之一。坚持"大家的事大家办"，让群众参与社区治理，让院落自治组织、志愿服务组织等参与社区治理，才能从根本上调动居民群众参与治理的积极性，有效满足群众多元化、个性化的服务需求。以党群议事会为平台，以"党群360民生服务项目"为支撑，山阳区使用政府资金撬动社会资源，通过居民众筹、共建、共管，引导居民开展自我管理、自我服务、自我提升，从而实现政府行政管理与居民自治管理良性互动。

（四）坚持项目化运作，提高基层治理效果

社区治理项目化是将居民自治这一抽象概念落到实处，实现基层治理目标的有效模式。这种模式让项目筛选、项目运作、资金保障、项目监督以及评估都在公开、透明的群众监督下实施，保证社区服务项目的专业性和科学性。一方面，改革事权，将公共服务以项目形式向社会"发包"，为政府和社区减负；另一方面，扶持发展多元社会主体，让社会组织等多元主体在社区治理平台下发挥作用。基于此，政府、社区、社会组织各归其位、各司其职，做好各自该做的事，实现各方良性互动，也使政府实现从"为民办事"到"助民干事"的转变。

鹤壁市浚县"户联网"工作法
农村社会治理新探索

樊红敏　汪冰洁　刘东梅*

摘　要： 浚县试点并探索了乡村治理"户联网"工作法，建立了"基础网格户团、管理服务户团、普通社群户团"，通过"三团"建设强化了村民的利益关联；构建"基础网格网、扁平化管理服务网、'互联网+'公共服务融合网"，通过"三网"建设拓展组织覆盖；制定了"户长制、户分制、户联制"，通过"三制"建设完善运行机制。"户联网"工作法，在资源输入、基层赋能、发挥党的政治优势、强化农村社会关联和纽带作用等方面发挥了重要功能，实现了乡村有效治理。"户联网"工作法对于推进河南省农村社会治理具有很大的启示意义，建议从党的基层组织延伸、农村基层赋权赋能以及培育农村社会资本三个层面，推进农村治理现代化。

关键词： "户联网"工作法　农村社会治理　浚县

2019年以来，河南省浚县探索乡村治理"户联网"工作法，以党建为引领，以重构农村"三团"网格体系为抓手，把党小组建在"户团"上，织密联系群众、服务群众、组织群众的网络，以党建引领提升农村社会治理

---

* 樊红敏，郑州大学政治与公共管理学院教授，博士生导师；汪冰洁，郑州大学政治与公共管理学院2018级硕士研究生；刘东梅，郑州大学政治与公共管理学院2019级硕士研究生。

现代化水平。本报告基于实地调查分析浚县"户联网"工作法的具体做法和经验价值，提出河南省推进农村社会治理现代化的启示和建议。

一 浚县"户联网"工作法的探索背景

浚县是传统农业县，耕地108万亩，基本农田84万亩，辖1乡6镇4个街道办事处，438个行政村，30个居委会，农业人口49万，常年粮食种植面积稳定在180万亩以上，产量100万吨以上，是全国粮食生产先进县、国家现代农业示范区、全国农村产业融合发展试点示范县、省农村集体产权制度改革试点县。

当前随着农村基层群众的生产关系、利益关系等发生了重大变化，浚县农村社会治理面临着复杂的形势和挑战，如传统网格化体系难以适应社会发展需要，村级管理服务体系亟待，完善乡村人际关系逐渐弱化，村级基层管理队伍薄弱且权责不清，村庄管理赋权赋能不足，村民之间利益和纽带关系弱化等。面对以上问题，浚县结合当地农村实际，从2019年3月开始试点探索了"户联网"工作法，推出了户长制，试点推行了"三二一工作法"（三户团二评分一关联），完善了"户联网"工作法制度化运行机制。目前，"户联网"工作法在浚县已经从试点进入全面推广阶段，这一探索受到了媒体和学界的关注。

二 "户联网"工作法推进举措

浚县创新"户联网"工作法，通过"三团三网三制"的"分成块""连接好""多激活"的办法，全面提升基层自治能力和治理效能。"户联网"工作法主要包括三大举措，通过"三团"建设强化村民的利益关联，通过"三网"建设拓展组织覆盖，通过"三制"建设完善运行机制。

（一）建立"三团"强化村民的利益关联

1.建立基础网格户团

突破地域网格化的旧理念，梳理村民代表机制、党员分包联系群众机制等，整合 20 户左右村民组成"户团"，构建村民的基础性强约束关系。截至 2020 年 3 月，已在试点的乡镇建立基础户团 595 个，村中管理和党建的网格化体系进一步下移。

2. 建立管理服务户团

将村中的党员、积极分子、后备干部等骨干编入管理服务户团，构建简化版的村级管理服务团队，并实现与村中各基础团的条块协同，使得村内事务进一步责权清晰、分工明确。目前，在试点镇的 50 个行政村，已建立管理服务户团 205 个。

3. 建立普通社群户团

充分发掘广大村民的兴趣、需求，构建与每家每户生产生活息息相关的社群类户团，实现对每户村民的多重覆盖，普通户团围绕不同功能发展兴趣爱好，将基层党建延伸到普通户团上，村民之间的联系更加密切，干群之间的关系也更加融洽。

（二）建立"三网"推进基层党组织延伸和覆盖

1. 构建基础网格网

在基础团建立户团党小组，向普通团派遣"管方向"的党建指导员，在管理团指定"管对接"的"两委"委员，以覆盖全村的基层党建网为切入点构建了基础网格网。目前，试点乡镇已成立户团党小组 418 个，有效加强了基层党组织的战斗堡垒作用。

2. 构建扁平化管理服务网

在村内，将党员和社区骨干定岗定责，分别对接县乡相应的管理服务条线，构建跨县、乡、村三级的扁平化管理服务体系。目前，以试点乡镇为突破，已组建跨县、乡、村三级的扁平化管理服务群 13 个大类，联通医疗、教育、行政服务大厅等多个部门，有效打通了服务群众的"最后一公里"。

3. 构建"互联网+"公共服务融合网

县卫健委统筹协调，构建了覆盖全县 438 个村 16 万户 60 多万群众的"医疗保健急救"微信群矩阵体系。依托此体系，向每个医疗类普通户团增派党建指导员，建立了"互联网+"医疗服务融合网。同时，以"党建指导员管理群"为信息平台，实现公安、宣传、行政服务大厅等单位的信息员和乡村干部的无缝隙对接，提供医疗急救、交通信息、灾害天气预警等服务。

（三）建立"三制"完善运行机制

1. 建立户长制

实行"户团长+党建指导员"负责制，基础团、普通团、管理团都分别组建户团负责人团队，包括选任"管日常"的户长、派遣"管方向"的党建指导员、委派"管对接"的村"两委"委员。目前，覆盖试点乡镇各村的983个户团，都配备了户长和党建指导员，建立了一支乡村治理骨干队伍，形成了农村后备干部培养梯队，有效解决了村里人员不足的问题。

2. 建立户分制

在户长制的基础上形成了积分奖惩细则，并以村规民约的形式通过并执行。对村内重点工作和活动实施过程化管理、量化考核和积分奖惩，户分制由户长盖戳确认加减分值，由党建指导员负责全程监督，并定期进行户团和农户的排序奖励，根据户分对农户进行星级评定。户分制对村中的管理户团进行适度的赋权赋能。在疫情防控过程中，各村积极运用户分调动群众参与防控疫情的积极性，对主动线上线下宣传、参与卡点执勤、举报安全隐患等进行加分奖励，取得了很好的效果。

3. 建立户联制

所谓户联制是指在户团内和户团党小组内，推行同奖共罚的关联政策，并且在诸多领域整合资源进行激励，比如，全县的医疗机构推出了针对星级户的高、中、低档服务优惠套餐；为星级户家中的学生提供免费的教师结对辅导，星级户到行政服务大厅办事可享受绿色通道和预约上门等服务。疫情防控期间，凡是户团出现虚报漏报等人为不安全因素的，每户都要扣分，甚至取消该户团所有人的评星资格，以此实现联防联控和群防群治。

三 "户联网"工作法的创新与价值

浚县实施"户联网"工作法以来,通过"三团三网三制"建设,实现了乡村有效治理,在资源输入、基层赋能、基层党组织下沉、发挥党的政治优势、强化农村社会关联和纽带关系、推进乡风文明和德治建设方面发挥了重要作用。

(一)资源输入,基层赋能

一是浚县创新"户联网"工作法,用组团、联网、激活的办法,统筹人力、渠道等资源,通过"三团三网三制"的运用,向下赋能、连接成网、向上激活,以党建引领推进乡村治理。二是将后备干部、积极分子等骨干定岗定责在"管理团"等各类户团中,有利于在村中发现和培育人才。加之"户分制"的过程化定量考核,建强了村级组织和干部队伍。三是通过"三团"强体系、"三网"强引领、"三制"强能力的系列探索,综合治理能力显著提升。

(二)基层党组织下沉,发挥党的政治优势

一是浚县以重构农村"三团"网格体系为抓手,着力搭建"三网"连接网络。向每个"户团"派遣"党建指导员",发挥党员的模范带头作用。二是依托基础网格,把党小组建在户团上。推动村党支部的工作触角向群众身边延伸,发挥基层党组织战斗堡垒作用。三是形成"互联网+"党建的组织网格化新模式。完善了村庄内部运行机制和上下互通的治理网络,建立了条块协同的管理体系,形成覆盖全县的党建服务网,密切联系群众,服务群众,发挥党的政治优势。

(三)强化农村社会关联和纽带作用

一是通过户团强化村民联结。通过"普通户团"的兴趣爱好类社群建

设等，构建了新型的户团体系和村内社会关系，使得村内社会关系更密切，集体更团结。疫情防控期间，各个社群户团纷纷开展居家拍小视频搞评比、通过视频跳广场舞、线上棋牌比赛等活动，丰富了不能外出时的娱乐生活，村内的凝聚力和向心力不断增强。二是通过户团强化村民间的社会关联。由于各个户团都是依托宗亲、友情、邻里关系构建起来的，相互之间比较熟悉，可以充分发挥互相监督的作用，强化社会关联和纽带作用。三是通过户团体系形成较强的号召力和凝聚力。提升了乡村整体组织力，对集体经济的发展和产业集群的形成有很大的益处。

（四）推进乡风文明和德治建设

通过户分制中的"文明积分"、星级户评比等，树立了正确的价值导向和有效的激励举措，调动了村民参与和实施乡风文明的积极性，如疫情防控期间，各村积极运用户分制推动居民参与疫情防控管理，村民主动开展线上线下宣传、卡点执勤以及安全隐患举报等，积极性很高。

四　对策建议

（一）把党的基层组织向下延伸

浚县"户联网"工作法把党组织建在户团上，从村委会到村小组实现了更深层次的延伸和下沉，发挥了党的组织整合和渗透功能。一是将农村党组织建设延伸到群众中。将"群众所需"与"组织所做"无缝对接，把党建工作融入户团的各个领域。将基层党建与农村社会治理、丰富群众文化活动等相融合，例如设立"党员先锋岗"、发展特长党员骨干等，引导基层党员干部多倾听群众心声，提升解决实际问题服务群众的效能。二是发挥农村干部、党员的先锋模范作用。要加强村干部、党员的示范培训，如组织开展理论政策学习、业务法律法规培训、真情服务培训等。注重搭建平台，积极开辟治安调解、扶贫帮困、环境卫生等党员岗位，结合干部和党员自身的特点和专长,为每名党员设岗定责,提高基层党员的宗旨意识和服务意识。三是利用党的组织网络,建立基层干部驻村交流机制,吸引优秀人才到农村、到基层。建立驻村交流机制,从市、县、乡三级机关和企事业单位选派优秀干部到乡村工作,如实施"百名名师送教下基层"、选聘高校毕业生到村任职、招募"三支一扶"计划人员、向重点县乡派驻省级科技特派团活动等,推动人才资源向农村、向基层输入。

(二)农村基层赋权赋能

"户联网"工作法,通过"三团三网三制"的运用,统筹人力、渠道等资源,实现了农村社会治理向下赋能、连接成网。一是利用市场和行政机制加大向农村的资源回流和输入力度。要引导和鼓励资金、人才、技术、文化等优质资源下乡,列出"鼓励"清单,在税收、融资、产权保护、项目审批、农村管理社区化等方面为资源下乡提供保障。要发挥好市场和政府"两只手"的作用,推动资金、技术、人才等资源下乡,做到"下得到位、下得有效"。二是做好资源动员。加大基层人才培养和政策倾斜力度,重视挖掘本土人才资源,吸引优秀的农村大学生返乡服务和发展。挖掘农村丰富的文化传统和文化资源,并予以有效转化、利用,通过推进农村文化复兴发展农村。三是发挥农民主体作用。强化乡村基层党组织和自治组织建设,推动乡村基层党组织、村民自治组织将组织和工作覆盖向下延伸至村民小组和群众中,完善村民参与的平台和机制。通过实施精细化管理,如户分制、星级户评比等,增强农民的责任感和参与社会治理的积极性。

(三)培育农村社会资本

"户联网"工作法通过户团体系的构建和村内社会关系的梳理,强化了各个户团的社会关联和纽带作用,有效培育了农村社会资本。一是提升农村社会组织化程度。要大力培育农村社会组织和市场中介组织,推动农村社区共同体建设,以基层党组织为引领,建立农村社会治理的支点。积极培育并支持新型农民专业合作社、专业大户、返乡创业人员等参与农村社会治理与发展。二是挖掘农村文化传统。要注意发现并保留农村的文化传统和地方特色，对于传统的农村特色产业、特色文化，要加以保留和开发。同时将农村公共文化服务建设与乡村传统相结合，从文化设施、特色文化村镇建设等着手，提升乡村公共文化水平。三是发挥德治的引领作用。要深入推进"文明户""最美家庭""好媳妇""好婆婆"等文明评比活动，引导树立正确的价值导向，将优秀的乡土传统和文化观念融入现代乡村文明建设中。同时，要挖掘和利用民间习俗、乡规民约等非正式制度，发挥道德的教化和治理作用，使德治和法治相得益彰。

济源市轵城镇乡村振兴中"三治融合"实践探索

付会洋 黄蕾*

摘 要: 济源市轵城镇探索了一条以党建为引领、法治为基础、德治为保障、村民自治为根本的基层多元治理新路子。党建发挥功能驱动和政治引领作用,为乡村振兴提供了组织保障,"三治融合"形成治理合力,确保了大小问题可以在村镇范围内有效解决。通过人居环境整治和生态环境保护,轵城镇实现了乡村庭院、村庄环境、卫生环境、自然环境的生态宜居;以"道德积分储蓄站"为抓手,创新"积分+商户""积分+银行"模式,有效促进了乡风文明新气象的形成。近年来,轵城镇以集体经济为突破口,通过整合生态和人文资源实现了产业兴旺;通过培育优势主导产业带动群众增收致富,实现了生活富裕的目标。轵城镇是河南省西北部传统农区的代表,该镇在坚持党建引领"三治融合"的实践探索方面可以给其他同类乡镇的发展以启示。

关键词: 轵城镇 党建引领 "三治融合" 乡村振兴

2018年中央一号文件《中共中央国务院关于实施乡村振兴战略的意见》指出,乡村振兴,治理有效是基础。必须把夯实基层基础作为固本之策,建

---

* 付会洋,郑州大学政治与公共管理学院讲师,研究方向为农村社会工作;黄蕾,郑州大学后勤集团财务与资产管理科副科长。

立健全党委领导、政府负责、社会协同、公众参与、法治保障的现代乡村社会治理体制,坚持自治、法治、德治相结合,确保乡村社会充满活力、和谐有序。党的十九届四中全会就构建基层治理新格局又进一步明确指出,健全党组织领导的自治、法治、德治相结合的城乡基层治理体系。轵城镇在落实乡村振兴战略的过程中结合自身实际,积极探索创新,初步走出了一条以党建为引领、法治为基础、德治为保障、村民自治为根本的党建引领"三治融合"新路子。

一 轵城镇探索"三治融合"的实践背景

轵城镇位于河南省济源市东南部,总面积137平方公里,辖69个行政村,10万余人,是全市辖村最多的镇,也是全市第一人口大镇。地理位置上毗邻市区,距市政行政区仅2公里。伴随新型城镇化的深入推进和农业现代化程度的不断提升,农村开始呈现职业非农化、产业多元化、人口居民化等新特征,这些变化形塑了新的乡村社会结构。轵城镇毗邻济源市区,这些变化表现得尤为明显,辖区居民的诉求更加多元,矛盾激化程度不一,依赖单一的社会治理手段往往难以达到有效治理的目的。轵城镇党委下设11个总支,113个党支部,共产党员3198人,农村党支部71个。这些党支部和党员同志为轵城镇探索"三治融合"实践提供了政治保障、组织保障和人力保障。

二 轵城镇探索"三治融合"的具体做法

轵城镇结合自身实际,积极探索实践,初步走出了一条以党建为引领、法治为基础、德治为保障、村民自治为根本的党建引领"三治融合"新路子。

(一)成立"功能性党小组",发挥党建引领作用

轵城镇一方面着眼于党组织内部人员素质和组织能力的提升,从内部建

设着手提升党组织领导力;另一方面成立"功能性党小组",引领乡村振兴各项工作,发挥功能驱动作用,培育更多乡村振兴的"生力军"。

1. 改革管理制度,提升党组织管理能力和管理人员素质

轵城镇改革党支部管理制度,开始实施区域化党建,将全镇69个村重新划分,建立7个管理区党总支。各班子成员分包管理区,镇党委与各班子成员、总支书记签订党建目标责任书。建立村支部书记党建责任清单,推行"双述双评双公开"制度。在原来的镇党委与村党支部之间建立起管理区党总支,使得基层党组织管理更具地域性、网格性和整合性,突破了传统纵向控制的"单位建党"模式,有利于把隶属不同系统、掌握不同资源、比较松散的党组织联系成为紧密的党建共同体,加深了镇党委与村党支部之间的密切联系,使个别组织涣散的村级党支部也能发挥很好的督促整改作用。此外,坚持把村"两委"换届选举作为一项重大政治任务,督促选举年轻有为、文化水平较高的村民担任村"两委"干部。

2. 成立"功能性党小组",形成乡村振兴组织合力

轵城镇围绕提升基层组织活力、强化政治功能和服务功能,在全镇各村共成立"功能性党小组"300余个,凝聚乡村振兴组织合力,为乡村振兴提供坚强的组织保证。"功能性党小组"是以有某方面特长的党员为核心,结合群众在该方面的需求而建立的,按照各自小组不同的职能,有针对性地开展活动。如"经济发展党小组"以有经济头脑的党员为核心,引领有发展意愿的村民一起积极盘活闲置集体资产,促进村集体经济持续增收。"巾帼服务党小组"以活跃的女性党员为核心,充分调动村庄妇女的力量,积极开展"五美庭院""四美乡村"创建。"脱贫攻坚党小组"以扶贫干部党员为核心,扎实开展脱贫攻坚"春风行动",积极帮助贫困户解决难题,使其稳定脱贫。"项目协调党小组"以参与项目运作的党员为核心,积极服务项目协调,保证牵头承担的"双十"工程等重点项目顺利推进。"功能性党小组"作用的发挥,把更多的群众团结在党组织周围,打通了基层党组织"神经末梢",激发了基层党组织活力,促进了党员先锋模范作用的发挥。

（二）建立"古轵管家"，发挥社会组织自治和服务功能

"古轵管家"是轵城镇"三治融合"乡村治理体系中自治的一个亮点工作，成立"古轵管家"的目的是调动村民自治的积极性、主动性和创造性，发挥人民群众在解决村庄内部矛盾和处理村庄事务中的主体作用。在实际的运行中，"古轵管家"实行"三团两会"工作制度，用以帮助解决村民纠纷，商定村庄发展事务，同时在村一级建立"管家服务站"，整合村庄社会自治组织，更好地发挥服务功能。

1. 实行"三团两会"工作制度，帮助化解基层矛盾及处理村庄事务

所谓"三团两会"工作制度，是由道德评判团、群众评议团和律师服务团构成的"三团"，以及由"古轵智慧源"议事会和"古轵好声音"评议会构成的"两会"。道德评判团由德高望重的老人、乡贤、道德模范组成，目的是发挥道德评判的约束作用，褒扬真善美，抑制假恶丑，以道德的力量感化人心，妥善解决可能的矛盾。群众评议团由普通群众代表组成，目的是通过群众的评议发挥舆论的监督作用，抑制无理纠纷。律师服务团由律师和公检法志愿人员组成，当矛盾涉及法律问题时，便由律师服务团帮助解决。目前，道德评判团、群众评议团、律师服务团人员已经达到60人。村庄有任何无法自己处理的矛盾问题皆可以通过"古轵管家"由"三团"成员出面帮助解决。

"古轵智慧源"议事会通过组织一些威望高、人品好、办事公道、廉洁奉公的村民代表，对村里的大事小情提出意见和建议。在做出村务决策时，先通过议事会进行民主协商，再进行决策和实施，如遇重大决策的则需提交全体村民代表大会讨论后再决定，以此推动群众参与村社事务管理。"古轵好声音"评议会针对社会治理中相对较难解决的信访问题，以"坚持正能量、传播好声音、维护真权益、建设和谐镇"为工作目标，举办现场评议会12场，1名长期上访人息诉停访，1名长期上访人引入司法程序，其他信访人心态也有了明显转变。

2. 在村一级建立"管家服务站",发挥自治组织的服务功能

轵城镇在村一级打造了新峡村、良安村作为镇"三治"试点,建成"古轵管家"工作组试点村管家服务站,将红白理事会、老年促进会、"铁姑娘"等自治组织纳入村级管家队伍,设计并上墙试点村管家名单、百事服务榜、好人好事榜。各村建立红白理事会,制定红白事操办制度,吸收具有一定公信力和威望的人员进来,对彩礼、迎亲、婚礼、婚宴、贺喜礼金、办事时间等做了严格控制,大大减轻了群众的负担。成立"铁姑娘"队伍,建立"公开承诺亮身份、思想引领聚智慧、积分管理促先进"工作机制,即每位铁姑娘用一句话对工作做出承诺,并制作成版面在显眼的位置公开,接受群众的监督。通过"铁姑娘"微信群打造学习阵地,"铁姑娘"带头参与创建"五美庭院",改善人居环境。每月对各家各户进行一次评比,不时组织"回头看",对不符合标准的予以摘牌。通过村级"管家服务站"的形式发挥自治组织的服务功能。

(三)建立道德典范引领和"道德积分储蓄站"激励机制

轵城镇通过组织"孝善家庭"评比、"孝老爱亲"道德讲堂等各项道德表彰与宣传活动,用典范引领优良道德文化传承;同时探索运行"道德积分储蓄站",试图建立长期、有效的道德激励约束机制。

1. 组织各项道德表彰与宣传活动,用典范引领文化传承

2019年下半年,轵城镇在全镇各村掀起"孝善家庭"评比活动,12月底在镇级评出"好婆婆"10名、"好媳妇"10名、"好儿子"10名、"孝善家庭"5个。年底表彰大会在市文化城大剧院举办。通过开展不同形式的孝善家庭评比表彰和尊老敬老活动,让群众感受正能量,让传统孝道充满生活味。其中,新峡村举行第二届"孝老爱亲"道德讲堂,道德讲堂分为静反思、唱歌曲、诵经典、学模范、作表态、献爱心、送祝福、发倡议等8个环节,极大地感染了在场群众。进村路两边玻璃宣传栏有图文并茂的"二十四孝图",被评为"好婆婆""好媳妇""好儿子"的感人事迹也被做成大幅喷绘张贴在村南北大道的文化墙上。

2.建立有效的道德激励约束机制,探索运行"道德积分储蓄站"

轵城镇积极探索运行"道德积分储蓄站",试图建立在村庄治理中的道德激励约束长效机制。在实际运行初期,以良安村为试点,建立道德评议委员会和道德积分兑换点,以"积孝、积善、积信、积勤、积俭、积美"为积分内容,对村民参与矛盾化解、反邪教、秸秆禁烧、"五美庭院"创建、扶贫攻坚等46项具体内容统一进行评分考核,通过个人自荐、群众推荐、组织推荐的方式,在善行义举榜、道德星级榜、道德红黑榜"三榜"亮相,得分高的群众可以在村内超市兑换物品。随后,又创新"道德积分+商户""道德积分+银行"模式,引进农商行、美的电器、格力电器、荣威汽车、阳光驾校等近40家商户、银行,和它们形成合作关系,凡是达到一定积分的群众,可以在合作商户处兑换物品,也可以在银行享受无抵押、低利率的信用贷款。通过这种模式真正让"有德者有得",让群众得到实惠。目前,"道德积分储蓄站"这一做法已经推广到柏树庄、长泉、交兑、金河、柏坪等村。

(四)从法治意识和诉求表达着手推进农村法治

农村法治工作的推进一方面需要村民有法治意识,另一方面需要有畅通的诉求表达渠道,避免因诉求表达不畅而导致矛盾激化。轵城镇结合自身实际,做好法制宣传工作,让村民知法、懂法、守法,同时畅通村民诉求表达渠道,尽可能做到"小事不出村、大事不出乡、矛盾不上交",及时妥善处理各种合理诉求。

1.做好法制宣传工作,让村民知法、懂法、守法

为了把法律服务和法律咨询送到群众身边,轵城镇和河南涛声律师事务所签订《一村一法律顾问协议》,不间断地进村开展法律咨询、宣传、讲座等活动,把法律服务和法律咨询送到群众身边。在政府门前树立46面以"宪法、法治"为内容的宣传长廊。2019年11月8日至13日,轵城镇联合市爱心艺术表演团,在西轵城等6个村进行了以"交通法规、孝老爱亲"为主题的戏剧巡演。正月十五群众汇演活动中,邀请了市公安局、市检察

院、市司法局等20多家单位在镇政府门口集中宣传，同时演员披宣传绶带、讲法治知识，既创新了方法，又确保了效果，受益群众近2万人。

2. 畅通村民诉求表达渠道，及时妥善处理合理诉求

为畅通村民诉求表达渠道，就地化解矛盾纠纷，确保辖区社会治安大局稳定，轵城镇结合"枫桥经验"成立了以律师服务团和百姓评议团、道德评判团为主体的"三团"，通过"古轵智慧源"议事会和"古轵好声音"评议会"两会"建立起"古轵管家"联动中心，村民遇到矛盾、纠纷等需要调解处理的问题皆可优先反映至联动中心，由联动中心组织相关人员进行处理。此外，对重大、疑难矛盾纠纷，轵城镇实行综治办（信访办）主任、司法所长、4个民调员一对一包管理区的做法，不定期巡回调解处理，极大地方便了村民，真正做到了"小事不出村、大事不出乡、矛盾不上交"。

三 轵城镇"三治融合"的实践效果

（一）实现了乡村有效治理

在乡村振兴战略的五个总要求中，"治理有效"起着举足轻重的作用，是乡村振兴的基础所在。加快推进乡村治理体系和治理能力现代化是实现乡村振兴的必由之路，而党建引领的"三治融合"基层治理路径有利于加快推进乡村治理体系和治理能力现代化，有利于顺利实现乡村治理有效。

轵城镇通过健全党建工作推进机制、加强农村党组织建设、创新党组织活动方式和加强党风廉政建设四个方面的工作，打造了一支有组织、有能力、有觉悟、有素质的领导干部队伍，并通过建立"功能性党小组"凝聚起乡村振兴的组织合力。"功能性党小组"在乡村经济、社会、文化等各方面的发展中有效发挥了功能驱动和政治引领的作用，把更多的群众团结在党组织周围。尤其是面对突如其来的新冠肺炎疫情，各村根据防控工作需要，灵活设置"宣传动员""登记排查""卡点值勤""后勤保障""机动巡逻"等党小组，全镇先后有3000余名党员、群众志愿者参与疫情防控，收到40

余家单位和企业及 10000 余名爱心人士捐资捐物合计 500 余万元，涌现出西留养村 70 多岁高龄老党员李兴南、张岭新村退伍老兵马兴祥、张世锋等典型榜样 50 余人。

（二）推进了生态宜居和乡风文明建设

轵城镇通过人居环境整治和生态环境保护实现了乡村庭院、村庄环境、卫生环境、自然环境的生态宜居。开展"五美庭院"创建，以良安新村和西滩新村为试点，以"铁姑娘"志愿者队伍为主力军，采用"'五美'化'五星'"方式，积极探索星级动态评比模式，有效增强了广大群众争星争先的意识，促进了乡村庭院环境的改善。在村庄环境改善方面，共出动 200 余人次和 30 余台机械对河道垃圾进行清理，清理河道总长 40 余公里，清理各种垃圾 1500 余立方米。创建了良安省级人居环境示范村，打造了张岭、新峡、金河等市级示范村。坚持经济实用、维护简便、因地制宜、资源利用的原则，确定了农户厕所改造模式。截至 2019 年底，累计修建污水管网 75 公里，完成农户改厕 6118 户，促进了乡村卫生环境的改善。积极开展植树造林活动，科学制定了《轵城镇生态建设规划》，在库域周边、河道两侧规划设计绿地休闲步道，完成了沁园春天社区和西天江、新峡等村街头游园的绿化设计。2018 年以来，辖区义务植树 21 万余株。

以"道德积分储蓄站"为抓手，创新"积分+商户""积分+银行"模式，有效促进了乡风文明新气象的形成。"道德积分储蓄站"以"孝、善、信、勤、俭、美"为积分内容，有效引导群众讲道德、守公德，让更多群众从中得到了实惠，推动了乡村居民道德素质和乡村文明的不断提升。"道德积分+商户""道德积分+银行"模式给道德积分高的村民以实惠，提高了群众参与乡村重点工作的积极性，增强了主人翁意识，在一定程度上解决了防疫和防火等历时长、任务重的工作中的用人难问题，村内事务由"与己无关"变成"息息相关"，提高了群众行善向善的主观自觉性，民风得到转变，辖区更加和谐。道德讲堂的持续推进和感人事迹的持续宣传让群众不断接受道德的洗礼，群众受到了潜移默化的影响，觉悟和素质得到极大提高。评选表彰群众身边的"好婆婆""好媳妇""好儿子""孝善家庭"等榜样，有效推动了孝善模范在广大群众中的示范引领作用，为推进乡风文明建设增添了活力。

（三）推进了集体经济和乡村旅游产业发展

绿水青山就是金山银山。近年来，轵城镇以集体经济为突破口，通过整合生态和人文资源实现了产业兴旺；通过培育优势主导产业带动群众增收致富，实现了生活富裕的目标。轵城镇在对全镇69个村进行调查研究的基础上，选准张金、新峡等村作为试点村，充分发挥其带动力，建立农村集体经济合作组织，盘活农村闲置集体资产。2018年底，实现全镇村集体经济收入破零目标，村集体经营性收入在10万元以上的村达31个。通过整合人文自然资源，推动文旅产业融合发展。轵城镇充分利用南部岭区人文自然景观、生态环境资源，重点在大沟河等环水库区域集中发展以水景、水产、水乐为特色的旅游项目，开发"库域经济带"。大力发掘民宿文化，突出原产地、原生态格调，建设以水云居、乔凹民宿村为代表的民宿休闲项目。在农业产业发展方面，轵城镇2018年以来投资1700余万元全面完成赛科星扩建项目，奶牛总存栏量达5500头，目前已发展成河南省奶牛单体存栏量最大的基地，新引进的大好牧业将建成全市最大的生猪养殖基地。鼓励翟庄、枣树岭蔬菜种植基地，红土沟、雁门薄皮核桃基地，绮里、金河草莓采摘园、蚯蚓养殖场，柏树庄瑞星生态园和瑞康农场发展壮大，有效带动周边群众就业增收。

四 启示与建议

伴随着新型城镇化的深入推进和农业现代化程度的不断提升，农村社会结构较之前发生了巨大的变化。尤其是像济源市轵城镇这样的城郊镇，在农村非农化、产业多元化、人口空壳化的背景下推进实施乡村振兴战略具有较大的借鉴意义。其中，治理有效是基础，产业兴旺是保障，绿色发展是方向。具体有以下五个方面值得借鉴。

第一，成立"功能性党小组"，通过功能驱动，发挥党建的引领作用。党建引领关键是要落到实处，要让群众收获实实在在的好处，通过各种形式的组织工作将党建引领落实到具体的发展任务中。成立"功能性党小组"便是通过着眼群众需求，组织有特长的党员建立小组，将群众聚拢在党小组周围，有针对性地开展活动，通过组织的功能驱动或目标驱动等引领乡村振兴各项工作，真正将党建引领落在实处。

第二，建立社会组织联动机制，发挥社会组织的自治和服务功能。整合乡村各类社会组织和自治组织，同正式的功能性党小组一起形成组织合力，发挥社会组织在各自职责领域内的长处，共同作用于乡村振兴各项事业。道德评判、群众评议、律师服务三管齐下，帮助解决村民日常生活中的矛盾和问题，议事会和评议会共同参与村庄重大事务的决策过程和重要问题的处理过程，提升乡村的自治水平和自我服务能力。

第三，建立"道德积分储蓄站"，探索道德激励长效机制。发挥德治在乡村治理中的有效促进作用，除了组织各项道德表彰与宣传活动，以道德典范引领乡风文明之外，还可以从老百姓的需求出发，探索道德激励的长效机制，让有道德、讲文明的人得到实实在在的回馈和好处，如建立"道德积分储蓄站"，将道德和文明的不同表现形式纳入积分内容，通过"道德积分+商户"和"道德积分+银行"的模式，使得积分可以在合作商户兑换商品，同时积分高的群众在办理银行信贷业务时也可以享受优惠和便利。

第四，发展壮大村集体经济，实现乡村产业振兴和生活富裕。乡村振兴，治理是基础，组织是重点。发展壮大村集体经济既是有效治理的结果，又可以反过来作用于乡村日常组织工作，服务于有效治理的实现。要坚持发展壮大村集体经济，以村集体经济增收为突破口，着力推动产业振兴和生活富裕。可以将生态环境、集体土地、自然资源等作为产业基础，以有力的党建团体和村民自治团体为组织和人力基础，以有效的治理和文明的乡风为保障，因地制宜地发展集体产业，壮大集体经济，提升集体的组织力和凝聚力，实现产业振兴和生活富裕。

第五，坚持生态文明，转变经济发展方式。生态宜居是乡村振兴的保障，绿水青山就是金山银山，要坚持把生态环境保护放在重要的位置，转变经济发展方式，发展经济的同时不以破坏生态环境为代价，根据实际情况以生态环境为资本发展经济。转变过分依赖农药、化肥的农业发展方式，发展有机、绿色、无公害农业，满足人民群众对食品安全的更高需求，发挥农业在粮食生产以外的教育、生态功能，提升农业的附加效益。结合生态农业与自然风光，发展休闲观光产业，实现地方经济的良性发展和人与自然的和谐共生。

图书在版编目(CIP)数据

河南社会治理发展报告.2020/郑永扣主编.--北京：社会科学文献出版社，2020.7
（社会治理河南省协同创新中心智库丛书）
ISBN 978-7-5201-6937-0

Ⅰ.①河… Ⅱ.①郑… Ⅲ.①社会管理-研究报告-河南-2020 Ⅳ.①D676.1

中国版本图书馆CIP数据核字（2020）第127083号

社会治理河南省协同创新中心智库丛书
河南社会治理发展报告（2020）

主　　编／郑永扣
副 主 编／郑志龙　高卫星　樊红敏

出 版 人／谢寿光
责任编辑／张　媛

出　　版／社会科学文献出版社·皮书出版分社（010）59367127
　　　　　地址：北京市北三环中路甲29号院华龙大厦　邮编：100029
　　　　　网址：www.ssap.com.cn

发　　行／市场营销中心（010）59367081　59367083
印　　装／三河市龙林印务有限公司

规　　格／开本：787mm×1092mm　1/16
　　　　　印张：23.5　字数：359千字

版　　次／2020年7月第1版　2020年7月第1次印刷
书　　号／ISBN 978-7-5201-6937-0
定　　价／99.00元

本书如有印装质量问题，请与读者服务中心（010-59367028）联系

版权所有 翻印必究